가족-중심 접근

청소년 문제행동 상담

Thomas J. Dishion · Kate Kavanagh 공저

양명숙 · 배선희 · 손은령 · 이지민 공역

학지사

역자 서문

이 책은 연구년을 준비하던 과정에서 우연히 찾아낸 보석이라고 할 수 있다. 인터넷을 통해 여러 가지 자료를 검색하던 중 오리건 대학(University of Oregon)의 아동가족센터(Child and Family Center)에서 주관한 이 연구를 보고 역자는 바로 이 책을 주문하여 동료들과 함께 번역작업에 들어갔다. 그러나 번역작업은 생각처럼 쉽게 이루어지지 않았다. 공동 작업이었기에 여러 번의 만남을 통하여 용어를 통일하고 개념을 정리했으나, 역자 각자의 개성을 완전히 없애기는 힘들었다. 원문의 뜻을 최대한 살리면서도 우리 식으로 표현하기 위하여 많은 노력을 기울였으나, 어색한 번역투의 문장이 여전히 남아 있어 이 책의 독자에게 미안한 마음이 든다.

그럼에도 번역의 마무리를 바로 이 연구가 이루어진 오리건 주의 바닷가에서 할 수 있음에 감회가 새롭다. 이 연구의 본산지인 유진(Eugene)을 지나 세미나가 열리는 야핫(Yachts)의 바닷가에서 넘실

거리는 태평양을 바라보며 이 원고의 마지막을 손질하는 것은 결코 우연이 아닐 것이다. 아무쪼록 이 책이 우리 청소년과 부모 그리고 이에 관련된 종사자 그리고 연구자에게도 좋은 모델이 될 수 있기를 기대한다.

끝으로 이 책의 번역 기초 작업과 원고 수정을 도와준 이정미 연구원과 이슬기 선생님께 지면을 빌려 감사의 마음을 전하고 이 책의 출판을 허락해 주신 학지사 김진환 사장님과 출판과정에 참여하신 관계자 여러분에게도 역자를 대표하여 감사드린다.

2007년 8월

역자 대표 양명숙

저자 서문

이 책은 청소년 및 청소년의 가족과 함께 작업할 전문가를 위한 것으로, 청소년 문제행동에 개입하기 위한 '가족-중심 접근'이라는 포괄적이면서도 과학에 기초한 접근법을 소개하고 있다. 임상, 상담자, 학교 심리학자와 사회사업가, 그리고 아동 및 가족과 함께 일하기 위해 훈련받고 있는 대학원생들은 이 책의 가치를 발견하게 될 것이며, 프로그램 지도자들은 또한 이 책이 지역사회 젊은이의 약물사용을 예방하고 정신병을 호전시키는 데 부분적으로 도움이 된다는 것을 알게 될 것이다.

이 책에서 기술하고 있는 접근법은 아동과 청소년의 파괴적 행동에 대한 예방 및 치료 문헌, 청소년기 문제행동의 발달에 대한 과학적인 문헌에 근거한 것으로, 우리의 관점은 생태학과 가족-중심에 맞춰져 있다. 간단하게 말하면 부모교육이 매우 중요하고, 부모 양육의 실제에 개입할 때는 가족의 문화적 배경에 맞출 필요가 있으며, 학교와의 대화도 적극적으로 장려해야 한다는 것이다.

이 책을 읽는 독자의 관심영역은 매우 다양할 것이다. 어떤 사람은 치료의 해법을 찾을 것이고, 또 다른 사람은 개입에서 가장 효율적으로 보이는 과학적 지식과 포괄적 시각에 더 많은 관심을 가질 것이다. 임상에 관심 있는 사람을 위하여 경험에 근거한 개입과 실제 임상 경험에서 나온 짧은 임상 녹취록을 덧붙인 구체적인 내용도 다루었다. 그러나 개인적 특성(이름, 성별, 인종)은 비밀보장을 위해 변경하였다. 또한 실제 임상에서 일하는 독자를 위하여 부모와의 작업에서 우리의 세션별 개입을 참조할 수 있도록 하였다(Dishion et al., 2003).

연구자를 위해 책 전체에 걸쳐서 참고자료를 함께 실었고, 다량의 참고문헌 또한 앞으로의 후속연구를 위해 제공하였다. 이런 자료는 15년에 걸친 청소년 전환기 프로그램(Adolescent Transition Program) 개발을 위한 작업의 산물이다. 이 연구에 대한 출판물은 오리건 대학의 아동과 가족 센터 웹사이트(http://cfc.uoregon.edu)에서 볼 수 있다.

우리는 책 전체에서 '부모'를 언급하고 있는데, 이 용어는 여러 유형의 부모, 양육자 또는 보호하는 일을 하는 사람을 공통으로 일컫는 말임을 유념하기 바란다.

저자 Thomas J. Dishion · Kate Kavanagh

차 례

제1부 생태학적 개관

제2부 가족점검: 가족변화를 위한 계약과 동기부여

제3부 가족-중심 목록의 실행

제4부 학교와 지역사회의 변화

제1부

생태학적 개관

생태학적 관점은 청소년 행동의 원인을 이해하고, 객관적인 자료의 측정에 기초하여 의사결정을 하고, 사례의 전후관계를 잘 파악하여 상황에 맞는 적절한 개입을 계획할 수 있는 틀을 제공해 준다(Dishion & Stormshak, in press; Stormshak & Dishion, 2002). 예를 들어, 청소년 행동의 '원인'을 분석할 때 분노나 낮은 자존감 같은 청소년 자신의 개인적인 특성뿐 아니라 친구관계, 가족해체 여부, 주거지역의 열악 정도 그리고 TV나 방송매체를 통한 바람직하지 않은 모델 등 모든 관련 요인을 고려해 볼 수 있다. 생태학적 시각에서 볼 때, 이런 요인은 동시에 일어날 뿐 아니라 그물처럼 엮여 있어 서로에게 영향을 미친다.

이 포괄적인 모형은 다양한 환경 속에서 살고 있는 청소년과 가족의 요구에 효과적이면서도 적절한 개입이 가능하도록 지침을 제공한다. 이 연구는 생태학적 모형을 통해 서로 얽혀 영향을 미치고 있는 여러 가지 복합적인 요인을 규명하여 문제행동에 적합한 종합적 측정도구를 만들고, 개입전략을 수립하고, 사례를 파악하는 데 생태학적 모델의 적용이 얼마나 실질적인 도움이 될 수 있는지 증명하고 있다.

1장에서는 청소년 문제행동의 발달을 생태학적 모델을 통해 설명하고 있는데, 이 모델의 두 가지 특징적 요소인 발달과 가족-중심에 대한 이해가 중요하다. 2장에서는 학교와 지역사회에서 임상적 처치에서 예방에 이르기까지 생태학적 모델이 얼마나 효과적으로 가족-중심 개입 계획에 적용되는지 설명한다.

제1장

가족-중심 모델

이 책에서 다루고 있는 개입과 측정의 실제는 가족-중심 모델에 기반을 두고 있다(Dishion & Patterson, 1999; Patterson, Reid, & Dishion, 1992). 이 모델은 사회적 발달과 개입연구에서 비롯된 것으로, 이 장에서는 예방과 치료에 적용되고 있는 가족-중심 모델에 대해 다루고자 한다.

이 장에서 우리가 말하고자 하는 것은 두 가지다. 하나는 아동기에서 청소년기에 이르는 발달적 관점이 문제행동의 기능을 이해하는 데 필요하다는 점이고, 다른 하나는 가족 내의 고유한 양육방식이 청소년의 문제행동을 이해하고, 예방하고, 치료하는 데 결정적인 역할을 한다는 점이다. 따라서 청소년의 문제행동과 관련된 적절한 부모교육은 가족관리 훈련의 핵심이 된다.

발달적 논점

아동과 청소년에게 나타나는 문제행동에는 부모나 교사 같은 성인이 말썽이라고 부르는 것과 사회적 규범의 발달이 중단되어 나타나는 것이 있다. 일반적으로 아동행동의 문제를 판단할 때에는 아동의 연령을 고려하게 되는데, 아동이 청소년으로 성장하면서 대부분의 문제행동은 점차 안정되어 가지만(Loeber & Dishion, 1983; Olweus, 1979; Patterson, 1993) 문제행동의 유형은 계속 변화해 나간다(Patternson, 1993).

가족의 사례를 개념화할 때, 아래의 두 가지 발생 경로를 고려해 보아야 한다(Moffitt, 1993; Patterson, 1993). 첫째, 초기 청소년기에 이미 '문제를 일찍 드러낸' 또는 이미 문제행동의 전력을 가지고 있는 아동(대개 열악한 환경에서 살고 있음)으로 비행, 약물사용, 폭력과 같은 심각한 반사회적 유형의 문제행동으로 진전될 가능성이 있는 경우(Dishion, Capaldi, Spracklen, & Li, 1995; Pulkkinen, 1982), 둘째, 중기 청소년기 초반에 문제가 발생할 수 있는 학교나 또래 집단에서 소외된 '문제를 늦게 드러내는' 경우다(Moffitt, 1993). 많은 연구자가 초기 아동기의 문제행동 유형이 청소년기에 이르러 변화될 수는 있으나 그 기능은 그대로 남아 있다는 점을 강조하고 있으며(Dishion & Patterson, 1997; Patterson, 1993), 이런 문제행동의 연속성과 관련된 많은 연구가 있다(see Loeber, 1982; Loeber & Dishion, 1983; Olweus, 1979). [그림 1-1]은 초기 아동기에서 청소년기에 이르는 문제행동의 유형을 보여 준다.

문제행동이 시작된 시기는 사례 개념화에 매우 중요하다. 먼저 문

[그림 1-1] 초기 아동기에서 청소년기에 이르는 문제행동의 발달적 모델

제행동 전력이 있었는지(Dishion, Loeber, Stouthamer-Loeber & Patterson, 1984), 문제행동을 부추긴 또래가 있었는지(Fergusson & Horwood, 2002), 그리고 가족이 자녀양육에 참여하는 수준이 어떠한지에 따라(Patterson et al., 1992) 청소년의 학업과 사회적 기술에 문제가 발생할 가능성이 달라지기 때문이다. 문제행동의 전력이 있는 초기 청소년에게는 그들의 삶을 부정적인 결과로 이끌 만한 위험요소가 여전히 남아 있기 때문에(Stattin & Magnusson, 1991) 예방과 치료의 연계를 잘 이루는 것과 동시에 집단의 요구에 적절히 대응할 수 있는 개입전략이 필요하다.

초기 아동기의 문제행동은 양육자와의 관계 맥락 면에서 주로 발생하는데, 부모는 어린 자녀의 문제행동을 반항, 도전, 공격성, 짜증 등으로 보고한다(Patterson, 1982). 더 심한 경우에는 애완동물, 형제자매, 친구에게 잔인하게 군다고 호소하는 경우도 있다. 이런 경우 대부분 그 안에는 반항이 숨겨져 있으며(Patterson, 1982), 이때 부모의 관심이 잘못 전달되면 중기 아동기에는 더 심각한 형태의 반사회적 행동으로 나타날 수 있다(Campbell, 1994; Shaw, Owens, Vondre, Keenan, & Winslow, 1996).

중기 아동기의 문제행동은 거짓말, 도둑질, 파괴적인 행동 등으로 확대되는데, 그 안에는 여전히 공격성과 반항이 포함된다. 많은 연구에서 아동이 도둑질(예, 비밀스러운 행동)과 같은 특정한 유형의 반사회적 행동으로 특성화하는지 아니면 명백한 반사회적 행동으로 특성화하는지의 문제를 규명하였다(Loeber & Schmaling, 1985; Patterson et al., 1992). 도둑질이나 공격에 특성화를 보이는 아동을 임상에서 자주 만나게 되는데(Patterson, 1982), 이 행동은 일반적으로 높은 상호 관련성이 있는 것으로 나타났다(Dishion, French, & Patterson, 1995).

문제행동에서 가장 뚜렷이 구별되는 것이 있다면 주도적 공격성과 반응적 공격성이다(Dodge, 1991; Dodge & Coie, 1987; Poulin, Dishion, & Burraston, 2001; Pulkkinen, 1996; Vitaro, Gendreau, Tremblay, & Oligny, 1998). 반응적 공격성은 또래의 공격적인 도전에 감정적으로 반응하는 아동의 성향을 말한다. 주도적 공격성의 대표적 유형은 골목대장으로, 대개 다른 또래집단을 계획적으로 공격한다(Hawkins, Pepler, & Craig, 2001; Olweus, 1991).

주도적 공격성으로의 전환은 또래를 반사회적인 행동으로 끌어들이는 성향으로 알 수 있으며(Poulin & Boivin, 2000), 이런 아동은 거짓말과 도둑질 같은 '비밀스러운' 반사회적 행동을 하기도 한다(Loeber & Schmaling, 1985). 이런 비밀스러운 행동 특성은 불량 또래집단에 말려들 가능성이 높아지는 초기 청소년기에 시작되는 것으로 나타났다(Dishion, Patterson, Stoolmiller, & Skinner, 1991).

중기 아동기에 나타나는 문제행동은 소년과 소녀가 다른 유형을 나타낸다(Carins & Cairns, 1984). 소년에게는 공공연한 공격성의 신호가, 소녀에게는 관계적 공격성의 신호가 더 두드러지게 나타난다. 관계적 공격성은 따돌림과 험담 같은 심리적인 폭력을 말하는데, 소녀의 이런 행동은 미성숙한 사회적·정서적 적응과 관련이 있다(Crick, 1996). 흥미로운 것은 이런 행동은 대부분 교우 관계 내에서 발생하기 때문에 부모는 소녀의 관계적 공격성에 대해 잘 모르고 있으며, 교사 또한 잘 알아낼 수 없다는 것이다. 학자들은 이런 현상이 소녀의 문제행동 신호를 조기에 파악하거나 미래 적응 여부를 파악하기 어렵게 한다고 보고 있다.

중기 아동기에 나타나는 반사회적 행동과 청소년기에 새롭게 드러나는 문제행동 간에는 깊은 관련성이 있다(Cairns, Cairns, Neckerman, Ferguson, & Gariepy, 1989; Loeber, 1982; Loeber & Dishion, 1983; Patterson, 1993). 우리는 소년, 소녀 모두에게서 약물사용(Dishion, Capaldi, & Yoerger, 1999), 부모의 훈육 부족(Stoolmiller, 1990) 그리고 성적 조숙을 보았다(Capaldi, Crosby, & Stoolmiller, 1996; Rosenbaum & Kandel, 1990). 청소년의 이런 문제행동이 부모에 대한 반항 이상의 것이라는 것은 분명하며, 실제로 어린 시기에 시작된 약물사용은 성인 초기의 약물사용을 예측하게 한다(Dishion & Owen, 2002; Kandel, Davies, Karus, & Yamaguchi, 1986; Newcomb & Bentler, 1988; Robins & Przybeck, 1985; Yamaguchi & Kandel, 1985).

위와 같은 사실이 품행장애, 약물사용, 우울과 같은 문제행동 각각에 맞는 치료 프로그램을 개발하는 계기가 되었다. 청소년기의 이런 행동은 대부분 동시에 일어나며(Jessor & Jessor, 1977; Metzler, Noell, & Biglan, 1992), 문제행동 증후군과도 상호 관련이 있기 때문에 개입 및 치료 프로그램 계획에서는 이런 행동의 기능뿐 아니라 발달 과정의 고려(Loeber, 1988)도 반드시 해야 한다(Dishion & Patterson, 1997). 예를 들어, 어떤 청소년에게는 또래집단의 개입이 오히려 약물사용을 증가시키는 역효과를 내는 반면, 사회화가 덜 된 단순 우울 증상의 청소년에게는 매우 효과적인 개입 전략이 되기도 한다(Lewinsohn & Clark, 1990).

청소년기의 문제행동과 함께 여러 가지 적응상의 어려움이 발생한다. 이런 경우 대부분 장기 개입을 전제로 개입의 초안을 잡는다. 주의력 결핍 아동의 경우 행동과 정서 면에서 조절이 어려운 발달과정상의 문제뿐 아니라 문제행동의 발달 면에서도 매우 취약한 것으로 나타났다(Barkley, Edwards, Laneri, fletcher, & Metevia, 2001; Rothbart & Bates, 1998).

주의력 결핍은 장기간 그 결과를 지켜보아야 하는 문제행동으로 2차적 증상을 유발하기 때문에 문제행동과 2차적 증상 두 가지 모두에 대한 개입이 필요하다고 많은 연구에서 보고하고 있다(Chilcoat & Breslau, 1999; Hinshaw, 1987; Magnusson, 1988). 이런 원리는 우울, 왕따, 학습부진 등과 같이 동시에 발생하게 되는 부적응에도 적용된다. 일반적으로 복합병적으로 나타나는 이런 증상은 임상적으로도 심각한 신호로 본다. 예를 들어, 우울과 품행장애 증상을 보이는 청소년은 문제행동만을 나타내는 청소년과는 달리 대부분 가족 갈등이 있으며(Granic & Lamey, 2002), 불량한 또래(Dishion, 2000)와 어울린다.

기능주의

생태학적 접근의 핵심은 적응에 대한 기능적 이해다(Dishion & Stormshak, in press). 학습이론을 기반으로 개입 계획을 할 때에는 가정과 학교 장면에서 나타난 긍정적이거나 부정적인 행동의 강화와 관련된 유관계약에 초점을 둔다. 아동의 문제행동 경우, 한 가지 행동에 수반되는 유관계약에 변화를 주면 행동의 빈도는 감소한다(Patterson, 1982). 즉, 사회적 상호작용 내에서 어떤 행동의 기능에 관심을 두게 되면 가족 내의 반사회적 행동의 이해 및 변화(Dishion & Patterson, 1999) 그리고 교내 문제행동의 감소에도 도움이 된다(Sugai, Horner, & Sprague, 1999).

부모-자녀 간의 강압적 상호작용은 자녀로 하여금 공격적인 행동을 빨리 나타내도록 하며(Gardner, 1992; Snyder, Edwards, McGraw, Kilgore, & Holton, 1994) 이후의 더 심각한 반사회적 행동에까지 영향을 미친다(Patterson et al., 1992). 강압은 불행한 결혼생활(Gottman, 1998)이나 갈등적인 부모-자녀관계(Forgatch & Stoolmiller, 1994; Prinz, Foster, Kent, & O'Leary, 1979; Robin & Foster, 1989)와 같은 인간관계에 강력한 영향을 미치는 원인이다.

기본적인 과정에서 보면, 대부분 강압적인 인간관계에서 파생된 결과로 이탈 내지는 탈출이라는 현상이 나타난다(Patterson, 1982). [그림 1-2]는 강압적 부모-자녀 관계로 인한 탈출의 조건화 과정이다.

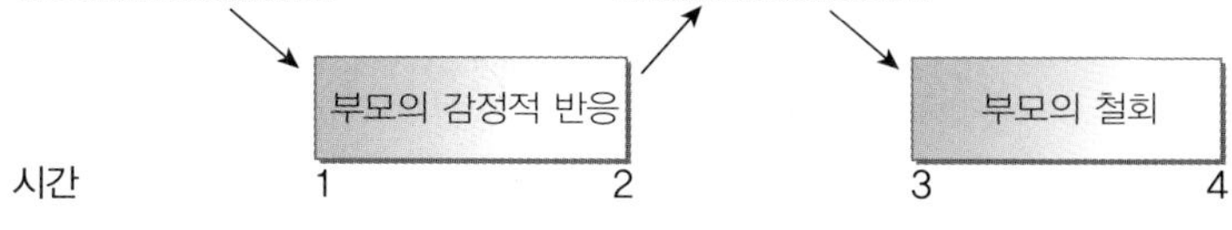

[그림 1-2] 강압적 부모-자녀 관계로 인한 탈출의 조건화 과정

특히 갈등이 증폭되는 시기에 부모는 문제행동에 대해 감정적으로 반응한다. 청소년 문제행동에 대한 이런 감정적 과잉 반응은 상황을 더 악화시킬 수 있다. 예를 들어 부모가 아들이 1시간 늦게 귀가했다는 이유로 2개월간 '외출금지' 를 시킨다고 하자. 불만에 찬 10대가 1주일 내내 불평을 하여 결국 부모가 '포기' 하도록 만들 수 있다. 이런 패턴의 반복은 부모의 보호체제를 점진적으로 무너뜨릴 뿐 아니라 냉담한 가족관계로 이어지게 한다. 이런 강압의 고리는 부모의 권위에 도전하는 10대를 만들고, 가족을 이끌어 가야 하는 부모를 좌절시키는 이중의 대가를 치르게 한다.

일상생활 속에서 짜증, 우울, 편식, 말싸움 등 10대가 보여 주는 다양한 어려움의 기저에 강압의 고리가 있는지 알아내는 것이 매우 중요하다. 앞에서도 지적했듯이 그 열쇠는 행동의 내용에 있는 것이 아니라 부모와 자녀 간의 기능적인 과정에 있다. 예를 들어 우울한 정서는 부모-자녀 간의 갈등을 줄여 주는 기능적인 측면을 가지고 있다(예, Hops, Sherman, & Biglan, 1990).

부모는 자녀가 우정과 연애에 정서적으로 몰두하는 10대가 되면, 통제를 덜해도 된다고 느낀다. 10대에게 있어 사춘기, 방송매체, 학교, 이웃은 또래라는 강력한 영향력과 결합되어 있으며(Dishion, Poulin, & Medici Skaggs, 2000), 문제행동 전력이 있거나 가족이 해체되었거나 소외된 학교생활을 하고 있는 청소년에게는 더욱 그렇다. 조기에 문제행동을 나타낸 아동이 중학생이 되면 불량한 또래 집단으로 모여드는 경향이 있다(Dishion et al., 1991).

우리는 공격적인 아동이 초기 아동기에 접어들면서 다른 공격적인 아동과 결탁하는 것을 발견하였다(Snyder, West, Stockemer, Givens, & Almquist-Parks, 1996). 문제 아동이 다른 반사회적 아동과 연합하는 경향은 중기 아동기를 지나면서 시작되어(Cairns, Perrin, & Cairns, 1985) 청소년기에 이르러 더욱 확대된다. 청소년기의 우정을 매우 중요하게 다루어야 하는 이유는 그런 아동의 주변에 불량조직이 있기 때문이다. 청소년의 우정을 연구한 결과 '이탈 우정 과정(deviant friendship process)' 이 확인되었으며, 이것은 약물사용(Dishion, Capaldi, et al., 1995), 비행(Dishion, Spracklen, Andrews, & Pattersin, 1996) 그리고 폭력(Dishion, Eddy, Haas, Li, & Spracklen, 1997)의 순서로 이탈 우정이 확대되어 갈 것임을 예측하게 한다.

청소년기에는 미래의 문제행동을 강화하게 될 친구와 우정을 맺는다. 즉, 문제행동에 관여하고 규칙을 어기지 않고서는 그 청소년 친구 사이에서 기본적인 우정을 유지할 수 없다. 그 상황에서 우정은 매우 강력하고 배신은 있을 수 없는 일이기 때문이다. 결탁의 법칙(Conger et al., 1992; Hernstein, 1961; McDowell, 1988)으로 이런 관계의 기능적 역동을 설명할 수 있다. 우정 안에서의 전폭적인 지지와 불량한 말투의 강화는 상호 관련이 있으며, 이는 바로 미래에 문제행동이 어떻게 확장될지 예측하게 한다.

불량한 우정의 역동을 이해하기 위해서는 학문적인 접근만으로는 부족하다. 우리가 고위험군의 어린 청소년을 개입 집단으로 모집하였을 때, 청소년의 약물사용과 교내 비행이 사실상 더 증가하고 있다는 것을 발견하였다(Dishion & Andrews, 1995).

우리가 처음 또래 집단이 주는 부정적인 효과를 발견하고(더 자세한 설명은 10장 참조) 다른 연구에도 유사한 사례가 있는지 찾아본 결과, 우리의 결과를 통계에서의 오류로 간주하였다. 그러나 '자료 누락' 의 문제로 인해 부정적인 결과에 대한 증거를 찾아내기 어렵다는 것을 알았다(Dawes, 1994). 대부분의 심리학자는 효과가 없거나 부정적인 결과에 대해서는 출판하지 않는다. 그럼에도 불구하고 청소년 비행의 개입에 대한 비평의 글을 살펴보면, 부정적인 결과가 29%나 차지하고 있다(Lipsey, 1992).

우리는 심각한 우울증으로 발전하기 전에 실시된 예방적 개입으로 인한 부정적인 결과를 지속적으로 연구한 Joan McCord의 연구에 관심을 가지게 되었다(McCord, 1979, 1992). McCord는 오늘날 가장 치밀하게 준비되고 실시된 예방 실험을 통해 개입에 참여하는 것이 오히려 지난 30년 동안 부정적인 영향을 끼쳐 왔음을 밝혀내었다.

McCord는 최근 캠브리지 섬머빌(Cambridge-Somerville) 자료를 재검토한 결과, 이 여름 집단 캠프가 30년간에 걸쳐 부정적인 결과를 나타냈음을 발견했다. 예를 들어, 두 개의 여름 캠프에 연속적으로 참여한 실험집단 청소년을 통제집단 청소년과 비교해 보았을 때, 10:1 정도로 30년 후에 부정적인 삶의 결과를 나타낼 확률이 높게 나타났다(Dishion, McCord, & Poulin, 1999).

임상적인 연구와 비교했을 때 대부분의 사회 프로그램이 고위험군 아동에 대한 적절한 관리감독을 소홀히 한 채 이루어지고 있기 때문에, 임상 연구와 유사한 개입전략으로 접근하는 경우 위와 같은 잠재적인 위험이 도사리고 있다는 것을 강조하고자 한다. 이 연구가 주는 매우 중요한 메시지가 있는데, 즉 중재가 필요한 청소년에게 또래로 구성된 비행중재 프로그램을 추진할 때는 매우 신중하게 접근해야 한다는 것이다(Dishion, McCord, et al., 1999).

청소년 또래에게 강력한 것으로 나타난 결과라고 해서 성인에게는 상대적으로 중요하지 않을 것이라 결론짓는 것은 성급한 판단이다. 성인의 경우에도 고위험군의 또래집단으로 구조화할 때는 구조로 인한 영향을 고려해야 한다. 우리는 지역사회의 프로그램과 지도자들이 의도하지는 않았지만 결과적으로 문제행동을 확대시켜 온 기존의 프로그램을 없애기를 기대한다. 이것은 비용과 동기 면에서, 고위험군의 청소년 집단뿐 아니라 일반 청소년에게 교육적이고 타당한 최선의 개입을 제공하기 위해 매우 중요한 일이다.

생태학적 시각에서 기능적인 면의 강조는 강압 및 비정상적인 훈육과 관련된 또 다른 역동을 이해할 수 있게 한다. 여기에는 사회성 발달 면에서 형제자매의 부정적인 영향도 포함된다. 청소년의 문제행동 재발에 관한 연구를 보면, 지역사회의 범죄 비율 면에서 소수의 가족이 차지하는 비율이 비교될 수 없을 만큼 큰 것으로 나타났다(Farrington, 1991의 보고에 따르면 6%의 가족이 지역사회 범죄의 48%를 차지하고 있다).

여기에는 두 가지 이유가 있다고 보는데 하나는 문제행동을 일으키기 시작하는 시기에 부모가 직접적인 원인 제공자로서 반사회적 행동을 부추기는 경우이고(Dishion, Bullock, & Owen, 2002), 또 다른 하나는 어린 청소년의 형제자매가 비행을 부추기고 성인의 관리감독과 지도를 무시하기로 서로 연합하는 경우다.

우리는 가족사례 50건을 직접 관찰하였는데, 반은 교사가 중학교에서 고위험군으로 판단한 아동의 가족이고, 반은 성적과 품행 면에서 성공적인 아동의 가족이다(Bullock & Dishion, 2002). 이 연구에서 우리는 예상했던 대로 고위험군의 가족에게서 우리가 구조화해 준 문제해결 방식을 사용하여 자녀를 관리 지도하려는 부모의 노력을 형제자매가 연합하여 무산시키려 하는 것을 관찰할 수 있었다(Bullock & Dishion, 2003). 지도하고 이끌어 주려는 부모의 노력은 '형제자매 체계' 에 의하여 자주 그리고 결국에는 무산되고 말았다. 이런 역동은 장기화된 문제를 가진 가족을 다루는 치료자에게 어떻게 하면 가족 내에서 부모의 기능이 잘 수행되도록 도와줄 수 있는가."에 대한 답을 주고 있다(Minuchin & Fishman, 1981; Szapocznik, Kurtines, & Fernandez, 1980).

가족관리

청소년의 사회화 과정에서 부모 역할의 중요성을 단지 연구결과에만 의존하여 말하려는 것은 아니다. 청소년의 사회화 체계를 현실적으로 고려해 보았을 때 변화에서 중요한 역할은 역시 부모이기 때문이다. 따라서 이런 관점에서 자녀양육의 생태적 측면을 고려하는 것은 매우 중요하다.

연구에 따르면, 가족관리(family management)는 가족의 강압적인 상호작용(Dishion, Burraston, & Li, 2002; Forgatch, 1992; Patterson et al., 1992)과 비행 또래와의 결탁 및 비행 심화 가능성(Dishion, Spracklen, Andrews, & Patterson, 1996; Patterson & Dishion, 1985) 그리고 형제자매와의 공모(Bullock & Dishion, 2002)를 감소시키는 것으로 나타났다. 이런 의미에서 우리는 가족관리를 청소년 보호요인으로 보고 있지만 이런 관점을 바탕으로 한 연구는 극소수에 불과하다. 런던 중심부의 우범지역을 연구한 Wilson(1980)에 따르면, 부모의 관리감독이 비행 예방에 중요한 보호요인으로 나타났다.

일반적으로 우리는 부모의 양육태도가 청소년의 적응에 직·간접적으로 관련이 있다고 본다. 특히 양육태도는 세 가지 밀접한 과정(Dishion & McMahon, 1998), 첫째, 청소년과 긍정적인 관계를 가지는 것, 둘째, 행동 관리에서 효과적으로 대처하는 것, 셋째, 행동에 관심을 갖고 감독하는 것의 결합으로 볼 수 있다.

청소년 시기에는 가족의 감독 기능이 약해지는 경향이 있기 때문에 특히 임상적으로 주목해야 한다. 여러 연구에서 보면, 불충분한 부모의 감독은 약물의 조기 사용 가능성과 직접적인 관계가 있다(Baumrind, 1985; Dishion & Loeber, 1985). 약물사용과 관련하여 부모의 감독 여부는 또래와 함께 보낸 시간과 간접적인 관련이 있는데, 부모가 방치한 아동은 약물을 사용하거나 비행 행동을 할 장소를 찾아 지역사회의 주변을 이리저리 방황하는 경향이 있다(Patterson & Dishion, 1985; Stoolmiller, 1994).

효과적인 자녀양육은 문화, 지역사회의 환경, 가족 유형에 따라 다른 형태를 가질 수 있다. 대부분의 부모는 자녀의 성공과 건강에 투자한다. 그러나 자녀의 독립심과 자율성 증가에 따라 자연스러운 긴장이 발생하게 된다(Dishion et al., 2000; Granic, Dishion, & Hollenstein, 2003). 비록 초기 아동기와 중기 아동기의 자녀양육에 문제가 없었다고 해도 청소년의 전환기 위험을 감소시키기 위해서는 잘 보호해 줄 수 있는 지원과 긍정적 가족관리가 계속되어야 한다. [그림 1-3]에서는 청소년의 사회적 · 정서적 발달에 영향을 주는 요인과 부모와의 상호작용을 보여 준다.

[그림 1-3]에서와 같이 가족관리는 또래와 형제자매 환경과 청소년 적응에 영향을 준다. 문제행동의 심각성이나 지역사회 상황에 따라 선택한 부모의 양육 방식에 청소년이 영향을 받는다는 점은 분명하다. 폭력성이 높고 경찰의 감시가 심한 지역사회에 사는 청소년의 부모는 귀가 시간 이후의 자녀 활동에 대해 엄격할 것이다. 이런 가족과 작업할 때는 지역사회의 환경에 대한 지식과 민감성, 효과적인 양육의 문화적 차이에 대한 올바른 평가 그리고 개입 활동

목록에 대한 기대의 유연성 등이 요구된다.

[그림 1-3]에서와 같이 우리는 청소년의 문제행동 원인에 직접적인 영향을 주는 요인으로 분열된 가족 환경, 불량한 또래 이외에 아동의 생물학적 특성을 포함시켰다. 아동의 성별(Moffitt, Caspi, Rutter, & Silva, 2001), 흥미(Rothbart, Posner, & Hershey, 1995) 그리고 다른 유전적인 특성(Rhee & Waldman, 2002)이 사회화 과정에 영향을 미친다는 것은 분명하다. 그러나 아동의 기질에 가장 영향을 미치는 것은 잠재되어 있는 가족관리의 혼란이나 부정적인 또래의 영향임을 강조하고자 한다.

양육태도에 대한 연구는 부모가 그동안 어떻게 해 왔는가가 아니라 자녀를 위험에서 보호하기 위해 지금 무엇을 하고 있는가다. 자신의 과거에 대한 통찰을 충분히 반영한 양육기술을 가진 부모는 병리적 현상을 세대 전수할 가능성이 적다(Egelan & Susman-Stillman, 1996; Forgatch, 1991). 이 때문에 연구자들은 관계 맺기, 한계에 대한 인식, 긍정적인 강화, 감독 그리고 갈등 해결(Hawkins, Catalano, &

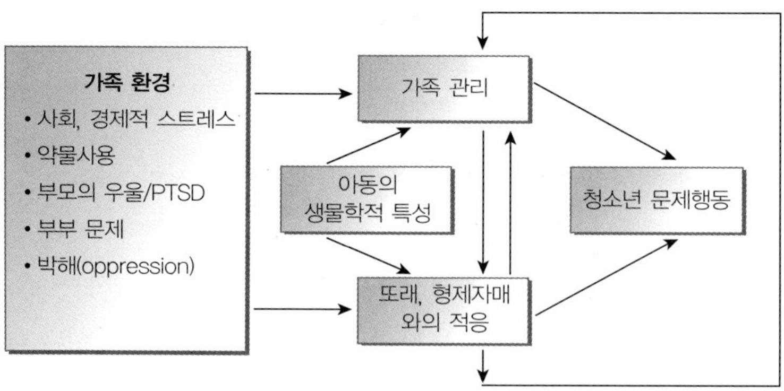

[그림 1-3] 청소년의 사회 · 정서적 발달에 영향을 주는 요인과 양육의 상호작용

Miller, 1992; Patterson et al., 1992)을 자녀를 긍정적으로 양육하기 위한 부모교육 세팅에 포함시킨다. 민족성이나 문화에 따라 가족관리의 구성요소에 대한 강조점과 스타일이 달라져야 한다는 것도 중요하다(Dishion & Bullock, 2001).

자녀양육의 생태학

우리의 모델은 부모양육이 붕괴될 수 있는 상황이나 또래의 영향력이 강력한 현실 상황에도 적용할 수 있다. 때로는 이혼이나 재혼 같은 가족관계의 변화로 가족관리에 문제가 생기기도 하고, 부모의 행동과 적응방식이 가족관리에 방해가 되기도 한다. 예를 들어, 부모의 약물사용은 초기 청소년에게 약물을 사용하게 하는 위험 요소로, 자녀들에게 약물사용에 대한 기준을 세우려는 부모의 권위에 흠집을 만들게 될 것임은 자명하다(Chassin, Presson, Sherman, Montello, & McGrew, 1986). 또한 경제적인 스트레스와 실업(Conger et al., 1992; Elder, Van Nguyen, & Caspi, 1985) 그리고 오래 지속된 불리한 상황(McLoyd, 1990) 등도 부모의 자녀양육을 와해하고 잠재적인 위험을 높인다. 어떤 상황에서는 가족관리가 이런 스트레스의 완충 역할을 할 수도 있겠지만 이를 위해서는 엄청난 노력이 요구되며, 심각한 가난, 박해, 실업, 범죄라는 사회적 맥락은 대부분의 가족을 위태롭게 만든다.

문화적 스트레스는 다양한 형태로 발생하며 가족구성원이 늘어나는 경우에도 영향을 미친다. 서로 다른 두 문화 사이에서의 교두보 역할은 부모에게 어려운 일이다. 이런 문제는 특히 멕시코계 가족(Szapocznik et al., 1980)에게서 잘 나타나며 다른 문화 집단에게도 같은 문제가 똑같이 일어날 수 있다. 문화의 충돌 수준은 자녀양육에 파괴적인 영향을 줄 수 있기 때문에 이런 스트레스 상황의 부모에게 개입(다문화 조정)이 지원된다면, 가족기능을 향상시킬 뿐 아니라 아동에게도 긍정적인 결과를 가져올 것이다(Szapocznik et al., 1997).

박해의 역사 또한 자녀양육에서 가족이 가진 문화의 힘을 분열시킨다. 미국 인디언의 식민지화 과정에서, 특히 강제로 아동을 가족에게서 분리하여 멀리 떨어진 영어와 유럽의 문화권의 기숙학교에 보낸 경우를 생각해 볼 수 있다(Duran & Duran, 1995). 이 외에도 세계 곳곳에서 원주민의 고유함과 자부심을 공격하여 그들이 수천 년 동안 정성스레 보존해 온 양육 태도를 확실하게 사장시킨 일이 많이 있다.

가족이 와해되는 다른 원인은 가족 내부에 있다. 가족이 확대되면서 이혼과 재혼 같은 와해를 경험하는데 이런 사건은 아동의 삶에서 결코 사소한 일이 아니다. 이혼 상황에서의 가족관리는 확실한 보호요인이다(Forgatch, Patterson, & Skinner, 1988). 부모가 갈등과 자녀의 최대 관심사를 어떻게 다루느냐 하는 것은 심각한 문제에 직면한 아동이 건강하고 성공적으로 문제를 해결해 낼 수 있게 하는 중요한 요인이 된다(Buchanan, Maccoby, & Dornbusch, 1991; Maccoby, Depner, & Mnookin, 1990). 재혼에 따른 여러 과정은 아동기 및 초기 청소년기의 약물사용과 같은 부적응의 수준과 직접적인 관계가 있지만, 가족관리의 실제를 긍정적으로 사용하면 이런 위험을 극적으로 줄일 수 있다(Capaldi & Patterson, 1991).

자녀양육의 생태학이 아동의 적응과 관련이 있다는 증거는 분명하며 여러 상황에서 가족관리의 실제가 열악한 환경을 이겨 낼 보호요인이 될 수 있음을 제안하고자 한다. 보호적 역할로서의 자녀 양육 실제는 개입 프로그램의 가장 중요한 목표다.

가족 개입 작업

우리는 자녀양육의 현재 역량을 지원하는 개입과 위험요소나 가족의 역기능에 초점을 맞춘 개입을 구분해야 한다는 사실을 알게 되었다. 3장의 논의처럼 서로 다른 두 개입은 통합될 수 있다. 통제집단과 무작위 표집을 사용한 대부분의 연구는 위험요소와 역기능에 초점을 맞추고 있으며(주목되는 예외로는 Kumpfer, Molgaard, & Spoth, 1996의 연구가 있다), 이들 연구는 부모의 양육태도를 개선시켜 위험요소를 감소시키는 것을 개입의 목적으로 두고 있다. [그림 1-4]는 가족을 중심으로 한 개입의 효과를 요약한 것이다.

연구자들은 초기 아동기의 효과적인 개입이 중기 아동기와 청소년기의 반사회적 행동을 예방하며, 자녀양육에 대한 개입이 초기 아동기의 문제행동 감소에 효과가 있다는 것을 발견하였다(Dadds, Spence, Holland, Barrett, & Lacrens, 1997; Webster-Stratton, 1984, 1990). Webster-Stratton의 연구를 보면, 학령전기의 어린 자녀를 둔 가족을 위한 지원과 자녀양육 기술 개발에 초점을 둔 부모교육 집단이 부모-자녀 간의 상호작용과 교사에 의해 평가된 문제를 개선하는 데 매우 효과적인 것으로 나타났다. 더구나 이 긍정적인 효과는 개입 이후 최소 3년 후까지 지속되는 것으로 나타났다. Webster-Stratton 프로그램에서 주목할 부분은 긍정적 자녀양육의 실제 사례를 가지고 비디오테이프를 만들었다는 것이다. 이 테이프는 치료자의 도움 없이 비디오테이프만을 사용하여 아동의 행동이 변화되기를 바라는 부모에게 유용하게 사용될 수 있다(Webster-Stratton, Kolpacoff, & Hollingsworth, 1988). 그러나 일반적으로 어머니들은 지도자가 있는 부모훈련 집단에서 비디오테이프를 사용하는 것을 더 선호하였다.

아동기의 반사회적이고 공격적인 행동은 청소년기 약물사용을 예고하는 중요한 단서가 된다(Kellam, Brown, Rubin, & Ensminger, 1983). 개입의 목표를 자녀양육의 실제로 두는 경우 아동기의 반사회적 행동의 감소에 가장 효과가 있다(Dumas, 1989; Kazdin, 1993; Patterson, Dishion, & Chamberlain, 1993). 이에 대한 많은 관련 연구가 있다. 먼저 Patterson(1974)은 부모훈련 개입이 가정과 학교에서 반사회적 행동을 감소시키는 데 효과가 있음을 발견하였고, Johnson과 Christensen(1975)은 부모의 인식, 가정에서의 직접적인 관찰, 그리고 간단한 전화 인터뷰를 통한 부모훈련의 효과를 입증하였다. 무엇보다 부모가 부모 훈련에 만족한다는 것을 알아냈다는 것이 매

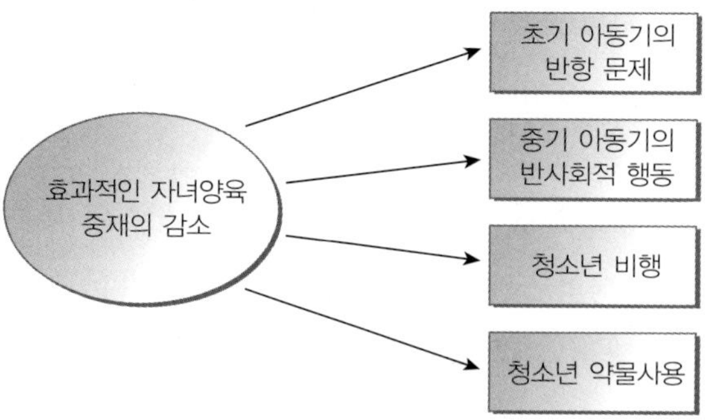

[그림 1-4] 가족-중심 중재의 효과

우 중요한 일이다(McMahon, Tiedemann, Forehand, & Griest, 1993).

가족-중심 개입의 장점은 가족 구성원 모두에게 도움을 준다는 것이다. 예를 들어, Arnold, Levine과 Patterson(1975)은 부모교육을 통해 의뢰된 아동의 형제자매의 행동양상이 통계적으로 유의미하게 변화되었음을 보고하였다. 이런 효과는 특히 가족 내에서 약물사용과 심각한 비행이 발생하는 경우 더욱 효과적이다.

예방이란 더 어릴 때 개입이 들어가는 경우에 가능하기 때문에 청소년기의 개입은 이미 시간과 자원의 낭비라고 말한다. 그러나 연구결과를 살펴보면 그렇지 않다는 것을 알 수 있다. 문제행동의 감소 측면에서 볼 때 청소년기의 개입은 예방전략 전반에 걸쳐 중요하다. 직접적이거나 간접적으로 영향을 미치는 이런 개입은 10대에 자녀를 양육해야 하는 어린 부모의 발생 가능성 감소와 같이 다음 세대에서 긍정적인 효과가 나타나게 할 수도 있다(Olds, 2002).

발달 단계에 있는 청소년에 대한 개입의 분명한 목표는 피해를 줄이는 것이다. 만일 개입을 통하여 약물사용, 비행, 성적 조숙 그리고 범죄로 이어지는 비행 고리의 확산을 감소시킬 수 있다면 초기 성인기에 나타날 수 있는 부정적인 결과를 예방할 수도 있다. 이런 견지에서 현 단계의 위험요소를 줄이고 적응을 도와 주는 개입은 다음 단계로의 발달적 전환이 성공적으로 완수되도록 도와준다(Dishion & Kavanagh, 2002).

청소년기의 가족-중심 개입이 현재의 문제행동과 미래의 위험요소를 감소시키는 효과가 있다는 연구결과가 있다(Alexander & Parsons, 1973; Bank, Marlowe, Reid, Patterson, & Weinrott, 1991; Henggeler, Melton, & Smith, 1992; Henggeler et al., 1986). 이런 연구 자료는 긍정적인 가족관리를 지원하는 개입이 청소년의 약물사용을

감소시킨다는 것을 보여 준다(Bry & Canby, 1986; Bry, McKeon, & Pardina, 1982; Friedman, 1989; Huey, Henggeler, Brondino, & Pickrel, 2000; Lewis, Piercy, Sprendle, & Trepper, 1990; Schmidt, Liddle, & Dakof, 1996). 10장의 논의처럼 가족-중심 개입의 효과에 대한 우리의 결과는 많은 연구를 토대로 한 것이다.

요 약

문제행동은 알 수 없는 위험 요소가 쌓여 드러나게 된 것이 아니다. 발달과 개입에 관련된 많은 연구 자료에서 청소년기 문제행동을 일으키게 하는 위험 과정의 중심에 있는 가족관리에 초점을 둘 것을 지지하고 있다. 가족-중심 모델은 생물학, 자녀양육, 또래 그리고 생태학을 포함한 모든 수준의 영향을 통합한 것으로 가족관리를 개입의 초점에 두고 강조하고 있다. 이 모델은 문제행동의 탓을 부모에게 돌리려는 것이 아니라(Harris, 1995) 문제행동의 해결에 양육태도가 중요하다는 점을 말하고자 하는 것이다. 이런 의미에서 가족관리와 성인의 참여를 촉진하는 개입 전략은 예방 효과를 장기화하는 데 매우 중요하다.

다음 장에서 우리는 가족관리에 초점을 두는 것이 실제적으로 그리고 잠재적으로 얼마나 유익한지를 확인해 볼 수 있는 개입의 틀에 초점을 둔다.

제2장

청소년 전환기 프로그램: 다수준 개입 전략

역 사

15년 전, 우리는 청소년 문제행동의 발달 모델을 기초로 예방전략을 세웠다(Dishion, Reid, & Patterson, 1988). 이런 노력의 결과로 나온 개입 모델과 자료는 청소년 전환기 프로그램(Adolescent Transitions Program: ATP)에 포함되어 있다. 이 프로그램의 기능은 우리와 또 다른 연구자의 개입 관련 연구를 통해 지속적으로 성장해 왔다.

행동 변화를 위한 이 프로그램은 인지행동 이론을 바탕으로 한 전통적인 심리교육적 개입모델에서 비롯되었으며, 문제행동 발달 연구에 근거하여(Dishion & Loeber, 1985; Loeber & Dishion, 1983; Patterson & Dishion, 1985) 가족관리의 실제와 일탈에 대한 또래의 영향에 주안점을 두었다.

우리는 연구를 위한 집단을 구성하였는데, 이 집단은 스스로를 고위험군이라고 인지하고 있는 외래 서비스를 받는 청소년과 그 가족으로 구성되었다(Dishion et al., 1988). 이들 가족을 네 가지 개입 조건 중 하나에 무작위로 할당하였고, 연구 참여에 대한 수당을 지급하였다. 이 연구를 통해 우리는 고위험군 청소년과 그 가족 모두에게 개입을 적용해야 한다는 기본 원칙을 확인할 수 있었다. 예를 들어 예상치 못했던 부작용이 우리가 예측한 개입의 효과보다 더 강력하다는 것을 알게 된 것이다(Dishion & Andrews, 1995).

우리가 확인한 사실을 토대로 우리는 학교 장면에 이 프로그램을 적용하기 시작했다(Dishion, Andrews, Kavanagh, & Soberman, 1996). 이제 막 문제행동에 얽히기 시작한 청소년에서부터 이미 조기에 시작하여 오랜 과정을 거쳐 온 청소년에 이르기까지, 학교에서 확인한 위험 모집단이 너무나 이질적인 것에 놀랐다. 조기에 문제행동을 시작한 대부분의 청소년이 일반적인 정신 건강 서비스는 물론이고 양육 개입 서비스조차 받아 본 적이 없다는 사실은 우리에게 충격을 주었다. 품행장애 청소년은 단지 실험적인 개입에만 맡겨진 채 어떤 종류의 정신건강 서비스도 받지 못한 것으로 나타났다(Stouthamer-Loeber, Loeber, Van Kammen, & Zhiang, 1995).

학교에서 부모집단을 몇 년간 실시한 이후, 우리의 개입 모델은 한 층 더 확장되었다. 학생 및 그 가족이 구조적으로 더 많은 작업을 할 수 있는 전략을 세우기 위해 교사와 논의하였다. 이런 학교 '체계' 를 통한 노력은 개입의 효과 면에서 매우 중요하기 때문에 모델에 통합시켰다(Dishion, Andrews, et al., 1996).

청소년 전환기 프로그램을 오리건 지역의 학교에서 실시하면서 우리는 새로운 사실도 알게 되었다. 교사의 예측처럼 12회기나 되는 부모집단 프로그램에 고위험군 자녀를 둔 부모를 참석시키는 것은 매우 어려운 일이다. 어떤 때에는 50명 집단에 단 2명의 부모만 출석한 적도 있다. 이런 경험을 몇 번 한 후, 우리는 부모가 학교에 참여할 수 있는 가능성을 강화하도록 부모집단 개입의 범위를 확장할 필요가 있다는 결론을 내렸고 양육의 실제에 영향을 미칠 수 있는 개입 활동의 '목록(menu)' 을 넓혀 갔다.

우리는 두 가지 방향으로 청소년 전환기 프로그램의 범위를 넓혀 갔다. 첫째, 비교적 단기간에 실시되는 개입으로 동기부여 면담 방법을 좀 더 개선한 것이다(Miller & Rollnick, 2002). 동기부여 개입을 가족점검(Family Check-Up: FCU)과 접목시켰으며, 초기의 단기 개입은 변화 전략으로 매우 전망이 좋은 것으로 나타났다(Rao, 1998). 두 번째 방향은 학교라는 생태환경에 보급할 개입을 발달시키는 것이다. 이 '포괄적' 개입의 목적은 참여와 지원의 잠재력을 증가시키기 위해 학교라는 변화무쌍한 잠재적 범행 발생지를 통해 부모와 만나는 것이다.

청소년 전환기 프로그램 수정판은 자료를 근거로, 그리고 연구팀의 고통과 더불어 성장하였다. 이 자료는 임상심리학의 본질과 그 변화 과정에 대한 우리의 기본 가정을 재검토하게 했는데, 예를 들어 부모와 더 많은 상담을 하게 되면 더 많이 변화할 것이라는 가정 같은 것이다. 그러나 개별 가족치료 모델(Weber, 1998)뿐만이 아니라 부모와 함께한 개입집단 어디에서도 이런 '투약-반응(dose-response)' 의 관계를 찾지 못했다. 또 다른 가정은 프로그램이 설명된 소책자를 활용하여 변화를 이끌어 낼 수 있다는 것이다. 소책자에 청소년 전환기 프로그램의 개입 방법을 잘 설명해 놓았음에도 불구하고 부모집단에서 이것을 변화와 잘 연결시키지 못하는 경우가 많았다(Dishion et al., 2003).

또 다른 가정은 정신건강클리닉에서 부모와 가족이 함께하는 '세션' 을 가진다는 것이다. 다른 연구자처럼(예, Henggeler, Schoenwald, Borduin, Rowland, & Cunningham, 1998; Szapocznik & Kurtines, 1989) 우리도 효과적인 개입을 위하여 임상장면을 떠나 그들의 가정을 방문하고 학교에서 그들과 함께 작업하며 양육 실제에 영향을 줄 다른 전략을 탐색하였다.

우리가 주안점을 둔 자료를 바탕으로 변화를 살펴본 결과, '의학적' 모델에서 우리가 지금 생태학적 모델이라고 부르는 모델로 변화하였음을 알 수 있다(Stormshak & Dishion, 2002). 이 책의 시작에 언급했듯이 이런 변화가 주목받고 있는 이유는 전형적인 정신 건강 치유 프로그램보다 초점과 영역 면에서 넓은 범위를 다루는 개입 프로그램의 이론적 근거를 제공하기 때문이다. 우리는 상담서비스의 개념화와 디자인을 위해 제안된 '생태 주사위' (Morrill, Oetting, & Hurst, 1974)를 바탕으로 청소년 전환기 프로그램을 논의하고자 한다.

생태 주사위

[그림 2-1]의 생태 주사위는 청소년 전환기 프로그램 모델의 3차원적 개입을 요약한 것이다. 첫 번째 차원은 개입대상으로, 발달적 연구에 기인한 것이다. 우리의 발달과 개입 측면의 연구 결과에 따르면, 청소년 문제행동에는 가족-중심 개입이 가장 효과적이지만 우

리 모두가 알고 있듯이 부모와의 만남이 현실적으로 항상 가능하지는 않다. 때로는 청소년과 직접 작업하는 것이 더 도움이 될 수도 있고 가족 내의 미묘한 사건이 가족 역동을 부드럽게 하기도 한다. 따라서 생태 주사위의 모든 개입은 직접적이거나 간접적인 가족관리의 지원에 그 초점을 둔다.

두 번째 차원은 문제의 발달 과정에 맞는 개입목표에 대한 제안이다. 문제행동에 잘 훈련된 상담자라면, 조기에 문제행동을 경험한 청소년과 나중에 경험한 청소년에게 차별화된 개입을 사용할 수 있어야 한다.

세 번째 차원은 개입방법이다. 청소년 전환기 프로그램의 개입모델에는 부모와 청소년이 함께하는 직접적인 상호작용, 교사에 대한 자문과 훈련 그리고 교훈적이거나 영감을 주는 방송매체가 포함된다.

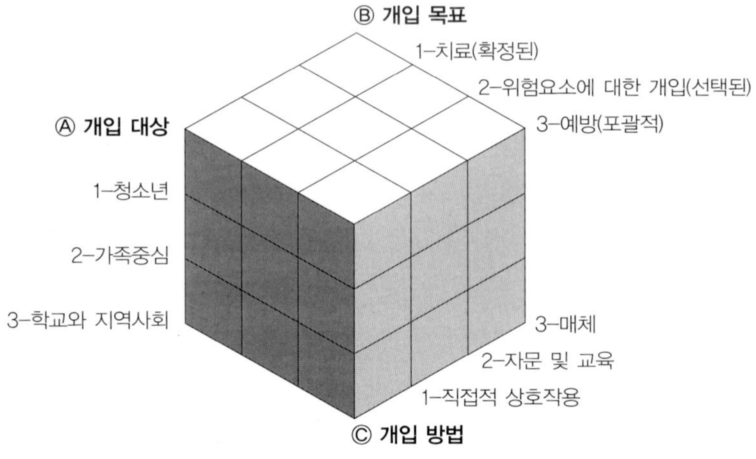

[그림 2-1] 개입를 위한 생태적 구조

청소년 전환기 프로그램 모델은 주사위 전체를 포괄할 수 있도록 고안되었다. 이와 같은 포괄적인 개입 모델을 완성하기까지 우리는 상담과 임상심리학이라는 전통적인 역할 사이의 경계를 무너뜨릴 필요가 있다는 것을 깨달았다(Dishion & Stormshak, in press). 예를 들어, 13세 소녀에게 발생 가능한 문제를 예방하기 위해서는 부모에게 예측되는 변화, 즉 사춘기와 관련된 경험이나 소녀의 고등학교 진학에 대한 단기상담 서비스가 필요하며 이런 상담은 가족점검을 통해 제공된다.

포괄적인 것과 관련하여 부연하자면, 생태학적인 구조의 다른 특징도 주목받을 만하다는 것이다. 서론에서 언급한 것과 같이 다양한 지역사회가 요구하는 차별화된 결과를 도출해 낼 이러한 포괄적 접근을 어떻게 이해하는가가 중요하다.

공공의 건강에 대한 관점

정신건강 전문가의 목표는 아동과 가족에게 나타나는 정신 병리 확산을 줄이는 것이다. 그러나 우리의 개입이 생태 주사위의 한두 차원에 제한된다면 우리의 노력만으로 공공의 건강에 영향을 미치기는 어렵다. 청소년 전환기 프로그램은 지역 사회의 가족 전체에게 포괄적인 접근이 가능하도록 치료와 예방이 연계된 다수준 전략이다. 포괄적 개입이 가족 개개인에게는 효과가 적을 수도 있으나 이것으로 많은 가족을 돕고 지역사회에도 더욱 큰 영향을 끼칠 수 있다(Biglan, 1995; Kellam, 1990). 그러나 현재 도움이 절실한 가족 중 단 5%만이 서비스를 받고 있으며(Chamberlain & Reid, 1998;

Henggeler et al., 1998), 실제로 고위험군의 범주로 갈 가능성이 있는 많은 가족이 방치되고 있는 실정이다. 이 포괄적 개입은 지역사회의 강점을 활성화시켜서 위험에 노출된 사람들의 문제행동이 악화되는 조건을 감소시킬 수 있다. 청소년 전환기 프로그램은 모든 수준에서의 개입 활동을 강화하기 위해 선택 및 확정된 포괄적 구성요소를 갖추고 있다.

서비스 전달 체계

Hoagwood와 Koretzz(1996)는 공공의 건강은 우리의 개입이 기존의 서비스 전달 체계에 맞게 계획될 때, 특히 많은 아동과 가족에게 영향을 미치도록 계획될 때 가장 효과적이라고 하였다.

미국에서는 학교에 다니는 13~14세 이상의 아동이 가장 중요한 대상이다. 학교는 불량 또래 집단이 만나기 좋은 장소로 제공되고 있다(Dishion, Duncan, Eddy, Fagot, & Fetrow, 1994; Kellam, 1990; Rutter, 1985). 아동의 문제행동을 전반적으로 감소시키기 위해서는 가족역동뿐만 아니라 학교환경에도 관심을 두는 것이 반드시 필요하다(Patterson, 1974). 그러나 현실적으로 청소년의 욕구와 학교의 운영은 총체적으로 서로 어울리지 않는다(Eccles, Lord, & Roeser, 1995). 따라서 예방 개입 프로그램은 "학교를 서비스 전달의 잠재적인 장소이자 개입 활동의 잠재적 대상" 으로 고려하여야 한다(Trickett & Birman, 1989, p. 361).

측정의 주안점

임상적인 판단은 틀리기 쉽다(Dawes, 1994). 생태학적 접근의 세 번째 특징은 구조화된 측정을 기본으로 하는 사례 개념화와 개입이다. 이런 측정이 유용하기 위해서는 아동이 소속된 가정과 학교, 가족 간의 상호작용과 관리과정, 또래 집단뿐 아니라 문화와 지역사회 요인을 망라하는 행동에 대한 전반적인 측정이 필요하다.

사례 개념화는 생태학적 측정에 따라 전혀 다른 결과를 나타낼 수 있다. 같은 DSM(Diagnostic and Statistical Manual of Mental Disorders) 진단을 가지고 청소년의 삶의 상황에 따라 두 사례를 다르게 볼 수 있다. 예를 들어, 가정에서는 품행장애를 보이는 15세 소녀가 학교생활에서는 교사와 또래에게 쾌활한 소녀로 보이고 학생으로서 학업에 충실할 수 있다. 또 다른 경우 학교에서는 파괴적으로 행동하고 무단결석을 하곤 하지만 가정에서는 긍정적인 관계를 가질 수도 있다. 두 사례 모두 품행장애나 반항장애라는 진단을 받을 수 있다. 만일 상담자가 학교에서의 정보만으로 접근한다면 서로 다른 사례로 판단하게 될 것이다. 따라서 학교에서 근무하는 상담자라면 개입을 선택할 때 생태 주사위의 영역으로 확대할 필요가 있다. 예를 들어, 매주 시행하는 가정-학교 간 통신 체계는 제한된 학교 생활에 어려움을 겪고 있는 청소년을 돕는 한 방법이 될 수 있다.

개입의 대상과 방법을 결정하기 위해 다방면에 걸친 구조화된 측정에 기초한 최선의 프로그램에는 정신분열에 대한 임상적 치료(Paul & Menditto, 1992), 아동 및 가족 치료(Sanders & Lawton, 1993),

성인의 약물사용(Miller & Rollnick, 2002), 부부 치료(Weiss, Halford, & Kim, 1996)가 포함된다. 4장에 소개되는 다수준 모델은 변화를 위한 필요와 동기의 수준에 대한 결정이 측정의 기본이 된다.

혼합병적 특성에 대처하기

생태학적 접근의 네 번째 특징은 하나의 개입 전략만으로 청소년 및 가족과 함께 다양한 적응의 문제를 해결하는 데 충분하다는 것이다. 마리화나와 술을 사용하는 14세 소녀가 가게 물건에 손을 댔다가 잡혀 온 경우, 품행장애나 심각한 우울증을 가진 청소년으로 진단되고 치료된다면 어떨까?

실제로 적절한 진단 도구를 사용한다 해도 아동과 가족의 실체가 드러나는 것은 아니다. 현실세계와 사람들의 역동을 풀어 나가기 위해 상황을 넘나드는 행동의 측정뿐 아니라 최근의 가족 역동도 다룬다. 측정과 개입의 연결은 개입이 '구조화된 유연성'을 보여 주어야 함을 시사한다.

앞에서 언급했던 것처럼 개입 반응은 시나리오에 달려 있다. 14세 소녀는 새엄마와 새로 태어난 동생과 함께 최근 새로 구성된 가족과 살고 있을지도 모른다. 이전에는 이 소녀가 39세 엄마와 둘이서 힘들게 살았을 수도 있다. 부모의 재혼을 통해 소녀의 삶이 극적으로 바뀐 것이다. 또 다른 예로 태어나면서부터 가정은 안정적이었지만 외모 때문에 학교에서 놀림을 받아 온 소녀의 경우와 비교해 보자. 유사한 증상을 나타낸 서로 다른 생태 환경은 두 가지의 전혀 다른 사례 개념화를 제시하고 상반된 개입 전략을 세우게 한다. 부모나 청소년과의 임상적 면담을 통해 사례 개념화에 따른 차이를 완전하게 잡아내기는 힘들며, 가정과 학교에 대한 직접적인 관찰이나 측정을 통하여 잘 알려지지 않은 청소년과 가족의 역동을 밝혀내는 경우가 많다.

이러한 경험을 통해 유연하지만 경험을 바탕으로 지원된 개입목록과 함께 실시하는 신중한 측정이 현실에서 만나는 임상 사례를 다루는 최적의 구조를 제공한다는 것을 자주 발견한다. 후에 논의하겠지만, 동기를 고려하여 작성한 유연한 개입목록은 동기유발과 참여에 결정적 역할을 하며 이는 개입의 내용과 과정에 적용된다. 동기를 향상시키는 데 목적을 둔 개입은 내담자 참여를 극대화하기 위한 변화전략 목록을 제공하며(Miller & Rollnick, 2002), 교육과정이라기보다는 치료과정에 우선순위를 두어 내담자와 직접 상호작용함으로써 행동의 변화를 촉진한다(Patterson & Chamberlain, 1994; Rogers, 1940).

개입 초기에 생태학적 구조 안에서 프로그램을 고안하는 것이 매우 복잡해 보일 수 있지만 꼭 그런 것만은 아니다. 이제 우리는 청소년 전환기 프로그램이라는 '계단식' 개입 체계를 설명할 것이다. 이 포괄적 접근이 학교의 전담 상담자에 의해 잘 전달될 것으로 기대한다. 상담자는 부모 및 학교 전문가와 협력작업이 가능하도록 적절한 훈련을 받고 방송 매체나 학교 교직원의 지원과 같은 유용한 자원을 활용하게 된다.

다수준 ATP 전략

계단식 개입 체계

수준과 대상과 개입방법이 하나의 체계로 연결되어 있는 계단식 전략은 생태 주사위의 모든 단계를 망라한다. 계단식 전략에서 각 정보의 단계는 이전의 단계를 바탕으로 세워진다. 전통적인 명명법(nomenclature)에 의해 세 단계는 보편적(예방), 선택적(위험 상태), 확정적 (치료) 가족개입으로 대표된다. 보편적 단계는 학교에 다니는 모든 청소년과 부모를 대상으로 하고, 선택적 단계는 위험에 처한 청소년과 가족의 상황에 맞춰지며, 확정적 단계는 청소년과 가족에 대한 치료라고 설명할 수 있다([그림 2-2] 참조). 각 단계에 대한 자세한 설명은 다음과 같다.

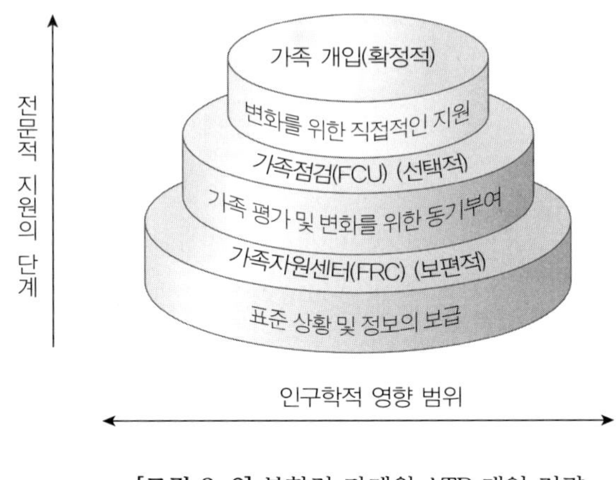

[그림 2-2] 복합적 단계의 ATP 개입 전략

보편적 단계

기존의 서비스 전달 체계 내에서 가족-중심 개입을 수행하기 위한 기초 작업이 필요하다. 첫째, 하나의 체계 내에 다양한 서비스를 연계하고, 이 연계를 적절히 관리할 위탁기관을 선정하도록 권하는 것, 둘째, 서비스에 관한 정보를 부모에게 전달하는 것, 셋째, 자녀양육에 관한 정보를 보급하는 것, 넷째, 정확하게 확인되고 경험적으로 검증된 서비스를 청소년과 가족에게 제공할 수 있도록 학교와 지역사회 내의 전문가와 상호 협력하도록 자문하고 교육하는 것이다.

이 목표를 향한 첫 단계는 학교 체계 내에 가족자원센터(Family Resource Center: FRC)를 설립하는 것이다. 가족자원센터는 청소년이 학교에 다니는 동안 다수준 개입 프로그램을 제공하게 될 기관으로 준비된 다수준 개입의 전달수단이 된다. 예를 들어 공립 중학교의 가족자원센터에는 전임 전문가가 고용되어 있다. 이 전임 전문가는 고위험군 학생의 부모와의 직접적인 개입, 적절한 개입 계획의 수립을 위해 교사 및 교장과 함께하는 자문활동, 부모와의 만남을 위한 건강수업 참석, 개별 학생의 감독, 부모에게 피드백 제공 등 여러가지 활동에 관여한다. 가족자원센터와 관련되어 사용되는 전략은 9장에 자세히 설명되어 있다. [그림 2-3]은 가족자원센터에서 제공하는 서비스를 요약해 놓은 것이다. 이 단계의 개입에서는 낮은 위험 정도의 모든 학생에게 잠재적으로 영향을 미치는 기초적 서비스를 제공하기 때문에 보편적이라고 부른다.

위험 요소의 확인

가족자원센터업무의 기초가 되는 기본 단계는 심각한 적응 문제

• 부모를 위한 학교 오리엔테이션 모임
[자기-점검, 책, 비디오테이프, 『10대 자녀들을 위한 부모교육』(Dishion, Kavanagh, & Christianson, 1995)]
• 효과적인 자녀양육과 규범에 대한 대중매체
• 가족관리의 실제를 지원하기 위한 학급-중심의 부모-자녀 실습
• 출석, 행동, 과제 완수에 관한 특별한 정보에 대하여 부모와 의사소통하기
• 점검과 측정

[그림 2-3] 보편적 개입: 가족자원센터

로 가는 과정 중에 있는 학생을 사전에 찾아내는 것이다. 이런 확인과 이에 따른 부모의 참여에 '진입' 전략을 사용했다. 고위험군 행동에 대한 단계적 심사의 초기 작업에 진입이라는 은유를 사용함으로써 연속된 위험에 놓인 가족을 계속적으로 측정하고 선별하여 자원을 배분해 나갈 것임을 암시하고 있다(Cronbach & Glesar, 1965; Dishion & Patterson, 1992; Loeber, Dishion, & Patterson, 1984; Walker & Severson, 1991).

가족점검을 사용하여 부모를 확인하는 방법에는 여러 가지가 있다. 복합적-진입 전략에 따르면, 우선 교사의 평가를 사용하고, 다음으로 가족관리를 측정한다(Dishion & Patterson, 1992; Loeber & Dishion, 1987; Loeber et al., 1984). 가족 측정을 위한 접근방법은 3장에 더 자세히 설명되어 있다.

복합적-진입 전략은 경험적으로 인정받았지만 지역사회 심리학의 관점에서는 잠재적인 단점이 있다. 모든 측정 전략과 마찬가지로 교사의 평가에는 높은 예측력(Loeber & Dishion, 1983)만큼의 편견

이 들어 있기 때문이다. 우리는 다민족 도시 지역의 중학교 6, 7학년의 문제행동에 대한 교사의 평가를 체계적으로 실험했다. 불행하게도 우리는 교사가 소수 민족 남학생이 가장 위험하다고 평가했음을 알았다. 이 평가의 타당성을 평가하기 위하여 또래의 추천, 자기 보고, 학생부의 행동발달사항을 대조하였다. 문제행동에 대한 자료로 선택된 이를 대조한 결과 교사는 여전히 소수 민족 남학생이 가장 위험하다고 평가했다(Kavanagh, Burraston, Dishion, & Schneiger, 2000).

다양한 학생이 섞여 있는 학교에서 적응에 문제를 일으킬 여지가 있는 학생을 사전에 찾아내기 위해 교사의 평가를 활용할 때는 신중해야 한다. 위험에 대한 교사의 확인을 자녀양육의 자원인 부모와 가정-학교의 협력을 조성하기 위한 도입 단계로 삼기에는 다소 부족할 수 있다. 위험에 대한 판단의 타당성을 높이고 부모와의 의사소통을 위한 구조적 전략을 사용하기 위한 교사 훈련 및 교사와의 협의는 학교 현장에 청소년 전환기 프로그램을 보급하는 데 중요한 부분이 된다. 9장에서는 학교와 가족 맥락에 민감한 위험 측정이라는 진입 전략을 보급할 아이디어를 제안한다.

가족 점검

청소년과 가족은 학교 상담이든 외래 임상 작업이든 가정, 학교 또는 지역사회에서 그들이 보여 주는 특별한 행동에 대한 우려로 인해 의뢰된다.

부모의 동기를 유발시키는 최적의 조건은 부모의 자기확인이다. 부모의 자기확인은 대부분 부모가 가족자원센터를 방문했을 때 일어나는데 자신들이 청소년 시기에 가정과 학교에 어떻게 적응했는지 관심을 가지면서부터다. 두 번째 동기유발 기회는 학교에서 훈육문제로 연락을 받았을 때다. 학교에서 제공하는 아동 개입과는 차별화된 초기의 문제확인과 가족 개입의 추천을 위해서는 가족자원센터 직원은 교직원 위원회의 일원이어야 한다.

가족자원센터 직원은 행동, 또래 관계 그리고 아동의 사전 행동과 관련된 정서적 적응 등의 전반에 관심이 있는 교직원, 교사, 상담자 또는 행정가다. 부모의 참여를 독려하려면 10대의 성공과 안녕을 증진시킬 계획의 수립에 필요한 가족과 학교에 대한 중요한 정보를 더욱 많이 수집하고, 이를 위해 가족점검을 받도록 하는 것이 가장 좋다.

가족점검은 가족과 함께하는 직접적인 개입의 첫 단계다. 이 단계는 측정 이전이기 때문에 선택적 단계에 해당하는데, 이 단계에서는 어떤 청소년과 가족이 문제행동과 관련된 위험에 노출되어 있는지 확인한다. 이와 관련한 더 자세한 내용은 5장에 기술되어 있는데, 가족점검은 자녀의 위험 상태를 부모가 정확히 평가할 수 있도록 지원하고 위험 요인을 감소시키며 적응의 장려에 필요한 양육 자원을 제공하는 심층적인 방법이다.

Miller와 Rollnick(2002)의 동기 유발적 면담에 기초한 가족점검은 세 부분의 개입으로 이루어져 있다. 첫째, 초기 면접, 둘째, 포괄적인 다중 중개와 복합 방식의 측정, 셋째, 양육상의 문제를 변화시키고 최근의 긍정적인 훈련을 유지하도록 격려하는 동기유발적 기법을 사용한 가족 피드백이다. 타당한 근거를 바탕으로 한 가족 사정을 통해 부모에게 주어지는 피드백은 적절한 개입 자원 내에서 부모의 동기를 구축하는 강력한 도구가 된다(Sanders & Lawton, 1993).

가족 개입 목록

'확정적' 단계의 개입에서는 행동, 정서적 안녕, 약물사용과 같은 임상적으로 중요한 적응 문제의 변화를 위해 부모에게 직접적이고 전문적인 지원을 제공한다. 문제행동의 감소를 위해 다양한 가족 개입방법을 활용하는 근거에는 모든 가족-중심 개입이 효과가 있을 것이라는 가정이 있다. Weber(1998)의 연구에 따르면 여러 번의 행동적 가족 치료가 임상적으로 유의한 변화를 나타내지 않았다는 예상 밖의 사실을 보여 주었지만, Webster-Stratton은 다양한 방식의 개입이 문제가 있는 학령전기 아동이 있는 가족에게 효과가 있음을 가장 확실하게 증명하였다(Webster-Stratton, 1984; Webster-Stratton et al., 1988).

확정적 개입의 종류에는 단기 가족 개입, 학교 감독 체계, 부모집단, 행동적 가족치료 사례관리 서비스가 있다. 이 모델에서 개입의 대안은 모두 가족관리의 실제에 기초한다. 그렇지만 상담과 임상심리학 이외의 분야에서 논의했던 것처럼 다양한 개입의 선택권을

- 가족관리 집단
- 가정-학교 연락장
- 특별한 주제를 위한 1~2회기 상담(가족관리 과정)
- 월간 감독
- 가족 개인을 위한 가족관리 치료(가족관리 과정)
- 보다 심화된 서비스로의 위탁

[그림 2-4] 확정적 개입: 가족관리를 위한 지원

갖는 것이 변화과정의 동기가 된다. 가족관리 교육과정(Family Management Curriculum: FMC; Dishion et al., 2003)은 가족집단(6장), 청소년 개인(7장), 개별 가족(8장)별로 작업할 수 있는 틀을 제공한다. 가족점검을 바탕으로 부모에게 다양한 개입 서비스를 제공하며, 그 내용은 [그림 2-4]에 설명되어 있다.

내담자를 위한 외래 전략

이전의 논의는 지역사회 정신건강센터의 가족-중심 개입의 발달에 관한 것이다. 물론 첫 번째 관문은 가족 스스로가 서비스의 필요성을 확인하는 것이다(즉, 전화를 하고 센터의 문을 들어서는 것). 우리가 알고 있는 것처럼 많은 청소년이 학교나 소년 분류 심사원을 통해 위탁되어 오기 때문에 외래 서비스와 이들은 상호 연결되어 있다. 많은 외래 서비스가 경제적으로 살아남기 위해 이런 경로를 따르게 되는데, 이는 아동, 청소년, 가족을 위한 대부분의 정신 건강 서비스가 의료보험 혜택을 받지 못하기 때문이다. 이런 임상적 상황 때문에 서비스 전달 체계에서 학교 의뢰나 체포는 임상적으로 중요한 첫 번째 관문이 된다.

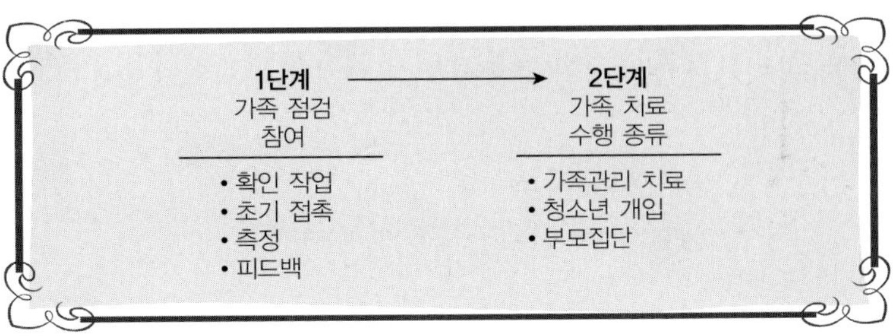

[그림 2-5] 2단계의 ATP 개입 모델

대부분의 독자가 학교 밖이나 다른 서비스 전달 체계에서 위험 또는 고위험에 노출되어 있을지 모르는 가족과 작업하는(선택적 또는 확정적 개입) 사람일 것이라 생각한다. 이 책의 초점은 [그림 2-5]에 요약되어 있는 것처럼 두 개의 커다란 단계로 구분되는 우리의 직접적 서비스 모델에 관한 것이다. 첫째, 참여와 동기유발은 3, 4, 5장의 주제다. 둘째, 여러 가지 가족 개입의 보급은 6, 7, 8장에 설명되어 있다. 마지막으로 9, 10, 11장에서는 개입을 보급하기 위한 더 광범위한 주제로, 변화의 토대가 되는 서비스의 장소와 영향 평가에 대한 설명이다.

요 약

이 장에서는 청소년 전환기 프로그램이라는 다수준 전략에 대하여 대략적으로 설명하였다. 청소년 전환기 프로그램 개입 모델을 디자인하기 위한 기초로 생태 주사위를 소개하고 논의하였다. 가족-중심 모델과 일치하는 우리의 개입 프로그램은 부모의 참여와 가족관리의 지원을 고려한 것이다.

우리는 지금 청소년의 가족과 함께 작업을 하는 데 필요한 참여와 동기유발이라는 기본적인 문제를 더 자세하게 논의하고자 한다.

제2부

가족점검: 가족변화를 위한 계약과 동기부여

가족-중심 개입이 경험적으로 효과가 있다 하더라도 (Kazdin, 2002; Taylor & Biglan, 1998), 지역사회에 영향을 미칠 정도의 수준으로 부모와 계약하는 방법은 그다지 명확하지 않다(Spoth, Kavanagh, & Dishion, 2002). 집단이나 가족치료에 참가할 부모를 모집하는 일은 쉬운 일이 아니다. 설령 참가한다 하더라도 과정을 다 마치기도 전에 그만두는 경우도 있다. 따라서 계약 문제는 특히 청소년기 자녀를 둔 부모에게 도전이 된다(Dishion & Patterson, 1992).

지역사회 주민을 대상으로 가족-중심 개입을 적용해 본 결과, 가족-중심 개입의 효과 검증 연구에서 계약 문제를 과소평가하고 있다는 것을 확신하게 되었다. 이것은 이미 언급했듯이 개입연구에 참여하는 가족과의 계약에 소요되는 비용이 걸림돌이 될 수 있다. 때로는 부모가 개입 비용을 지불하지 않는 특별한 예외가 있기는 하지만(Fleischman, 1979 참조), 대부분 개입관련 사정 비용이 매우 고가인 경우가 많기 때문에 연구비가 풍부한 연구책임자의 경우 연구 참가자를 모집하기가 훨씬 수월하다(Capaldi, Chamberlain, Fetrow, & Wilson, 1997).

Miller와 Rollnick(2002)은 개입과 동기부여에 역점을 둔 '동기부여 면담' 이라는 기법을 고안했는데, 부모의 저항을 행동 가족치료로 다룬 치료과정문헌(예, Patterson & Chamberlain, 1994; Patterson & Forgatch, 1985)과 중독을 치료하기 위한 변화단계모델(Prochaska & DiClemente, 1986; Prochaska, Velicer, Guadagnoli, & Rossi, 1991)에 기초한 기법으로 Carl Rogers(1940)가 60년 전에 이미 언급했던 내담자 중심 접근과도 깊은 관련이 있다.

'동기부여 면담' 은 변화를 위한 개입을 고안하기 이전의 내담자

상태에 초점을 둔다. Miller와 그 동료들은 이런 절차를 토대로 알코올 중독 점검을 개발하였다(Miller & Rollnick, 2002). 이 단기 동기부여 개입은 장기간의 절주를 위한 28일 입원치료만큼이나 효과적인 것으로 밝혀졌다(Miller & Sovereign, 1989). 중독에서 빠져나올 동기를 부여할 주요 전략 중 하나는 개입 옵션으로 이루어진 '목록'을 제공하는 것이다. 알코올 중독 점검을 받고 있는 많은 내담자가 처음에는 거주치료에 동의하지 않지만, 음주문제를 스스로 통제해 본 후에는 자신의 음주습관을 변화시키기 위해 기꺼이 도움을 요청하였다(Brown & Miller, 1993). 이것은 자원 목록에서 자신이 좋아하는 항목을 선택하여 첫 번째 변화과정 단계를 받아들일 수 있도록 동기화시켰기 때문이다. 지역사회 참가자의 90% 이상이 전문가의 도움 없이 자신의 의지만으로 금연했다는 것은 주목할 만하다. 금연과 가족변화를 비교했을 경우 많은 차이가 있기는 하겠지만, 우리는 가족-중심 개입에서도 같은 원리가 사용되었다고 생각한다.

'동기부여 면담'은 부모와 계약하고, 부모에게 동기를 부여를 하는 작업을 할 때 가족점검(Family Check-Up: FCU)도 함께 계획해야 한다는 것을 알게 했다. 가족점검은 첫 접촉, 사정 회기, 피드백 면담을 포함하는 3회기 개입으로 3, 4, 5장의 각 장에서 가족점검의 이런 측면을 자세하게 설명한다.

제3장

가족과의 계약을 위한 초기 전략

이 장에서는 가족과의 협력적 조력관계를 만들기 위한 전략, 그리고 가족과의 초기 작업단계에서 흔히 일어날 수 있는 함정을 피하는 방법에 대해 알아본다. 또한 '포괄적 사정'과 같은 변화를 위한 긍정적 토대를 세우고, 가족관계 관점과 가족계약을 동기화하는 방법에 대해서도 알아본다.

첫 만남은 가정, 교장실, 소년법원, 정신건강클리닉, 더 흔하게는 전화와 같은 다양한 상황과 환경에서 일어날 수 있다. 우리의 경험에 의하면 첫 번째 만남에서 가족은 변화과정에 대한 흥미를 잃을 수 있다. 비록 의도한 것은 아니지만 자기평가, 동기부여, 서비스에 대한 신뢰 그리고 궁극적으로는 변화과정 단계에 관심이 가지 않을 수 있기 때문이다.

임상 계획

많은 경우, 첫 번째 상호작용은 부모와의 통화로 시작된다. 사소해 보이는 이런 만남이 실질적인 협력관계를 만드는 중요한 단계가 된다. 청소년을 양육하는 입장에 있는 사람은 10대 자녀('아이가 활동과다이고, 정신적인 충격에 약하고, 우울하며, 양극적이며, 주의가 산만하다.')와 다른 사람(예, 배우자나 전 배우자)을 비난하는 말로 대화를 시작할 수도 있다. 비난의 말은 대인 간에 고통을 주는 경험의 본질적인 부분이기도 하고, 효과적 개입을 방해하는 장애물로도 작용할 수 있는 많은 함정을 가지고 있다. 첫 번째 만남을 친근하고 예의 바르고 낙천적이 되도록 구조화하되 부모의 관심, 상황의 긴급성, 위험성뿐만 아니라 첫 만남의 계획에 대해서도 구체화해야 한다.

첫 만남의 역할은 가족-중심 서비스 중 '계약 맺기' 를 위한 가족상황의 이해다. 첫 번째 접수면접 통화에서 주 양육자인 성인, 형제자매 문제, 가족구성원의 스케줄과 그들의 참여에 대한 자발성 등을 확인하는 것이 중요하다. 가족구성원과 관련이 있는 것에 초점을 맞추어 질문과 토론을 해야 하기 때문이다. 'Bill이 이 문제를 우리와 이야기하고 싶어 할까요?

양육자들은 배우자나 다른 가족구성원(예, 할머니나 이모)의 개입 필요성을 이해하지 못할 수 있다. 최근까지도 자신이 치료의 대상이 된다는 것을 받아들이기 어려워하는 모습을 자주 볼 수 있다. 그래서 다른 양육자와 함께 문제를 해결해 나갈 수 있도록 확장해 나가는 질문을 사용하는 것이 도움이 된다.

"지금 이야기를 들어 보니, 뭔가 시도하기 좋은 때인 것 같은데, 가족 중 누구와 이 상황을 상의하면 좋을까요?"

전화통화는 변화과정의 첫 단계다. 이것만으로도 변화를 방해하게 될지도 모르는 현재의 역동에 무심코 개입하거나 연합될 수 있다. 남편의 바쁜 업무 때문에 남편에게 기대하지 않는 아내는 문득 자신 혼자 부모역할을 책임지고 있다는 각본을 만들 수 있다. 아버지의 개입 부족은 중요한 문제로 아버지에게 업무는 결혼과 가족에게서 해방될 수 있는 편리한 변명거리가 된다. 반면 학대관계인 경우 아버지 없이 어머니만 치료에 참여하는 것은 모자가 아버지에게서 해방되는 첫걸음이 될 수 있다.

첫 만남에서 이런 시나리오 중 어떤 것을 적용할지 결정해야 한다는 것은 아니다. 부모와 관련 문제를 자세하고도 폭넓게 이야기 나누는 것은 접수면접 때로 미루어야 한다. 우리가 초점을 두어야 할 것은 협력관계를 어떻게 맺을 것인지에 대한 부모의 판단을 존중하면서 이야기를 나눌 수 있도록 가족 중심적으로 신중히 접근해야 한다는 것이다. 또한 시간이 지남에 따라 참가자가 변화할 것이라는 자세를 취하여야 한다. 예를 들어 공동양육을 하는 가족의 경우 결국에는 새 부모를 포함시킬 수밖에 없다. 청소년의 행동에 역점을 두기 위해서는 두 가정에서 동시에 행해지는 자녀양육에 대한 조정과 토론이 필요하기 때문이다. 우리는 조합이 가능한 모든 가족구성원과 작업을 했고 때로는 청소년하고만 따로 작업하기도 했다(7장 참조).

적당한 시기가 되면 접수면접을 계획하여 청소년용 가족접수면접 질문지(Family Intake Questionnaire–Adolescent version: FIQ–A),

지도와 주차정보를 가족에게 보낸다. 첫 번째 만남은 90분 정도가 이상적인데, 이는 임상서비스의 전체를 설명하고, 신뢰를 강조하고, 정보에 근거한 동의를 검토하고, 외래환자와 예약가족 한 사람 한 사람이 접수면접 양식을 읽고 완성하기에 적정한 시간이다. 물론 이 가족은 청소년 자녀와 부모역할을 하는 파트너가 협력하여 치료사와 만나는 것에 동의한 가족이다.

청소년용 가족접수면접 질문지는 부부의 상태, 가구 구성과 양육 구조, '주 관심 자녀' 의 문제행동과 형제자매 관계, 발달적인 문제, 교우관계, 스트레스 수준, 가족의 강점, 과거의 증상과 현재의 맥락적인 분열, 정신건강서비스의 이용 및 긍정적 행동과 관련된 예비정보를 제공한다.

또한 청소년용 가족접수면접 질문지는 접수면접의 결과를 요약하여 제공하며, 사례 개념화를 발전시킬 훌륭한 양식을 제공한다. 특히 양육자에게 질문지에 있는 행동 중 어느 것이 부모에게 '문제'가 되는지 그리고 부모가 무엇을 돕고 싶은지를 평가하게 하는 것이 중요하다. Chamberlain과 Reid(1987)는 부모일일보고서(Parent Daily Report: PDR)를 임상결과의 측정도구로 활용했을 때 목표로 정해진 문제행동에 변화가 일어난다는 것을 발견했다.

대부분의 부모가 접수면접에 올 때 청소년용 가족접수면접 질문지를 작성해 가져와야 한다는 것을 자주 잊는다. 따라서 시간이 허락한다면 면접 시작 전에 질문지를 작성하게 하는 것이 좋다. 부모에게 자신들의 답을 훑어보게 하고, 설명을 요하는 부분에는 메모할 기회를 준 후에야 원하는 토론이 가능할 것이다.

첫 번째 면담

우리는 첫 면담을 반구조화로 진행하는 것을 선호한다. 치료사는 청소년용 가족접수면접 질문지를 통해 가족의 현재상황, 변화과정에서 맺게 될 계약과 관련된 주요한 영역을 확인하고 이에 초점을 맞춘다. 예를 들면, 가정폭력은 임상적으로 볼 때 부모와 작업하는 초기에 역점을 두어야 하는 특별한 주제다. 치료사는 자녀나 부모를 차후의 폭력과 학대에서 보호하기 위해 명령을 제한할 뿐 아니라 다른 절차를 개발해야 한다는 것을 알게 된다. 이와 같은 문제가 첫 만남에서 중점적으로 행해질 때 치료사는 부모와 견고한 협력관계를 만들 수 있는 유리한 위치를 갖게 된다. 첫 면담 후 문을 나서는 부모에게 자녀학대 이야기를 듣게 된다면, 이는 내담자와 견고한 협력관계가 성립되지 않았음을 모든 참가자에게 광고하는 일이 될 것이다.

부모와 청소년 자녀들이 동석했을 때는 청소년용 가족접수면접 질문지를 자세히 검토하지 않는다. 부모나 청소년과 만날 때 양식이나 질문지에 너무 많은 관심을 쏟는 일은 경청을 방해하고, 변화하려는 동기와는 상반된 그들의 견해를 반영하고 이해하는 과정을 방해하며, 가족관계 관점 또한 방해한다(Miller & Rollnick, 2002).

토론과정을 구조화하기 위한 첫 단계에서 치료사는 "Lipe와 당신의 가족에 대한 관심을 당신 자신의 말로 이야기해 보세요."와 같은 요청을 한다. 또 일어날 수 있는 안전 문제에 대해 더 자세히 알아보기 위해 다음과 같은 질문을 할 수도 있다. "전남편에게 접근금지명령을 한 것으로 알고 있습니다. 지금은 어떻습니까?" 이와 같은 질문은 방향과 구조를 제공해 주기도 하고 부모로 하여금 치료사가 부모의 현재 상황에 개입하도록 허용한다.

우리는 두 명의 치료사가 동시에 청소년과 부모를 만나는 것을 이상적이라고 본다. 접수면접의 전반적인 절차를 토론하기 위해 가족 모두와 함께 만난 후 40분 정도 청소년과 부모를 분리시킨다. 최선의 방법은 첫 만남의 마지막쯤에 가족을 다시 소집하여 부모를 면담한 치료사가 부모가 다음 단계를 위해 내린 결정을 요약하는 것이다. 그때 청소년을 면담한 치료사는 가족변화 과정에 대한 청소년의 관심을 요약하여 설명할 수도 있다.

가족-중심 관점에서 최우선 순위는 부모를 만나는 것이다. 치료사가 한 명밖에 없다면 먼저 부모를 만나고 그다음에 청소년을 만난다. 대안적으로는 첫 만남은 부모와, 두 번째 만남은 청소년과 부모를 함께 만날 수도 있다. 청소년의 문제행동, 이혼한 배우자 등에 관한 토론은 청소년이 참석했을 때는 최소화한다. 때때로 가족은 참석을 꺼리는 청소년 때문에 치료를 중단하기도 한다. 이는 10대가 변화에 대한 저항으로 도중하차하는 것을 감소시키기 위해서는 초기에 부모와 강한 협력적인 관계를 만들어야 함을 역설적으로 말해주는 것이다.

정신건강서비스에 대한 관심, 유용성, 신뢰 수준의 차이, 가족역동성 그리고 몇 가지 또 다른 요인이 첫 면담에 참가하는 성인을 제한할 수 있다. 그래서 때로는 원가족 관계를 조정하고 재고하는 융통성이 필요하다. 다음의 사례에 주의를 기울여 첫 만남 과정 동안 시간의 경과에 따라 가족 정의가 어떻게 변화하는지 살펴보자.

Dennis는 아스퍼거 증후군으로 진단받은 두 명의 아들을 둔 한 아버지다. 그는 실직한 상태로 무능력하다.

Dennis는 여러 사회복지서비스 기관의 요구를 조정하면서 자녀를 양육하는 일에 질려 있었다. 전화통화 기록과 첫 면담을 통해 자녀를 제 시간에 등교시키고 숙제를 마칠 수 있도록 도와주는 일상적인 계획이 필요하다는 것을 알게 되었다.

가정에서 다루기 힘든 아이들이기는 했지만 약물을 하거나 범죄와 관련되어 있는 것은 아니었다. 아스퍼거라는 진단은 전문가로 하여금 가족에 대한 개입자원을 동원하게 한 반면에 문제행동을 일으키는 기능적 역동성에서 멀어지게 하여, 모든 서비스를 제공했음에도 불구하고 아이들의 학교에서의 기본적인 생존 기술은 급속도로 뒤처지게 되었다.

전화통화와 첫 번째 면담만으로는 다른 전문가와 같은 실수를 하기 쉽다. 좋은 의도에도 불구하고 Dennis는 의사소통을 분명하게 하지 않았으며 양육계획을 수행하기에는 무능력했다. 일반적으로 치료사는 아버지의 역할을 그다지 중요하게 설정하지 않는 경향이 있다. 이런 '치료적 함정' 은 장기적으로 보았을 때 결코 바람직하지 않다. 만성적으로 과다한 책임을 지고 있는 사회사업가, 자원봉사자 그리고 가정의 일상사를 도와주는 사람들은 서비스를 받는 가족이 자녀와 생활을 잘 다루지 못한다는 사실을 자주 잊어버린 채 그들의 생활을 진행시키기 때문이다.

다행히도 Dennis 가족의 치료사는 가족에 대한 광범위한 시각을 갖고 있어서 따로 살고 있는 어머니에 대한 많은 정보를 적극적으로 탐색했다. 그녀는 주기적으로 우울했으며, 우울 증상이 있는 동안에는 집을 나가기도 했고 우울증이 가라앉으면 다시 돌아왔다. 어니가 2~3개월 집을 비우는 동안 아버지가 지역사회에서 제공하는 저렴한 서비스에 도움을 청하는 것은 당연한 일이었다.

치료자가 어머니와 아버지를 따로 만나 이야기를 나눈 후 가족은 함께 가족사정에 참가하기로 했다. 사정을 통해 다른 방법으로는 찾아낼 수 없던 숨겨진 강점이 드러났다. 차근차근 어머니와 아버지의 파트너십을 개선시켜 나갔고 결국 그 가족은 재구성되었다. 우리는 가족이 생활의 역동성에 잘 대처하도록 좀 더 나은 전략을 지원하고, 가족에게 필요한 서비스를 더 잘 사용하도록 하는 데 초점을 맞추었다. 이 사례는 첫 만남에서의 가정(assumptions)과 옵션 탐색이 얼마나 중요한지를 설명해 주고 있다. 또한 따로 살고 있는 어머니를 하나의 자원으로 주목한 것이 가족을 재구성하고 이전의 비효율적 서비스를 조정 가능하게 하는 토대가 되었다.

첫 계약 전략

관점 조정

첫 만남에서 치료자가 해야 할 일은 개인적 관점을 가족관계 관점으로 변경하는 것이다. 이것은 가족의 현재 상황을 중립적으로 진술하는 것으로 가족 전체를 위한 변화를 수용하고 그 변화를 지지하는 데 도움이 된다. 가장 고전적인 사례를 들자면 가능한 한 많은 자유를 원하며, 약물을 사용하고, 친구와의 파티를 즐기며, 성적에는 전혀 관심이 없는 10대 자녀의 문제행동으로 당황해 있는 부모의 경우다. 이런 견해 차는 갈등, 강압 그리고 결국에는 가족 간의 유대

파기라는 악순환과정을 겪게 할 수도 있다.

가족관계의 촉진을 최우선으로 하는 가족관점은 우리의 관심을 문제의 내용 자체에서 상호작용 과정으로 변화시킨다. 가족관계 관점은 다음과 같다.

> "좋아요. Ramon의 남은 학교생활을 위해, 가족 간의 대화방식이나 기대에 동의하는 방식을 찾는 데 제가 부모님과 Ramon에게서 들은 모든 이야기가 도움이 될 것 같습니다. 싸우지 않고도 문제를 다룰 수 있는 방법을 찾아보도록 합시다."

이런 진술이 모든 가족성원의 완전한 협력관계를 보증하는 것은 아니지만, 토론을 진전시키는 기회를 제공하고 잠재적으로는 사정과 피드백 회기를 가질 수 있는 동기를 부여한다. 가족관계 관점은 [그림 3-1]에서 보는 바와 같이 문제를 해결로 가는 첫 단계다. 이런 방식으로 과거, 현재, 미래가 실제적인 목표와 연결되어 있다. 가족은 이제 어디로 가는가?

가족구성원 모두의 공평성과 동정심을 보장할 수 있도록 그들 각자의 시각을 이해하는 것이 궁극적인 목적임을 주목해야 한다. 실제로 첫 만남은 가족 중 한두 사람으로 한정될 수 있다. 그러나 가족관계 관점으로 바꾸기 위해서는 부모와 청소년 모두에게 임상적인

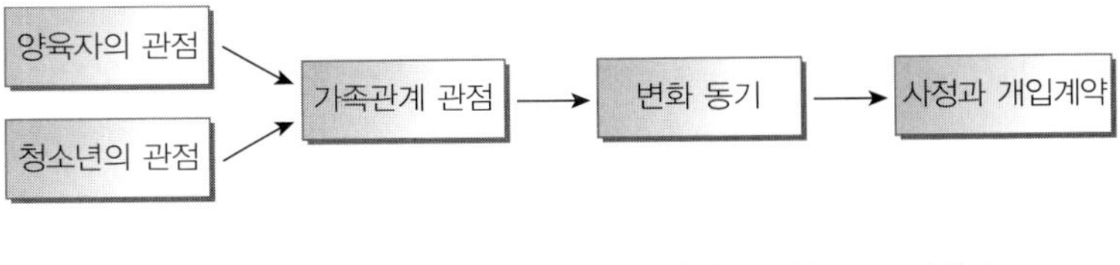

[그림 3-1] 다양한 관점을 긍정적 가족관계 관점으로 조정하기

개입이 필요하다. 이제부터 개입에 유용한 상호작용 촉진전략에 대해 논의한다.

부모와의 계약

부모와의 첫 면담은 부모의 동기 정도를 탐색하기 위한 것으로 동기부여 면담의 기본전략에 의한다(Miller & Rollnick, 2002). Prochaska와 DiClemente(1982, 1986)의 경험에 기초한 개념화와 일치하는 것으로, 접수면접에서 이미 고려되었거나 현재 고려단계에 있는 가족구성원을 생각할 수 있다. 행동할 준비가 되어 있거나 변화 단계에 있는 부모와는 상호작용 할 필요가 거의 없다. 그러나 위기 상황에 놓인 가족이 행동 단계에 있다면, 위기와 관련된 것을 다루고 있는 상황일 수도 있다. 가족은 잘못된 가족 관리 패턴과 분열이 어떻게 가족을 위기상태에 놓이게 했는지를 알지 못하기 때문에 위기상태를 만들어 낸 가족역동성을 탐색하면서 작업하기 위해 때로는 위기를 처음에 다루는 것이 중요하다. 다음 상황을 생각해 보자.

Ebony는 14세의 신체적 조건을 가진 21세 여성이다. 그녀와 16세 이후로 학교에 다니지 않은 언니는 자유시간의 대부분을 파티나 약물 판매로 알게 된 젊은 남성과 보낸다. Ebony의 유럽계 미국인 아버지와 아프리카계 미국인 어머니는 딸에게 별 영향을 미치지 못한다. 부모가 Ebony에게 제재를 가하면, 그녀는 집을 나가 3~4일 동안 돌아오지 않았다.

가족이 안정화될 때까지 가족점검은 논외의 일이었다. 여름 내내 치료자와 부모는 Ebony를 위한 계획을 세우기 위해 함께 작업하였다. Ebony가 돌아왔을 때 부모와 Ebony는 더욱 가까워질 수 있었고, 가족점검과 가족치료가 실시되었다.

가족이 위기상태에 있을 때에는 변화를 위한 장기간의 지원을 제공하기 전에 현재의 혼란을 다루기 위한 지지가 필요하다. 청소년 자녀가 있는 가족과의 성공적인 작업을 살펴보면, 질서가 없고 혼란한 가족의 가족기능을 개선하고 청소년의 문제행동을 감소시키는 최선의 수단은 가정방문과 위기관리였다.

통계적으로 널리 알려져 있는 임상적 시나리오는 최소한 한 명의 부모가 '행동변화 순환 고리'의 계획 단계에 참여하는 것이다. [그림 3-2]는 양육에 도움을 주는, 특히 감정 문제에 역점을 둔 몇 가지 기본적인 면담 전략을 요약한 것이다. 이런 전략은 초기의 임상적 만남에 수반되는 동기부여 면담을 보완하기 위한 것이다.

1 노력을 지지하라. 양육은 하나의 블랙박스가 될 수 있다. 성공적이지 못한 경우엔 마치 아무것도 하지 않은 것처럼 보이고 느껴진다. 그래서 부모의 양육 노력을 찾아내어 지지해 주는 것은 정말 중요하다. 부모는 자신의 노력을 치료자가 이해하고 있다는 것을 확

- √ 노력을 지지하라.
- √ 관심을 바꾸어 말하고 명료화하라.
- √ 불일치를 반영하라.
- √ 관심을 사정으로 연결하라.
- √ 낙관적인 이해를 함께 만들어라.

[그림 3-2] 부모와의 계약을 위한 전략

인하고 싶어 한다. 접수면접에 참여하여 질문지를 완성하는 일도 사실은 많은 용기와 노력이 필요하다.

"제가 보기에, 부모님이 Ebony 일로 당황해하고는 계시지만, Ebony의 안전과 가정을 지키기 위해 최선을 다하고 계신 것 같습니다."

2 관심을 바꾸어 말하고 명료화하라. 부모의 중요한 관심을 이해하는 것은 접수면접의 기본 작업이다. 부모는 자신을 이해하려 노력하는 치료자에게 반응할 것이다. 이 과정은 치료관계에서 나타나는 실수나 불화를 회복하는 데 도움이 된다.

"아, 그렇군요. 부모님 말씀이 무슨 뜻인지 알 것 같습니다. 부모님이 John의 성격을 바꾸려는 건 아닌 것 같습니다. 다만 John이 충동적으로 반응할 때 자신이나 타인을 몰아붙이고 상처를 입힐까 봐 염려하시는 것 같습니다."

3 불일치를 반영하라. 동기부여 면담의 중요한 전략이다. 부모와 이야기하다 보면 모순되면서 서로 상반되는 감정을 듣게 된다. 첫 면담이 진행되는 동안 이런 불일치를 주의 깊게 듣고 반영하라. 이런 방식으로 치료자는 가족 변화에 가장 중요한 첫 면담을 통해 부모와의 작업과정에 발판을 만들 수 있다.

"부모님의 이야기를 들어 보면, 부모님과 Ebony 사이의 문제가 부모님의 결혼생활을 방해한다거나 부모님의 의견차를 야기한다거나 하는 것 같지는 않습니다."

4 관심을 사정으로 연결하라. 첫 면담이 끝날 때쯤 치료자가 제공한 서비스가 부모의 관심사에 역점을 두고 다룬 방법임을 분명히 느끼도록 하는 것이 중요하다. 첫 면담이 끝나갈 무렵 가족의 상호작용 과정이나 자녀의 학교행동을 사정할 필요가 있다는 점을 확인하게 된다면 부모와 치료자 모두 분명하게 그 사실을 인지했다는 뜻이다.

"저희가 말씀드린 것을 받아들이신다면, 가족이 어떻게 의사소통하고 갈등상황을 다루었는지 꼼꼼하게 살피는 데 도움이 될 수 있습니다. 그러면 이제 부모님이 무엇을 어떻게 해야 하는지 아셨을 겁니다."

5 낙관적인 이해를 함께 만들어라. 청소년의 문제행동을 긍정적인 예후 신호로 바꾸려면 변화과정에 부모와 청소년을 적절하게 서로 개입시켜야 한다(Robins, Alexander, Newell, & Turner, 1996). 이것은 연습과 민감성을 요하는 수준 높은 치료기술이긴 하지만 가족행동의 복잡성을 받아들이게 되면 다루기 힘든 행동조차도 가족변화를 위한 '의도하지 않은' 긍정적인 의미를 가지고 있는 것처럼 생각된다.

"예전에도 다른 양부모 가족에게서 이런 예를 보았습니다. John이 부모님(예, 양부모)을 부정적으로 대한다고 하는데, 그건 부모님을 자기 인생에 많이 개입시키려고 하는 신호입니다. 다른 10대는 그렇게 많은 이야기를 하지 않습니다. 그들은 속으로 이야기할 걸요."

부모를 지지하는 일반적인 전략은 그들의 노력과 관심을 표준화하는 것으로 이것은 부모를 지지하는 탁월한 방법이다. 자신이 다른 사람과 같은 문제와 노력을 공유하고 있다는 것을 아는 것보다 더 나은 위안은 없기 때문이다. 그러나 표준화가 항상 변화를 위한 개입과 동기부여를 만드는 것은 아니기 때문에 주의 깊게 사용되어야 한다.

> "잘 알고 계시겠지만, 대부분의 부모가 청소년기 자녀와 많은 갈등을 경험합니다. 이런 의미에서 부모님의 상황이 특별할 것은 없지만, 엄마와 딸 사이에 욕설과 괴롭힘이 오간다는 건 딸이 가족의 통제권 밖에 있다는 분명한 신호로 보아야 합니다."

10대 자녀를 둔 많은 가족이 먼저 도움을 요청하고, 성공 또는 실패(또는 정신적외상의 치료)를 경험한다는 것은 주목할 만한 일이다. 이런 임상경험이 가족의 서비스 계약, 자기 평가에 대한 개방 그리고 변화과정과 관련된 신념으로 자리 잡을 것이라는 데는 의심의 여지가 없다. 체포당한 경험이 있는 청소년의 절반 정도가 어떤 형태로든 정신치료를 받은 경험을 갖고 있었다(Stouthamer Loeber et al., 1995). 교직원까지 포함했을 때 그 비율은 더 높아지는 것 같다. 치료자는 현재 가족구성원 각자의 동기에 특별한 관심을 두었던 전문가의 견해에 관심을 가져야 한다. 이런 경험에 관심을 두지 않고 방치하는 것 자체만으로 변화과정을 알게 모르게 파괴하는 보이지 않는 힘으로 작용할 수 있다. 그러나 검토가 이루어진다면 이런 경험은 더 나은 이해를 위한 기초가 되고, 좋지 못했던 경험에 맞는 좋은 방법을 부모와 협력하여 만들 수 있다. 변화과정 동안 가족과 함께 작업할 때 이 문제를 강조하여 논의하여야 한다.

청소년과의 계약

청소년과의 계약에 참여하는 치료자는 일관된 행동을 보여야 한다. 청소년은 성인의 '척' 하는 것과 '거짓 자아' 에 아주 민감하다. 정신을 차리고 청소년의 성격, 장점, 가족에 대한 견해를 이해하도록 열심히 노력해야 한다. 청소년이 가지고 있는 관심이나 흥미를 일반화시키는 것은 불가능하지만 가족과 지역사회 내에서 계약을 진척시키기 위해 역점을 두어야 하는 몇 가지 발달상의 특징이 있다.

1 프라이버시와 시간을 존중하라. 첫 면담 과정에 협력하여 가족과 관련된 민감한 문제를 토론하려면 청소년에게 충분한 시간을 주어야 한다. 청소년은 정신건강전문가와 치료과정을 불신하는 경향이 있는데, 프라이버시를 존중하고 있다는 표시의 몸짓과 상호작용이 너무 상투적이기 때문이다. 청소년이 참여를 거부한다면 다른 할 수 있는 것을 계획하여야 하며 강요는 없음을 알려야 한다.

> "그래, 알았어. 여기 오는 게 별로 달갑지 않구나. 내게 이야기하고 싶다고는 하지만 꼭 그런 것 같지도 않고 말이야."

2 경험을 표준화하라. '표준' 이 되는 것에 관심이 있는 청소년과 작업하는 경우 이것은 중요한 도구가 될 수 있다. 함께 작업한 다른 청소년에 관한 이야기를 하면서 감정과 경험에 관한 대화의 문을 여는 기회를 마련할 수 있다.

> "많은 사람이 결혼을 행복의 기회로 여기고는 있지만, 나는 부모

의 결혼이 행복하지만은 않은 청소년을 많이 알고 있다. 너도 이런 느낌을 경험해 보았니?"

이 반응은 최근에 재혼한 부모에 대해 부정적 반응을 분명하게 드러내는 청소년과의 솔직한 대화를 가능하게 한다. 10대가 '그것은 이해가 안 된다.' 또는 '그것은 이해가 된다.' 중 어느 것으로 말해도 대화의 문은 열린다.

3 청소년의 관심사를 옹호하라. 청소년 내담자와의 관계 설정은 초기에 분명히 해두어야 한다. 치료자가 청소년이 성인의 세계로 잘 진입할 수 있도록 자신의 모든 지식과 기술을 사용한다는 것은 10대가 학교에서의 부정적 경험을 줄이고, 가정에서 부모와 덜 다투고, 가족 규칙을 더 공평하게 하며, 나쁜 습관에서 벗어나고 있음을 의미한다.

"너와 부모님의 의견이 맞지 않을 경우, 그 상황이 잘 통제되지 않는 것처럼 들리는구나. 우리가 함께 할 수 있는 방법 중 한 가지는 상황에 관계없이 항상 싸움으로 이어지는 사태에 대해 네가 뭘 요구할 수 있는지 생각해 보는 거야."

당신의 의견을 강요하여 청소년을 다양한 차원의 위험에 처하게 할 행동을 무심코 당신과 공모하는 일이 없도록 주의하라.

"나는 네가 남자친구와 항상 같이 있고 싶어 하는 이유도 알고, 너를 나무라는 부모님이 무슨 걱정을 하시는지도 알고 있다. 너는 엄마의 입장을 이해할 수 있니? 엄마가 걱정할지도 모르는 것에는 어떤 것이 있을까?"

여기에서는 청소년의 준거점을 이해하되 부모의 관점을 비난하거나 부모의 관심이 부적절하다는 견해를 무심코 내비치거나 지지하지 않는다. 그렇게 하는 것은 위험요인인 동시에 보호적인 방패막이가 되어 주는 가족에게서 청소년을 더욱 멀리 분리시킬 수 있다.

4 관심을 서비스와 연결하라. 부모처럼 청소년도 자신의 관심과 사정, 개입과의 관계를 아래와 같이 살펴볼 필요가 있다.

> "우리는 가족구성원의 의사소통 방식을 자세하게 조사한 후 그것이 더 잘 수행되도록 돕기 위해 이 정보를 사용하지. 왜 가족은 늘 했던 방식대로만 행동하는 건지 우리가 항상 이해하고 있지는 않은 것 같아. 하지만 이 자료가 다른 사람의 행동패턴을 자세히 관찰하는 데 도움이 된단다."

5 낙관적으로 재구성하라. 젊은 사람은 자신에게 문제가 있으며, 치료에 응한다는 사실 자체가 그 사실을 입증한다는 생각을 가지고 치료에 온다. 이것이 함축하고 있는 의미는 자신의 행동이 가족에게 상처를 주고 있음을 인정한다는 것이다. 이런 맹목적인 이해는 바람직하지도 않고 가족문제를 토론하는 데도 별 도움이 되지 않는다. 왜냐하면 모든 길은 로마(나쁜 행동)로 통한다고 생각하기 때문이다. Robin과 그 동료들(1996)은 실제로 청소년 행동에 대한 긍정적인 재구성이 청소년과의 치료계약과 강한 관련이 있다는 사실을 발견했다.

> "조금 이상하게 들릴지 모르겠지만, 나는 네가 부모님이 염려하시는 것 중 몇 가지 정도는 해결해드릴 수 있을 거 같은데, 네 생각

은 좀 다를 수도 있겠다."

"아버지와 사소한 일로 다투는 것을 볼 때가 많지만 나는 너의 능력, 특히 다른 사람을 위해 일하는 너를 보고 감명을 받았어. 아마도 아버지와의 사소한 다툼이 집안일을 많이 돕고 싶은 너를 방해하는 것 같다."

6 짧게, 천천히 시작하라. 많은 치료자가 청소년에게 지나치게 친근하게 굴거나, 나서거나 또는 두 가지 자세를 동시에 취하기도 하는데, 이것은 청소년이 가족치료에 참여하는 것에 저항감을 느끼게 하는 중요한 요인 중의 하나다. 청소년에게 참가하지 않을 자유를 주고 다른 징후가 보이지 않는 한 접수면접은 짧게 하는 것이 좋다. 청소년이 15세나 16세가 될 때까지는 회기당 최대한 30분을 넘기지 말라는 것이 첫 번째 원칙이다.

"좋아, 우리는 너무 긴 시간 만나지는 않을 거야. 나는 집 안에서 수시로 일어나는 일을 네가 알고 있다고 생각해. 그리고 그것에 관한 네 생각을 들을 기회가 꼭 있었으면 좋겠어."

개입 서비스에서 청소년과 계약을 맺는 성인이 갖고 있는 기본 인식은 오래된 속담과 같다. "말을 강가로 데려갈 수는 있지만 물을 먹일 수는 없다." 청소년과의 계약을 위해 그들의 첫 자세를 존중하고 집중할 필요가 있겠지만 가족상황을 전반적으로 개선시키기 위해서는 그들의 동기부여를 지지할 수 있는 기회를 계속 찾아야 한다. 청소년의 관심을 옹호하면서도 부모의 리더십에 주목하는 일은 언젠가 하게 될 '계약 맺기' 의 탄탄한 기초가 된다. 치료 상황에 내

포되어 있는 역동성에도 민감해야 한다. 난처한 상황에 처한 경우(예, 젊은 남성과의 임박한 결혼문제로 청소년 자녀를 데려온 경우 만일 치료자가 젊은 남자라면 첫 번째 저항에 직면할 수 있다.), 청소년과 치료동맹을 맺는 일은 어려운 일이다.

다음 단계

[그림 3-3]에서 보는 바와 같이 관련 있는 모든 사람에게 영향을 미칠 가족관계 관점을 수립하기 위해서는 핵심멤버인 가족참가자와의 계약이 필요하다. 계약이 성립되면 스스로 또는 전문 서비스의 도움을 받아 과정이 진행되기 전 우선 가족에게 사정의 필요성을 받아들이게 하는 것이 중요하다. 대부분의 가족(그리고 전문가)은 자신의 삶을 심리적으로 사정해 보는 것의 가치를 모르고 있다.

청소년과 부모를 함께 만날 기회를 만든다면 첫 회기가 끝나기 전에 짧은 시간을 갖는 것이 좋다. 이때 치료자는 탐색한 내용을 요약하고 다음 단계를 권한다. 이런 요약이 가족을 사정 및 피드백에 집중하도록 돕는다.

① 프라이버시와 시간을 존중하라.
② 경험을 표준화하라.
③ 관심사를 옹호하라.
④ 관심을 서비스와 연결하라.
⑤ 낙관적으로 재구성하라.
⑥ 짧게, 천천히 시작하라.

[그림 3-3] 청소년과의 계약을 위한 전략

"오늘 우리가 나눈 이야기로 미루어 보아, 특히 Ebony가 집이나 학교를 떠나 있을 때 발생하는 갈등을 통제하기 어렵다는 것에 대해 가족 간의 이견이 없는 것 같습니다. 이런 상황이 지속된다면 결국 Ebony에게도 상처가 되겠지요."

"나는 가족 모두 가족점검에 참여하기를 권합니다. 그러려면 두 번 이상의 만남이 필요한데, 한 번은 Ebony와 그 가족이 어떻게 하고 있는가를 자세하게 사정하기 위한 것으로 가정 안에서 사태가 어떻게 전개되는지 알 수 있는 기회가 됩니다. 또 한 번은 학교 장면에서 Ebony가 어떻게 지내는지 사정합니다."

"이 모든 정보를 조사한 후 가족 모두 함께 앉아 피드백을 줄 것입니다. 많은 가족이 중요한 결정을 내리기 전에 진심으로 자신의 상황을 조심스럽게 바라볼 수 있는 기회를 갖는 일은 쉽지 않습니다. 우리는 그 서비스를 여러분께 제공하고, 여러분이 우리의 피드백 미팅에서 그것을 이해할 수 있도록 도와 드릴 것입니다."

"당신에게 필요한 서비스처럼 들리지 않나요?"

중요한 것은 그 다음 번 사정과 피드백 회기에 관한 관심을 표현하거나 질문할 수 있도록 충분한 시간을 남겨 두는 일이다. 대부분의 가족은 이 단계가 되면 기꺼이 사정에 참여하게 된다. 이렇게 동기화되는 이유는 치료자가 부모를 통해 얻는 정보가 가족 전체에게 어떤 이익을 주는지 전달했기 때문이다.

"Ebony가 학교에서 다른 학생과 어떻게 지내는지 자세하게 아는 것이 부모님께 도움이 될 것입니다. 아니면 Ebony가 반항할 때 잘 다룰 수 있는 방법을 자세하게 알아 두기 원하실 수도 있습니다. 그래서 우리는 가족과 작업을 시작하기 전 항상 가족사정 작업을 비디오로 녹화해 둡니다."

가족의 관심을 바로 사정 서비스와 연결시키는 이런 과정은, 여기서 얻어지는 많은 정보가 가족이 경험하는 문제를 해결하는 데 도움이 되기 때문에 부모와 청소년에게 인기가 있다.

요 약

이 장에서 가족과의 초기 면접에서 사용할 수 있는 다양한 전략에 대해 논의하였다. 이런 전략적 만남은 당신과 작업하게 되든 아니면 차후에 다른 전문가와 작업하게 되든 간에 가족의 잠재적 변화를 준비하는 기초 단계가 된다.

초기 면접의 과제는 과거의 문제를 미래의 해결과 연결시키는 일이다. 부모와 청소년의 가족평가를 탐색하고 가족관리와 커뮤니케이션 과정을 개선하기 위해서는 우선순위를 정해 줄 준거 틀을 찾는 것이 필요하다. 신중한 사정이 다음 단계를 결정하는 데 얼마나 도움이 될 수 있는지 준거 틀을 가지고 가족을 납득시켜야만 한다. 이상적으로는 부모와 10대 양쪽 모두가 가족사정에서 피드백단계로 넘어가는 데 호기심과 관심을 나타내는 것이다.

지금부터 포괄적인 가족사정을 수행하기 위한 이론적 근거와 절차를 알아본다.

제4장

생태학적 사정 전략

청소년의 행동과 감정 조절, 학교에서의 행동, 친구관계, 맥락이 가족에 미치는 영향 그리고 가족 상호작용 패턴 등을 망라하는 생태학적 사정에 대해 언급한다. 가족이 계약 단계에서 개입서비스로 들어가기 전에 구조화된 생태학적 사정을 하는 이유는 청소년 전환기 프로그램과 생태학적 접근의 불가결하고 독특한 특성 때문이다 (Dishion & Stormshak, in Press). 사정은 치료자와 가족 간의 협력적인 의사결정의 개선과 변화를 위한 동기부여의 중요한 전략이다. 이 장에서는 기본사정과 특정개입 및 서비스 전달에 적합한 사정 방법의 세부내용을 다룬다.

간략한 이론적 근거

청소년과 가족에 대한 개입에는 복잡한 의사결정과 판단이 필요하다. 예를 들면, 치료자는 얼마나 자주 만날 것인가, 어떤 개입목표를 우선으로 할 것인가(양육, 청소년의 분노, 양육의 실제, 모의 우울증), 개입의 빈도와 강도(주마다, 달마다, 2주마다, 매일)는 어떻게 할 것인가를 결정해야 한다. 이론적 시각은 의사결정 작업을 단순화하는 데 도움이 되기는 하지만 결과의 전반적인 질을 개선시키지는 못하는 것 같다.

가족-중심 접근에는 이런 복합적인 문제를 해결하기 위한 두 가지 해결책이 있다. 첫 번째는 모두에게 맞는 '프리사이즈' 양육방식을 개입 프로그램에 제공하는 것으로 보통 한 가지 교육과정을 가지고 부모집단을 운영한다(Dishion & Andrews, 1995 참조; Dishion et al., 2003). 다른 방법은 치료자가 임상적 판단에 기초하여 가족과 부모에게 맞는 '최선의 방법' 을 결정하는 것이다.

이미 언급했듯이 전자에서의 문제점은 오직 한 가지 입장만을 취한다는 것이 가족의 의욕을 잃게 할 수 있고 그 결과 잠재적으로 공공 위생 영향(public health impact)을 제한할 수 있다는 것이다. 치료자의 판단과 결정에 의존하는 두 번째 방법의 문제점은 첫째, 때로 부모가 시작부터 치료자에게 저자세를 취하며, 둘째, 임상적 판단이 사례 개념화가 되었을 때 심각한 한계를 가지고 있다는 것이다. 사실 임상적인 판단을 보완할 수 있는 최선의 방법은 치료자가 구조화된 사정을 하고 사정 자료에 근거하여 의사결정하는 것이다(Dawes, 1994).

우리는 곧 임상에 근거한 의사결정이 심리적 사정에 사용될 만큼 충분히 개선될 수 있다는 것을 알게 되었으며(Dawes & Corrigan, 1974; Duncan, Ohlin, Reiss, & Stanton, 1953; Meehl & Rosen, 1955), 사정 결과를 가족과 공유하는 것이 계약을 높이고 가족에 대한 의미 있는 의사결정을 할 수 있는 자신들의 잠재력을 높일 수 있다는 것도 알게 되었다(Sanders & Lawton, 1993). 사정을 구조화하라는 것은 임상과 상담심리에 생태학적 접근을 절충하라는 것이 아니라 경험적으로 증명된 지원개입을 사정에 적극적으로 사용하라는 것이다.

측정전략

표준화된 검사도구

임상에서 사정은 내담자의 결점 확인에 지나치게 초점을 맞추지만 생태학적 사정에서는 가족-중심 모델이 제공하는 영역에 청소년과 가족이 잘 적응하도록 각 영역에 대한 개관을 제공한다([그림 1-1] 참조). 청소년의 적응, 가족배경, 가족관리, 친구관계, 학업능력과 장단점을 사정하여 장점에 기초한 개입인 동기부여 면담을 계획하고 사례를 개념화한다.

가족 상호작용을 사정하는 것이 중요하다. 가족역동과 관리의 실제를 더 잘 이해하기 위해 가정생활을 비디오로 녹화하기를 권한다. 우리가 하는 이런 사정을 두고 많은 전문가들은 너무 강요적이며 효과에 비해 비용이 많이 든다고 말한다. 그러나 우리는 가족 상호작용 사정이 변화를 동기화시키는 데 중요하다고 생각한다. 가족 상호작용 패턴은 참가자가 인지적으로 이해하기 어렵기 때문에(Patterson et al., 1992), 때로는 비디오테이프로 피드백을 제공하는 것이 필요하다. 따라서 직접 관찰의 생략은 부모를 촉진시켜 가족관계의 변화를 동기화하려는 치료자의 능력을 잠재적으로 약화시키는 것이다.

청소년 문제행동에 대한 관계역동성을 충분히 이해하기 위해 친구와 가족 모두의 상호작용을 직접 사정하는 것이 이상적이다. 가족-중심 개입모델에 따르면 또래집단 내의 변화는 부모가 만들고 또 유지하는 것 같다(Dishion, Bullock, & Granic, 2002). 따라서 청소년기 중기까지는 가족 상호작용 사정을 우선적으로 한다. 가정에서 녹화된 비디오테이프를 통해 자기 가족의 관심사를 확인하는 일은 서로 다른 사회경제적 배경을 가진 가족들에게 흥미로운 경험이 되기 때문이다.

사정의 두 번째 중요한 특징은 장점과 단점을 어떻게 받아들이는지 비교하기 위하여 다차원의 보고원을 통해 자료를 수집한다는 것이다. Kellam(1990)은 상호작용에 대한 인식과 객관적 측정이 청소년과 가족의 상황파악 및 개념화에 도움이 된다고 주장했다. 종합점수를 산출할 때 중요한 타인의 기록을 포함시키면 사례개념화 시 발생하는 편차를 줄일 수 있다. 예를 들어, 선생님은 아동에게 문제가 있다고 지각하지만 부모나 아동 자신은 그렇지 않다고 지각한다면, 그것은 중요하고도 임상적으로도 의미 있는 편차다. Achenbach(1992)는 아동의 적응문제를 아동행동평가척도(Child Behavior Checklist: CBCL)에 나타나는 점수로 개념화하였다. 여러 사람의 보고자료는 가족피드백 회기를 통해 교사, 어머니, 아버지 그리고 청소년이 서로의 지각을 비교할 기회를 준다.

생태환경 추출하기

우리는 아동의 적응, 또래적응, 가족관리 및 가족배경이라는 세 가지 영역 내에서 위험요인과 보호요인을 측정하고 검토하여 개념화하였다(표준화된 사정 도구에 대한 정보는 http://cfc.uoregon.edu에서 구할 수 있다). 사정에 생태학적 접근을 사용했듯이 시간에 따른 청소년의 행동 변화를 사정하기 위해 중요한 타인의 평가, 목표로 하고 있는 가족관리 실제의 관찰 그리고 구조화된 보고서를 활용한다 (Dishion & Stormshak, in Press).

사정에 걸리는 시간은 첫 면담의 상호작용 작업과 가족이 질문지를 완성하는 데 걸리는 부가적 시간까지 합쳐 약 2시간 정도다. 표준화된 사정도구는 비교적 짧게 사용하는 것이 좋다. 임상적인 문제(예, 증상)가 접수면접에서 드러난다면, 이 드러난 문제에 초점을 맞추어 다른 사정내용을 추가할 수도 있다. 가족구성원은 그들의 정직한 보고가 가족 모두에게 최선의 결정을 내리는 데 사용될 것임을 알게 된다.

사정 절차

질문지

부모와 치료자 간에 가족점검에 대한 합의가 이루어지면, 가족은 정보 개방에 대한 동의서에 서명하고, 가족은 부모와 자녀를 위한 각각의 질문지를 가지고 집으로 돌아간다. 집으로 돌아가기 전 가정, 가족자원센터 또는 안전한 만남의 장소 중 어느 곳에서 가족사정작업(Family Assessment Task: FAsTask)을 실시할지 상의한다. 사정계획 단계에서 부모에게 질문지는 다음 만남 때까지 완성해야 한다고 이야기한다. 만일 난독증이 있거나 가족이 해체되어 있거나 가족이 모두 모여 함께 질문제를 작성하고 싶어 한다거나 하는 의견을 표현한다면, 질문지 작성시간을 따로 계획하고 그다음 가족사정작업을 위한 다른 약속을 잡는 것이 좋다.

학교 데이터

청소년이 학교에서 어떻게 생활하는지 부모가 인지하고 있다 하더라도 최소한 한 명 이상의 교사가 청소년의 사회적, 학문적, 감정적 적응 정도에 대해 전반적으로 평가하는 것이 필요하다. 또 가정에서 문제행동을 드러낸 청소년이라 하더라도 어린 시절의 긍정적인 친구관계나 학업능력은 사례 개념화, 즉 장점에 기초한 개입목록을 작성하는 데 매우 중요한 자료가 된다. 이런 과정을 통해 교사, 부모, 청소년의 보고가 행동 및 인지에 있어 차이가 있다는 것을 확인하게 된다(Dishion & Stormshak, in Press).

중학교 교사는 하루에 1시간 미만의 제한된 시간 동안 한정된 환경하에서 학생과 상호작용하기 때문에 때로는 아이들의 친구관계에 대한 자신들의 느낌을 과소평가하기도 한다. 그러나 그런 상황에서도 많은 교사가 학생의 사회적 위치에 대한 판단력을 가지고 있으며 그들의 미래를 정확하게 예측하고 있다(Loeber & Dishion, 1983 참조). 우리는 학생의 적응에 대한 판단력을 갖고 있으며, 때로는 짧은 면담으로도 사정을 보충해 줄 수 있고 학생 개개인이 갖고 있는 여러 자원을 포괄적으로 파악하며 학생의 학교적응 '유형' 까지도 평가해 줄 수 있는 교사를 찾고 있다.

가족 상호작용

비디오로 녹화된 가족사정작업은 관계의 질, 격려(정적 강화), 한계 상황, 감독, 문제 해결 그리고 규범 상황 등 가족관리의 실제를 직접 관찰할 수 있는 도구다. 우리는 비디오로 녹화된 상호작용을 통해 강압적 과정 인덱스(coercive process index: CPI)와 긍정적 과정 인덱스(positive process index: PPI)를 끌어낸다. 이것은 가족과 함께 작업하는 연구 조력자나 가족치료자가 실시한 가족관리 평가척도에서 도출된다. 관계의 친밀도를 사정하는 데 구조화되고 비디오로 녹화된 상호작용을 이용하는 것은 가족과 부부상호작용 사정에 대한 광범위한 연구를 축적하는 일이다(예, Forgatch, Fetrow, & Lathrop, 1985; Gottman, 1979; Weiss et al., 1996).

다양한 사회경제적 · 문화적 배경을 가지고 있는 가족에게는 직접 관찰이 더 적합하다. 예를 들어, 고등학교를 중퇴한 부모가 석사학위 소지자인 연구자가 설계한 긴 질문지에 답하는 것이 그다지 쉬운 일은 아닐 것이다. 가족 기능의 상호작용을 비디오로 녹화하는 방법이 다양한 인구집단 사정에서 좀 더 일반화되어 가고 있다(Chase-Lansdale, Brooks-Gunn, & Zamsky, 1994; Gorman-Smith & Tolan, 1998). '가족상호작용 사정' 은 다양한 문화적 배경을 갖고 있는 가족에게 도움이 되는 개입 서비스지만, 관찰자가 내담자 가족과 다른 인종적 배경을 가지고 있다면 좀 더 복잡해진다. 그러나 실제 임상에서 사정을 해 보면 고통을 받고 있지 않은 가족이 더

'문제 있는 척' 하며, '문제없는 척' 하고 있는 가족이 더 고통받고 있고 더 다루기 까다롭다는 것을 알게 된다(Bolstad & Johnson, 1972). 고통받고 있는 가족일수록 가족 상호작용의 직접 관찰이 더욱 필요하다.

가족사정작업은 1시간 정도 소요된다. 관찰 회기 시간의 반 정도는 청소년과 부모가 대화하는 것을 녹화하고, 나머지 시간에는 가족 전체와 함께(이 작업은 11세 이상의 아이에게 적합함) 가족관리와 관련 있는 상호작용 패턴을 끌어내기 위한 구조화된 토론을 한다. 가족사정작업은 다음과 같은 상호작용으로 구성된다.

1 5분: 부모와 자녀가 활동을 계획한다(관계의 질).
2 5분: 부모가 자녀의 긍정적이고 칭찬하고 싶은 행동에 대해 이야기한다(성장 격려).
3 5분: 자녀가 성인의 감독에서 벗어나 있는 시간에 대해 이야기한다(감독).
4 5분: 부모가 지난달에 제한했던 상황에 대해 이야기한다(한계 상황).
[5분 휴식 후, 가족구성원 모두를 데리고 들어온다]
5 5분: 가족 전체가 부모가 미리 선택해 놓은 가족문제에 대해 이야기한다(문제 해결).
6 7분: 부모가 담배, 술, 마리화나 또는 다른 약물 사용에 대한 가족의 생각에 대해 이야기한다(약물 사용 규범).
7 7분: 생일이나 정해진 가족 모임 이외에 가족이 함께할 수 있는 행사를 계획한다(관계의 질).

가족사정작업은 작업을 긍정적으로 마무리할 수 있도록 자녀를 긍정적으로 인정해 주는 3분의 시간으로 마무리한다. 가족피드백을 제공하는 치료자는 비디오테이프를 주의 깊게 살펴 가족관리와 과정에 대한 평가를 완성해야 한다. 치료자는 이런 방식으로 주의 깊게 심사숙고한 가족 상호작용 패턴을 토대로 사례 개념화의 기초를 마련한다. 피드백을 비디오테이프로 녹화하는 것은 변화를 동기화시키고 장점을 강화하는 효율적인 방법이다.

자녀와 부모는 항상 자신들을 산뜻하게 포장하지는 않는다. 그러므로 관심이 있는 임상적인 문제가 드러났을 때에는 그 문제에 좀 더 적절한 작업을 고안할 필요가 있다. 예를 들어, 식이장애가 의심스러운 경우 가족 식이요법의 실제를 토론하기 위해 한계 상황에 대한 작업을 변화시킬 수 있다. 적절한 규칙을 찾지 못한다 하더라도 가족문제를 함께 토론하게 하는 것만으로도 가족의 변화를 지지하는 중요한 작업이 된다.

개입 과정 측정

변화에 민감한 자녀의 적응 문제를 사정하기 위한 도구도 있다. 이를 위해 우리는 Chamberlain과 Reid(1987) 연구를 토대로 부모일일보고서와 자녀일일보고서(Child Daily Report: CDR)를 만들었다. 이런 사정은 증상과 가족 사건에 대한 부모(들)와 자녀와의 주기적이고 간단한 전화면담으로 개입노력에 대한 가족의 즉각적인 반응을 사정할 수 있으면서 비용도 저렴한 측정도구다.

부모일일보고서의 임상적 사용을 처음으로 공식화하고 논의한 사람은 Patterson, Read, Jones과 Conger(1975)다. 우리는 11세 이상의 청소년에게 적합한 부모일일보고서와 자녀일일보고서의 양식을 개발했다. 일일보고서의 중요한 이슈는 효과의 반복측정이다. 보고하는 사람에 관계없이 보통 첫 번째 전화통화에서는 실제 문제보다 더 심각한 수준으로 보고되기 때문에(Chamberlain & Reid, 1987), 전체 평균을 산출할 때 첫 통화 내용은 제외할 것을 권한다. Chamberlain과 Reid는 3회의 전화통화가 가족에 대한 안정된 예측을 제공한다는 것을 발견했다. 그래서 우리는 각 사정기간 동안 최소 4회의 전화통화를 할 것을 제안한다. 우리 연구에서는 보통 6회의 전화통화(1주일에 3회)를 한다. 이 측정의 특징은 재검사 안정성과 신뢰도가 높다는 것이다(Chamberlain & Reid, 1987). 반사회적 행동에 대한 다른 측정에서도 부모일일보고서, 자녀일일보고서의 높은 수렴 타당도를 발견했다(Patterson et al., 1992).

부모일일보고서와 자녀일일보고서는 가족사정의 진행 과정상에 나타나는 가족 변화를 감독하고 치료자와 가족에 대한 피드백을 작성하는 데 사용된다(Moore, Osgood, Larzelere, & Chamberlain, 1994). 개입 결과를 점검하기 위한 지표로 사용되는 일일보고서는 1주일에 2회 수행되는데, 이를 바로 점수화하여 그래프화한다. 이는 매주 문제행동의 변화에 대해 피드백을 제공할 뿐만 아니라 개입에 대한 청소년의 반응도 추적할 수 있게 한다(6장 참조).

부모일일보고서와 자녀일일보고서를 수행하기 위해서는 보조자로 하여금 5~10분간 전화통화를 하게 하는 것이 이상적이다. 가족과 라포를 발전시키고 혼돈과 예상되는 문제를 최소화하기 위해 사정기간 동안 내내 같은 사람이 전화통화를 하는 것이 중요하다. 면담하는 사람은 친근하면서도 작업 중심적인 태도를 가져야 한다. 이런 면담은 치료가 아니며 치료와 관련된 질문은 전문가와 가족과의 작업에서 다루어져야 하기 때문이다. 정중하고 예의 바르며 사무적인 스타일의 면담만으로도 안정감을 줄 수 있다. 매주 실시되는 슈퍼비전 모임에서 이 자료로 사례를 토론한다.

점수화와 분리 점수

심리 사정에서 논란의 여지가 있는 주제는 규범의 사용과 표준화다. 대규모 표본에 기초한 국가 규범이라 하더라도 지역사회에 살고 있는 개인의 생태환경이나 다양한 소수문화를 제대로 반영할 수 없다. 도출된 점수에 의문이 생길 정도로 사정의 의미는 아주 천차만별로 나타날 수 있다. 타당화 문제를 야기하는 중요한 두 요인은 사정에 대한 개인의 반응과 사정의 내용이다. 앞으로 10년 안에 문화적으로 민감한 측정에 대한 방법론을 명확히 하기 위한 좀 더 많은 노력이 필요하다.

우리는 양육의 실제가 민족에 따라 다름을 알고 있다. 어떤 양육의 실제를 '최고의 규범'으로 규정하는 것은 불가능하다. 이 점을 염두에 두면, 가족에게 규범을 적용할 때 신중해야 한다는 것과 피드백 회기 동안 이 주제에 대해 열린 토론을 해야 할 필요가 있음을 언급하는 것이 중요하다. 또한 도출된 점수가 가족의 현재 상황을 나타내는 것임을 기억하는 것도 중요하다. 왜냐하면 부모는 자신들의 점수가 해당 주제의 일반적인 기능 정도를 나타내는 것으로 받아들일 가능성이 있기 때문이다. 정해진 지역사회 내에서 작업을 허용받은 치료자와 연구자의 경우, 지역사회의 특성에 기반한 규범을 개발하기 위해서는 양육모델로 사용할 수 있는 해당 지역의 가족 사정이 필요하다.

사정도구의 규범을 만들기 위해 위험한 도시 지역사회에 살고 있으며 모범적인 중학교 생활을 하고 있는 자녀를 둔 대표적 다인종 가족(아프리카계 미국인, 멕시코계 미국인, 미국계 인디언, 유럽계 미국인) 사례 120건을 선정했다. 평균 C학점 이상을 받고, 규칙적으로 출석하고, 징계처벌을 받지 않은 것을 모범적인 것으로 정의하고 외현화 척도에 t점수 65점 이상을 받은 가족을 선정하였다. 교사의 평가에 근거하여 성과 인종에 따라서 상대적으로 위험하다고 지각된 학생으로 위험집단을 구성하였다. Dishion과 Bullock(2001)은 규준집단과 위험집단 선택에 대해 자세하게 보고하였다.

자녀 적응, 친구영향, 가족맥락, 가족관리에 대한 보호점수와 위험점수의 평균과 표준편차가 다음의 〈표 4-1〉에서부터 〈표 4-5〉까지에 걸쳐 요약되어 있다. 표에 나타나 있듯이 자녀의 성공 수준을 통제하였을 때 위험수준과 보호수준에서 민족에 따른 통계적·임상적 차이는 유의미하게 나타나지 않았지만 집단에 따른 규범은 차이가 있는 것으로 나타났다. 문화적으로 민감한 기준이 되는 분리점수를 결정하기 위해 집단에 따른 최저점수를 사용했다. 예를 들어 '감독' 에 있어서 10점 평가 척도에서 평균 5.71이 규범적 범위로 간주된다. 분리점수인 5.0은 양쪽 집단 모두에게 합리적으로 5점 이상의 경우 부모는 보호요인으로 간주되는 감독을 충분히 한 것으로 생각할 수 있다.

피드백 양식은 위험과 보호 간의 상호의존적 관계를 알 수 있게 하기 위해 한 페이지에 색깔로 코딩하여 요약하고 위험요인은 '없음' (흰색), '잠재적으로 파괴적' (오렌지/중간 회색), '있음' (빨간/어두운 회색)으로 코딩하고, 보호요인은 '관심이 필요함' (노랑/밝은 회색)

과 '있음'(초록색/중간 회색)으로 점수화한다. 측정도구를 점수화하고 상대적으로 다양한 색깔 영역 내의 적당한 위치에 응답자를 이니셜(예, 젊은 사람 Y, 아버지 F, 교사 T, 엄마 M)을 배치하여 피드백 양식을 만든다.

이런 색깔이 보편화되어 교통 신호등과 비슷한 의미를 가지게 된다면, 가족점검 피드백을 제공할 때 대부분의 부모가 쉽게 그 의미를 이해할 수 있을 것이고, 특히 가족 영역에서 보호요인을 증가시키는 일이 기존의 걱정과 위험요인을 완화시키는 데 도움이 된다는 사실을 부모에게 알리게 될 것이다.

상세한 것은 부록 B로 넘기고 우리는 지금부터 각 영역을 상세하게 살펴보고 점수와 위험의 경계를 개념적으로 검토한다.

청소년의 적응

'자녀적응' 영역에서 '문제행동'과 '느낌'을 점수화하기 위해 부모자기점검(Parent Self-Check: PSC)과 청소년자기점검(Youth Self-Check: YSC)을 사용한다. 모든 항목은 1에서 10점 척도로 점수화되어 있다. 문제행동척도는 여러 항목으로 구성되지만 '학업성취'와 '느낌' 척도는 하나의 항목으로 되어 있다. 이 항목들을 간단히 점검하고 교사의 보고, 학교 관찰과 면담 그리고 접수면담 정보를 추가한다. '친사회적 대처'의 측정은 자기통제에 대한 청소년의 보고에 초점을 맞추는데, 이는 문제행동과 친사회적 행동 발달에 자기조절이 중요하다는 연구에 근거한 것이다(Eisenberg, Carlo, Murphy, & Van Court, 1995; Rothbart et al., 1995). 위험집단과 규범집단에 대한 기준은 부모자기점검 및 청소년자기점검 질문지에서 비롯된 것으

표 4-1 부모와 청소년의 자기점검 질문의 평균과 표준편차

	규범(n=41)		위험(n=23)		효과
	평균	표준편차	평균	표준편차	
문제행동					
부모자기점검	9.33	0.52	7.20	1.36	S
청소년자기점검	8.93	1.22	7.14	1.72	S, G
가족관리					
부모자기점검	8.56	0.77	7.48	1.40	S, G(S×G)
청소년자기점검	8.31	1.27	7.00	1.95	S

주: S, 지위, 위험 대 표준; G, 성별, 남 대 여.

로 〈표 4-1〉에 제시되어 있다.

간단한 질문지의 사용이 편리한 점은 있지만 청소년의 적응에 대해서는 더욱 포괄적인 사정이 중요할 때가 있다. 임상에서 아동행동평가척도를 사용하는데 이는 부모용, 자녀용, 교사용으로 나뉜다. 교차정보제공자 점수화 프로토콜은 보고하는 사람에 따라 원점수와 t 점수를 비교한다. 6개의 점수는 자녀의 이상심리(위험요인)를 나타내고 3개의 점수는 활동, 학업 그리고 친구관계에서의 자녀의 능력(보호요인)을 나타낸다. 위험과 보호 양쪽에 대해 자녀, 부모 그리고 교사의 고유한 시각을 고려하는 것은 큰 도움이 되며, 위험과 보호에 대한 분명한 구분점을 제공한다.

친구의 영향

'친구 영향' 에 대한 사정은 교사, 부모, 자녀가 평가한 친구관계와 사회적 기술의 평가로 이루어진다. 위험 정도는 청소년 문제행동과 약물사용에서 친구의 관여 정도를 요약해서 말해 주는 점수며,

표 4-2 친구관계에 대한 부모, 교사, 청소년의 평가 평균과 표준편차

	규범(n=41)		위험(n=23)		효과
	평균	표준편차	평균	표준편차	
친구관계					
교사	2.83	1.32	0.65	2.33	S
부모	2.82	1.22	1.22	2.32	S
어린이*	2.89	1.53	2.62	1.77	S
일탈친구					
교사	1.55	0.54	2.49	0.66	S
부모	1.48	0.47	1.90	0.75	S, (S×G)
어린이	1.76	077	1.88	0.86	S

주: S, 지위, 위험 대 표준; G, 성별, 남 대 여.

* 대표 교사(normative teacher), n=35 그리고 부모, n=101.

친구관계 점수는 기본적으로 수의 합(아동을 좋아하는 청소년의 비율-아동을 싫어하는 청소년의 비율)으로 구성된 사회적-선호점수다. 사회적 선호점수는 친구들이 치료의 대상이 되는 아동을 수용하는 정도를 추정한 것이다(Coie, Dodge, & Coppotelli, 1982; Peery, 1979). 긍정적 점수는 친구 사이에서 수용되는 경향을 나타내는 것이고 그에 반하여 부정적 점수는 거부되는 경향을 나타낸다.

우리는 친구에게 보통 정도로 수용되는 경향을 보호요인으로 본다. 교사, 부모 그리고 청소년 스스로 친구 사이에서 수용되고 있다고 인지하는 것은 친사회적 활동에 청소년을 참여시키려는 성인의 노력이 성공할 것임을 암시한다. 〈표 4-2〉는 2개의 친구적응 지표에 대한 평균과 표준편차를 요약한 것이다.

가족맥락

'가족맥락' 을 조사할 때 우리는 위험요인에 초점을 맞추게 되는데, 이는 원래 부모의 우울증(Radloff, 1977)과 생활사건(Holmes & Rahe, 1967)을 사정하기 위한 기존의 측정방법을 사용하기 때문이

표 4-3 가족맥락 사정에 대한 평균과 표준편차

	규범		위험		효과
	평균	표준편차	평균	표준편차	
아버지	(n=68)		(n=11)		
약물사용					
알코올	5.34	2.53	3.90	2.47	S, E
마리화나	1.41	1.71	1.81	1.77	G (S×G)
습관성 마약	0.07	0.18	0.00	0.00	
흡연	1.54	5.88	9.08	12.69	S, E, G(S×G)
우울증	6.77	5.45	13.67	7.98	S (E×S)
생활사건	10.40	7.95	9.42	6.47	
스트레스 상태의 가족	1.40	0.33	1.87	0.53	S
가족분쟁	1.29	0.16	1.38	0.30	
부부적응	90.62	13.20	78.67	19.38	S
어머니	(n=95)	(n=21)			
약물사용					
알코올		4.30	2.29	3.38	1.93
마리화나	0.89	1.07	1.10	1.04	G
습관성 마약	0.06	0.30	0.03	0.13	
흡연	1.26	4.21	5.48	9.99	S
우울증	6.39	5.04	11.05	7.26	
생활사건	11.95	14.32	11.00	7.13	S, E
스트레스 상태의 가족	1.55	0.41	1.84	0.48	S (E×G)
가족분쟁	1.29	0.19	1.36	0.19	
부부적응	90.69	15.86	84.92	16.42	E

주: S, 지위, 위험 대 표준; G, 성별, 남 대 여; E, 인종, 유럽계 미국인 대 아프리카계 미국인.

다. 부부적응 척도(Spanier, 1976)와 가족사건 점검표(FMEVE; Fisher, Fagot, & Leve, 1998)도 사용하는데, 가족사건 점검표는 내적 스트레스(갈등과 긴장)와 외적 스트레스(일상적인 사건) 점수를 나타내며, 부모의 물질 사용도 측정한다.

물질 사용은 패턴이 복잡하기 때문에 위험요인으로서 물질 사용은 매우 융통성 있게 해석하여야 한다. 예를 들면 다양한 약물을 남용한 전력을 가지고 있는 부모는 지난 2개월 동안 이를 끊었다 하더라도 아직 가족위험요인을 보유하고 있는 것이므로 보통의 위험 범위로 점수화할 수 있다. 규범집단과 위험집단에 대한 기준은 〈표 4-3〉에 제시되어 있다.

가족관리

'가족관리' 에 대한 종합적인 평가(macroratings)는 가족 내부의 중요한 보호요인이다. 요약점수(summary scores)는 가족관계, 격려, 한계상황, 감독, 문제해결 그리고 약물사용 규범을 포함한다. 가족 안에 두 쌍의 부모가 있는 경우, 각자의 점수를 산출하는 것도 가능하다. 그러나 부모를 하나의 점수로 낼 것을 권한다. 이는 양육에서 팀워크의 중요성을 전달하고 청소년의 적응상의 어려움을 누가 책임지느냐에 대한 끊임없는 논쟁을 피하기 위해서다. 이런 측정에 대한 평균과 표준편차는 〈표 4-4〉에 나타나 있다. 관찰로 측정된 가족관리의 보완을 위해 청소년과 양육자로 하여금 감독과 관련된 규칙을 어떻게 지각하고 있는지 보고하도록 한다. 가정규칙 질문지(House Rules Questionnaire)도 이용하는데, 부모의 감독과 관련된 가족규칙에 대한 사정을 제공한다(French & Weih, 1990).

표 4-4 가족관리 측정의 평균과 표준편차 가족관리 측정의 평균과 표준편차

	규범		위험		효과
	평균	표준편차	평균	표준편차	
부모보고	(n=101)	(n=23)			
가족규칙	1.68	0.33	4.12	0.47	S(E×G, E×G×S)
직접관찰	(n=100)	(n=20)			
가족관계	6.76	1.24	6.00	1.43	S
성장격려	4.34	1.27	4.50	2.99	
한계상황	6.02	1.59	5.59	1.28	G(S×E)
감독	5.71	1.26	5.02	1.37	S, E
문제해결	6.34	1.80	6.13	1.52	E (S×E)
약물사용	6.99	1.29	6.31	1.36	S

주: S, 지위, 위험 대 표준; G, 성별, 남 대 여; E, 인종, 유럽계 미국인 대 아프리카계 미국인.

일일보고 자료

전화통화를 통해 행동문제에 '그렇다' 고 답한 반응의 수를 부모일일보고서와 자녀일일보고서에 기록한 것이 일일보고 자료다. 평균점수 1은 부모와 전화할 때 10개의 문제행동 중에서 평균 1개의 문제행동을 보고한 경우를 나타낸다. 〈표 4-5〉는 규범집단과 위험집단을 비교한 것이다. 문제행동에 대한 청소년의 보고는 위험 청소년과 규범 청소년 간에 차이를 나타내지 않았으나, 부모 보고에서는 차이가 나타났다. 그러나 우리가 기억해야 할 것은 보통의 가족에서도 몇 가지 문제행동은 나타날 수 있으며 그다지 심각한 일이 아니라는 것이다.

표 4-5 문제행동의 일일보고 척도의 평균과 표준편차

	규범(n=95)		위험(n=32)	
	평균	표준편차	평균	표준편차
자녀의 일일 보고				
반사회적 행동	0.10	0.12	0.10	0.11
약물사용	0.00	0.02	0.03	0.08
부모의 일일 보고				
반사회적 행동	0.09	0.09	0.19	0.17
약물사용	0.00	0.02	0.01	0.07

요 약

이 장에서는 의사결정, 협력 그리고 동기부여를 개선하기 위한 생태학적 전략의 개관을 제공하였다. 가족에 기반한 개입서비스를 위한 사정은 최소한으로 제공되며 부가적인 사정은 임상적으로 타당한 경우에만 권한다.

5장에서는 작업의 사례 개념화를 진척시키고, 부모와 협력적인 상황을 만들고, 변화를 위한 동기를 부여하고, 개입선택목록 내의 개입을 선택하기 위해 가족사정에 피드백을 어떻게 사용할 것인가를 논의한다.

제5장

가족피드백 회기

이 장은 사정결과에 대한 부모의 관심과 사례 개념화 그리고 변화를 위한 부모의 동기 지지 과정에 대한 것이다. 피드백 회기는 초기 면담과 사정의 정점으로 간단한 사정과 치료를 연결하는 다리라고 볼 수 있다. 3회기의 가족점검은 인구학적 특성이나 임상문제의 심각성에 상관없이 그 자체로 모든 부모에게 적합하다. 이것은 강력한 지지나 행동변화가 필요한 사람뿐만 아니라 자녀에게 관심이 있는 보통의 부모에게도 도움이 된다.

동기부여 면담

양육의 실제에서 의미 있고 지속적인 변화를 일으키는 일은 어렵지만 해 볼 만한 일이다. 부모의 경우 자신이 에너지를 집중한 최선의 방식이 때때로 그들 자신을 혼란에 빠뜨린다. 자녀에 대한 틀에 박히고 과잉학습된 일상의 반응을 변화시킨다는 것은 지속은 물론 시작조차도 어려운 일이다.

이론을 초월한 행동변화 모델은 개인의 가족환경에 민감하게 개입할 수 있는 융통성 있는 모델로(Prochaska & DiClemente, 1982) 동기는 계속적인 모든 치료적 개입에서 수립되어야 하는 변화과정의 기초다.

Prochaska & DiClemente(1982)는 금연에 성공한 사람들의 90% 이상이 치료자나 행동변화 프로그램의 도움을 받지 않았다는 사실을 발견하였는데, 변화과정을 조사해 본 결과 '변화의 단계' 가 있었음을 알 수 있었다. 중요한 행동변화를 나타낸 사람들은 여러 가지 감정 지향적 단계를 겪게 되는데, 그 기간은 몇 주부터 몇 년까지 다양하다. 첫 단계는 '심사숙고' 다(예, 변화가 필요한지를 생각하기 시작한다). 두 번째 단계에서는 변화를 위한 '행동' 을 취한다. 부모는 자녀를 좀 더 주의 깊게 살피고, 치료자의 도움 없이도 의사소통을 잘하기 위한 전략을 의논하기 위해 가족모임을 가질 필요가 있다는 결정을 내릴 수 있다. 생활변화를 꾀하기 위한 행동을 취하게 되면 그 변화를 유지할 필요가 있는데 행동변화 과정 중 가장 어려운 국면이 된다. 만일 성공하지 못한다면 가장 심한 낙담을 경험할 수 있다. 행동변화에 대한 시도가 실패할 때의 실망감은 '변화는 불가능하다.'

거나 '노력할 가치가 없다.' 는 식으로 목표를 재정의하게 만들 수 있고, 행동변화의 실패는 부모가 자녀에게 '넌 안 되는 애야.' 라고 화를 내거나 자기 자신을 '능력 부족' 이라고 비난하는 결과를 초래할 수도 있다. 이것은 문제를 결코 해낼 수 없는 일로 더 깊이 인식하게 만든다. 많은 청소년 부모가 변화를 위한 여러 가지 노력을 시도하는 과정에서 자주 실망감을 느끼곤 한다.

동기부여 면담은 변화에 대한 동기부여에 초점을 맞춤으로써 행동변화 과정을 '유발' 하는 개입기술이다(Miller & Rollnick, 2002). 대규모 연구에서 Miller와 그 동료들은 변화의 필요성과 관련하여 부모가 더 나은 의사결정을 할 수 있도록 토대를 제공하는 일련의 절차를 개발했다(Brown & Miller, 1993; Miller, 1987, 1989; Miller & Sovereign, 1989). 동기부여 면담은 다섯 가지 행동변화원리로 구성되어 있으며 FRAMES 모델로 요약된다.

F는 자료에 기초하여 부모에게 그들의 행동과, 그 행동이 미래에 가지게 될 의미에 대해 피드백(feedback)을 제공하는 것이다. R은 내담자에게 행동변화과정에 대한 그들의 책임감(responsibility)을 전달하는 것이다. A는 발달과 행동변화 이슈에 대하여 전문가에게 논리적인 충고(advices)를 받아야 함을 말한다. 예를 들면 생활에 변화를 주려 할 때, 어디에 노력의 초점을 맞추어야 하는지, 행동변화과정에서 성공을 촉진하기 위해 현실적인 조치를 어떻게 취해야 하는지에 대한 전문가의 충고가 도움이 된다. M은 부모에게 하나의 행동변화를 선택(예, 가족치료나 입원환자의 약물사용 치료)하게 하는 것이 아니라 행동변화를 위한 선택 목록(menu)을 개발하도록 것이 더 중요하다는 것을 의미한다. 최적의 행동변화 전략을 결정하는 데 적극적으로 참여하는 일은 곧 자기를 동기화시키는 것이다. E는 부모의 상

황에 대한 공감(empathy)을 의미한다. 심리치료 분야의 조사결과에 따르면 행동변화과정에서는 수용, 지지, 공감이 필요하다고 한다(Rogers, 1957). 치료자는 건강한 변화를 기대하는 부모가 제시하는 다양한 상황적 · 문화적 경험에 대해 이해심과 동정심을 가져야 한다. 마지막으로 FRAMES에서 S는 부모가 동기부여 면담만으로 자기 효능감(self-efficacy)을 갖게 되는 것을 의미한다. 자기 효능감을 진척시키는 방법 중 하나는 부모가 현실적이고 측정 가능하며 통제할 수 있는 행동변화 목표를 선택하도록 돕는 것이다.

FRAMES 모델은 가족점검의 기초를 제공한다. 3회기 개입 모델은 접수면접, 철저한 사정 그리고 부모와 가능한 한 청소년과 함께하는 피드백 회기를 포함한다. 가족점검은 첫째, 어린 청소년의 적응에 중요한 현재의 양육 실제를 유지하도록 부모를 동기화하고, 둘째, 부모-자녀 관계를 손상시키거나 문제행동을 악화시킬 상호작용은 감소시키고, 셋째, 적응과 능력을 향상시키는 양육행동은 증가시키도록 설계되어 있다. 가족점검은 부모의 지도하에 가족변화를 이루려는 부모가 단독으로 사용하거나 광범위한 자료의 보충용 자료로 사용될 수 있다.

피드백 과정

효과적인 피드백 작성은 대부분 가족과는 별개인 치료자의 업무이다. 가족사정작업은 기본적인 부모양육행동에 대한 정보를 제공하기 때문에 비디오테이프에 녹화된 가족 상호작용을 주의 깊게 관찰하는 것이 중요하다. 이때 부모의 강점과 다루기 힘들면서 부모의 염려와 관련이 있는 상호작용을 설명해 줄 장면을 찾아내는 것이 도움이 된다. 가족과 만나기 전에 질문지를 점수화하여 가족이 피드백을 이해할 수 있도록 준비해야 한다.

만일 1명 이상의 치료자와 일하는 행운을 갖게 된다면, 가족 개개인을 돕기 위한 최선의 접근법에 주목하면서 전문적인 정보를 투입할 수 있는 (데이터를 점수화하고 비디오테이프를 연구한 후에) 복잡하거나 도전적인 사례를 제시하는 것이 매우 중요하다. 포괄적 사정과 확실한 사례 개념화는 피드백 과정의 영향력을 최대화한다. 지금부터 사례 개념화의 요소와 피드백 과정을 살펴본다.

사례 개념화

사례 개념화의 원리는 다음과 같다.

1. 자녀의 성공과 복지를 위해 양육을 중심에 둔다.
2. 해악을 줄인다.
3. 맞춤 피드백을 제공한다.
4. 변화를 위한 동기부여를 지지한다.

청소년의 성공과 복지를 촉진시키기 위하여 양육은 장기간에 걸친 노력의 핵심이 된다.

첫 번째 원리는 잠재적 개입과 지지 서비스(예, 부모집단, 가족치료)를 관련시켜 사정을 구성하는 것이 좋다. 부부문제, 가족 과도기, 건강 문제 등은 '양육' 과 가족 의사소통 과정에 미치는 영향과 관련하여 다룬다.

문제행동의 예방이나 감소에 대해 생각할 때, 점증과정에서 친구라는 촉매의 역할을 기억해야 한다. 우리는 연구결과를 통해 친구의 영향력을 감소시키기 위해서는 감독이 중요하다는 것을 일관되게 보여 주었다. 이런 측면에서 볼 때 부모의 참여와 감독의 장애물로 작용하는 가족요인에 초점을 맞추는 것이 장기적으로 친구의 부정적 영향 가능성을 제한하는 데 필요하다. 물론 가족에게는 상호의존적 측면이 있다. 강한 가족관계, 정적인 한계상황, 격려 그리고 문제해결은 감독을 강화시키는 역할을 한다. 피드백 과정에서 가족관리 실제의 모든 것에 관심을 가지는 것이 보호적 양육의 실제를 확립하는 데 도움이 된다.

사례 개념화의 길잡이 역할을 하는 두 번째 원리는 '해악의 감소'다. 가족이 괴로움에 처해 있고 사정 자료를 통해 다루기 어려운 몇 가지 영역이 확인되면 해악감소를 위한 접근을 적용한다. 이혼과 관련된 갈등, 부모의 약물사용, 가족구성원의 사망, 자녀의 가출 또는 신체적 또는 성적 학대와 같은 병리적인 과정에서 부차적으로 나타나는 손상을 통제하기 위한 최선의 '다음 단계' 를 조언하기 위해서는 얼마간의 시간이 필요하다. 심각한 문제가 발생했을 때 피드백 과정은 자녀, 부모 또는 다른 가족구성원에게 미치는 차후의 해악을 감소시키기 위한 '다음 단계' 에 초점을 맞춘다. 양육의 실제나 자녀의 행동 또는 안전하고 안정적인 가족환경을 만들기 위해 다른 목표를 세우는 일은 해악이 제거되거나 최소화될 때까지 일시적으로 접어 두어야 한다. 예를 들면 심각한 갈등과 청소년의 가출이 잠재해 있는 상황이라면 해악의 감소는 가족의 단결에 초점을 맞추지만 심각한 학교 문제가 발생하였을 경우에는 학생이 퇴학당하지 않도록 하는 일에 초점을 맞춘다.

가족 개개인에게 맞는 '피드백 제공'이 사례 개념화의 세 번째 원리다. 부모가 가지고 있는 특성과는 무관하게 드러나는 가족문제를 광범위하고도 맥락적으로 살펴야 한다는 점에 대해 이미 논의한 바 있다. 이 상황에서의 피드백 유형은 부모가 피드백을 소화하여 중요한 이슈에 초점을 맞추도록 정보를 요약하는 것으로 수정된다. 예를 들면 자녀행동 점검에 대해 피드백을 줄 때 개개인마다 다르게 다루어지는 임상 범위를 외현화, 내면화라는 두 개의 커다란 범주로 요약하여 설명하는 것이 도움이 된다.

사례 개념화와 피드백의 네 번째 요소는 '동기를 지지'하는 것이다. 부모의 장점을 지속시키도록 동기화하고 자신들의 욕구를 주장할 수 있는 권한이 있다는 것을 느끼게 하여 피드백 면담 없이도 살아갈 수 있게 하는 것이다. 사례 개념화가 진행되는 동안 중요한 목표는 현재의 양육체계의 장점을 규명하는 것이 목표가 된다. 칭찬 대 체벌의 비율과 비슷하게 장점(보호요인) 대 약점(위험요인)의 비율이 4:1이 되도록 목표를 정한다. 가장 힘든 가족상황에서조차도 부모가 가족점검 과정을 계속하기만 한다면, 자녀에 대한 긍정적 관심의 표시와 변화를 위한 노력은 지지받을 수 있다.

피드백 양식은 가족의 영향, 친구의 영향, 자녀의 능력 그리고 문제행동 등의 광범위한 영역 각각에 대한 사정결과의 검토로 완성된다. 기입 내용은 당신의 사례 개념화와 위험요인 대 보호요인의 비율에 기반을 둔다. 각 영역 중에서 장점을 평가하는 데 도움이 될 수 있는 것을 먼저 찾고, 그 후 한 개의 관심영역에 네 가지 긍정적인 피드백 요소를 염두에 두고 시작한다. 피드백을 주기 위한 전략을 공식화할 때 부모가 피드백 회기에서 상기했으면 하는 중요한 항목을 최대 서너 가지 정도 생각해 두는 것이 좋다.

피드백 회기

피드백 회기는 4개의 국면으로 나눌 수 있다. 첫 번째 국면은 부모가 사정과정에서 자신의 경험에 기초하여 자기사정(self-assessment)을 하는 기회다. 두 번째 국면은 설명과 지지다. 부모가 자기평가를 하면서 첫째, 행동변화에 대한 자신의 방법을 사정하고, 둘째, 자신들의 통찰력 수준을 평가하고, 셋째, 가족의 역동성에 대해 더 많은 것을 배우고, 넷째, 사정에 포함되지 않은 문제를 발견하는 기회가 된다. 세 번째 국면에서는 그들이 제공한 정보에 기초해 요약한 피드백을 가족에게 전달하는 데 초점을 둔다. 마지막으로 치료자와 부모는 가족생활의 개선과 자녀의 성공을 위해 서로 협력하여 다양한 방법을 개발하기 위해 작업한다. 전체 피드백 회기는 진행 중인 작업의 시작이라고 생각하는 것이 최선이며 최종 결과는 부모가 주도하고 치료자와의 상호작용 과정이 반영된다.

피드백 회기의 국면

자기 사정

피드백 과정은 다음과 같이 시작된다.

> "많은 부모가 사정과정을 거친 후에야 자기 가족에 대해 무언가를 배운 것처럼 느낍니다. 혹시 새로 아시게 된 사실이 있나요? Roman에 대한 몇 가지 걱정거리와 관련된 것 중 생각난 것이 있나요?"

피드백을 제공하기 위한 치료자의 질문에 대해 대부분의 가족은 최소한 한 가지 중요한 문제를 내놓는다. 치료자의 이 질문을 아이를 양육하면서 드러내지 않았던 내용을 말하라는 요구로 받아들이는 경우도 있다. 이런 반응은 결함을 목표로 바꾸도록 지각을 재구성하는 데 도움이 된다. 반응하는 방식을 통해 행동변화에 대한 부모의 접근 정도를 평가할 수 있다.

"이야기의 주제와 관계없이 우리가 말싸움만 하고 있다는 것을 알았어요. "

이 말은 계속 진행시켜 나갈 수 있는 주제로 가족변화를 이루기 위한 부모의 첫걸음이기도 하다. 한 부모가 언쟁에 주목했다면 이미 기회는 온 것이고 치료자로서 당신은 이 문제에 대해 어떤 피드백을 줄 것인지 이미 계획하고 있을 것이다. 이 부모는 언쟁에 대한 피드백을 잘 받아들이게 될 것이고 가족이 겪고 있는 어려움에 대한 통찰력을 지지받을 수 있다.

대조적으로 자신의 의사소통 문제를 다른 가족구성원의 책임으로 돌리는 부모에게는 다소 다른 동기부여의 입장을 제시한다.

"이제, 우리가 더 이상 진척이 없는 이유를 아셨죠? 저는 John에게 고등학교에서 낙제하면 직업을 얻을 수 없다고 입이 닳도록 이야기했어요. 그 아이는 자기가 모든 것을 알고 있다고 생각해요."

이 어머니의 견해는 사정 회기 이후에도 변하지 않았으며, 더욱이 자신의 훈계와 '잔소리' 를 그 문제와는 무관한 일로 보고 있었다.

자기사정 과정을 통해 다음 단계로 가기 전 이러한 사실을 확인하는 것이 중요하다.

지지와 설명

지금부터 치료자는 지지하고 설명하는 과정을 시작한다. 한 부모 가족인 경우 다음과 같이 진행할 수 있다.

"그래서 무엇이 좋은 관계를 방해하는지에 대해 이야기하기를 목표로 하셨군요. 가족끼리 언쟁하는 것을 보면서 저도 느꼈습니다. 우리는 그 또래의 아이들이 가족과 언쟁하는 모습을 많이 봅니다. 부모가 옳은 이야기를 함에도 불구하고 이야기의 흐름이 잘못되어 문제는 더 악화되고 언쟁 자체가 통제할 수 없는 지경에 이르게 되는 거죠. 언쟁의 긍정적인 면이 있다면 문제를 어떻게 풀어나갈 것인가에 대해 가족 모두가 관심을 갖고 있음을 나타내는 행동이라는 것입니다."

피드백

지지와 설명 국면은 다음의 두 가지 목표를 달성하면서 피드백으로 간단히 전환될 수 있다. 즉, 부모의 적극적인 활동을 지지하는 것과 자기사정 노력을 지지하면서 피드백 과정이나 만남의 목표에 대해 오해가 없도록 하는 것이다. 다음과 같은 전이가 가능하다.

"지금 논의 중인 이 문제는 해결될 수 있습니다. 우리의 논의 중에 몇 가지 정보를 얻으셨으리라 믿습니다."

"아동이 청소년기로 접어들 때 많은 변화를 경험합니다. 여러 가족이 이런 점검의 기회가 매우 도움이 된다는 것을 알고 있습니다. 마치 Roman의 혈압이나 기질에 대한 보고서를 얻게 되는 것과 같은 겁니다."

"부모님은 Roman의 행동에 대해 한 가지만 생각하고 계십니다. 또 Roman의 긍정적인 적응을 위해 무엇을 해야 하는지도 알고 계십니다. 아마도 이런 부모님의 통찰이 주 관심사인 Roman의 행동과 청소년기에 적합한 행동을 구분하는 데 도움이 될 것입니다. 우리는 Roman을 위험에서 보호하는 것이 무엇인지, 그리고 약물사용을 포함한 심각한 문제행동의 위험으로 몰아넣는 요인은 무엇인지에 대해 알아보게 될 것입니다. 부모님은 Roman의 행동과 가족의 현재 생활 방식에 대해 우리가 한 많은 질문에 관심을 보여 주셨습니다."

"Roman의 교우관계와 행동에 대해 담임선생님에게서 몇 가지 이야기를 들었습니다. 이것이 Roman의 지금 행동을 이해하는 데 도움이 될 것입니다"

"먼저, 우리는 부모와 선생님이 Roman의 행동에 대해 보고한 내용부터 살펴보겠습니다……."

피드백 국면은 비교적 간단하면서 부모가 한 번에 전체 정보를 받게 되는 과정이다. 치료자와 부모는 사정 결과를 함께 검토하게 되는데 피드백의 직면적 특성을 감소하기 위해 옆으로 나란히 앉는 것이 좋다.

피드백의 요점을 전략적으로 강조하기 위해 피드백 양식을 한 장의 종이로 요약해서 갖고 있는 것이 좋다. 예를 들면 여러가지 측정을 통해 나온 결과를 요약해서 갖고 있는 것이 도움이 된다.

"(부모와 교사의 아동행동평가척도 점수를 가리키면서) 보시는 것처럼 Roman의 행동과 적응이 타인에게 영향을 미치고 또 받는 것에 문제가 있다는 데 부모님과 선생님이 대체로 의견을 같이하시네요."

각각의 척도는 꼼꼼하게 살피되, 척도가 모두 위험수위를 가리키거나 욕구-개선의 범주에 속해 체벌을 받을 수도 있다면 좀 더 큰 주제, 즉 적응의 문제에 부모가 관심을 갖도록 해야 한다. 많은 부모가 문제에 대한 피드백을 받는 단순한 과정에 위축된다는 사실을 기억해야 한다. 부모의 견해를 존중하며 사정결과는 가족의 문화적 · 환경적 상황에서 고려된다는 점을 설명하도록 한다. 이 점을 이야기하기 위해 잠시 멈추고 간단한 질문을 할 수 있다.

"이 이야기가 부모님이 생각하고 있는 문제랑 같은가요? 우리가 전에 대화를 나누었을 때는 주로 가정에서의 Roman의 어려움에 초점을 두었지, 학교생활에 대해서는 많은 이야기를 나누지 않았지요? 혹시 Roman의 학교 친구를 아세요? 좀 놀라셨나요?"

이해한 것처럼 가장하지 말고 존중하고 있음을 보여 주도록 한다. 가족에게 도움이 되는 변화의 선택 목록을 만드는 데 도움이 될 정보를 얻을 수 있는 질문을 선택하고, 부모의 노력과 정보에 대한 반응을 계속 감독하고, 지지하고, 인정하는 시간을 갖고, 부모를 편하게 해 주어야 함을 명심해야 한다.

"부모님께 여러 가지 말씀을 드렸습니다. 혹시 다른 하고 싶은 말씀이 있나요?"

종종 일어나는 상황적 문제는 부부문제다. 부부문제에서 부부간에 만족 수준이 서로 다른 것은 그리 특별한 일이 아니다. 그러나 어떤 부부는 한동안 자신들의 결혼생활에 대해 이야기하지 않을 수 있다. 이것은 주의를 기울여야 하는 아주 민감한 상황이다. 부부문제를 무시하는 것은 가족고통의 원인을 무시하는 것을 의미할 수도 있다. 또한 건강하지 못한 의사소통의 분위기를 조성함으로써 청소년의 긍정적인 적응에 장기적으로 부정적 영향을 미칠 수 있다. 그러므로 직접적이지만 민감하게 반응하는 것이 절대적으로 필요하다.

> "부부의 결혼만족도 차이에 관심을 가져 주시기 바랍니다. Marian은 이번 일이 진행된 방식에 매우 만족하고 있다고 했지만 John은 매우 불만족하다고 답했습니다. 이 결과는 두 분이 새롭게 알게 된 사실인가요? 아니면 전에도 이런 이야기를 나누신 적이 있나요?"

일이 어떻게 진행될 것인지 사전에 알기는 어렵지만 부부 중 한 사람의 심각한 불만족이 완전히 무시되는 일은 거의 없다. 만일 그렇다면 이런 정보는 감정을 흔들어 놓고 자극하게 될 것이다. 이 문제에 둘러싸여 있는 부부를 인정하고 지지하는 것이 중요하지만 피드백 회기를 부부의 회기로 진행하지는 않는다. 우리의 초점은 자녀의 복지를 위한 변화의 선택목록을 만들 계기를 만드는 것이며, 부부 치료는 선택목록 중 하나가 될 것이다.

피드백 과정 전체를 거치고 난 이후 부모의 반응, 아이디어, 지각을 반영해야 한다. 협력의 중요성과 자녀와 가족영향력에 대한 전문적인 지식을 나누기 위해 치료자가 존재한다는 사실을 전달해야 한다. 이 과정은 다음 단계의 기초가 되며, 또한 개입활동 목록 개발의 토대가 된다.

변화를 위한 선택목록

동기부여 면담을 위한 FRAMES 모델에서 보았듯이 부모는 개입 시 선택할 수 있는 목록이 있을 때 변화에 대해 더 많이 생각하는 것 같다. 목록은 부모와의 협력으로 만들어진다. 모든 목록에는 2개의 항목이 필요하다. 하나는 이미 잘 하고 있어 어떤 개입도 필요하지 않은 항목으로 부가적인 설명은 '숙제를 점검해 주면서 Nina와 함께 시간을 보내세요.' 또는 '아이가 프로그램에 참석하고 있으니 잠시 기다려 주세요.' 와 같은 긍정적인 용어로 표현하는 것이 가장 좋다.

다른 항목은 동행한 10대와 추후 피드백 회기를 가지는 것이다. 선택목록을 만들고 10대에게 변화의 방향을 지시하는 시간으로, 가족사정결과를 동기부여의 형태로 공유하기 위해 이 시간이 필요하다. 치료자는 합동피드백 회기에서 가족이 긍정적인 가족경험을 하도록 돕기 때문에 부모는 합동피드백 회기를 가족이 성취해 내는 변화를 진심으로 인정받는 시간으로 받아들인다.

개입을 위한 선택목록을 개발하기 위한 틀은 6장에 소개되어 있다. 이 '목록' 의 항목에는 자기변화, 특정 주제(예, 문제 해결과 커뮤니케이션)에 대해 1, 2회기 정도의 가족상담, 12회기의 가족관리집단, 개별적 가족치료 그리고 포괄적인 사례 관리 등이 있다. 실현 가능한 목록을 만들기 위해 학교와 지역사회에 있는 자원에 대한 지식도 필요하다. 가족관리를 지지하고 좋은 양육이 일어나도록 치료자는 장애물을 제거해 줄 자원이 있는지 충분히 검토해야 한다. 예를 들어 자녀의 학교생활을 감독하는 데 어려움이 있는 부모의 목록에는 가정-학교 간 의사소통 체계(예, 카드나 전화통화)가 개입을 위한 선택 목록에 포함된다.

"예, 부모님이 염려하시는 영역과 사정을 통해 문제로 나타난 영역은 Nina의 학업과 학교에서의 행동입니다. 많은 부모님이 유익했다고 보고했던 한 가지 방법은 전화통화입니다. Nina의 숙제, 과제물 그리고 학교생활에 대한 정보를 드리기 위해 부모님과 매일 또는 매주 전화통화를 하게 될 겁니다."

"전화통화를 준비하고 가정에서 작업이 잘 수행될 수 있도록 도와줄 자극체계의 개발을 위해 우리는 두 번 정도 만나게 될 겁니다. 생각해 볼 만한 선택사항인가요? 지금 결정하지 않으셔도 됩니다. 언제든 이 사항을 목록에 추가할 수 있으니까요."

개입의 선택목록을 개발할 때, 게시판을 사용하는 것도 도움이 된다. 치료자와 부모는 대화를 나누면서 선택목록을 만들기도 지우기도 한다. 처음에 치료자가 해야 하는 일은 선택목록을 만들기 위해 브레인스토밍을 하는 것이고, 그다음에는 피드백 회기의 마지막 단계에서 각 선택목록에 대해 찬반 토론을 갖는 것이다.

선택목록이 만들어지면, 부모에게 한두 가지 항목을 선택하라고 요청한다.

"이것은 저희가 제안하는 목록입니다. 새로운 의견이 나올 수도 있는데 그렇다면 저에게 전화를 주세요. 도울 수 있는 방법이 있다면 돕겠습니다. 혹시 생각해 둔 아이디어가 있습니까?"

부모의 걱정이 매우 심각할 때 또는 양쪽에 부모가 있는 가족일 때 비공개로 선택목록을 생각하고 결정하고 싶어 할 수 있다. 이것은 장려되는 과정이기도 하다. 그러나 치료자가 전화를 해서 부모가 결정한 사항을 취합할 수 있는 시간을 정하는 것이 중요하다. 또 다음 단계를 진행하기 위한 다른 만남을 계획하는 것도 중요하다. 필요하다면 청소년과의 피드백 회기 또한 장려한다.

> "우리는 이번 만남에 Roman을 포함시키지 않았습니다. 왜냐하면 부모님과 먼저 만난 후에 10대와 얘기하는 것이 가족에게 최선의 도움이 된다는 것을 알기 때문입니다. 부모님은 Roman과 이 이야기를 어떤 방법으로 나누길 원하십니까? 부모님 스스로 할 수도 있고 우리가 함께 모여 의논할 수도 있고, 제가 Romand과 개별적으로 만나 이야기를 할 수도 있습니다."

이런 방식으로 부모의 리더십을 계속 지지하는 한편 청소년에게는 개방적인 의사소통과 지지를 증진시킨다. 사례의 상황, 청소년의 관심, 임상적 개념화에 따라 다양한 전략이 있다. 피드백의 최소 수준은 가족 토론의 결과를 함께 공유하는 것이다. 좀 더 강한 수준은 변화의 동기를 일으키기 위해 사정을 사용하여 청소년에게 동기부여 면담을 하는 것이다. (부모 자기점검과 유사한) 청소년 자기점검은 사정도구의 일부로 토론을 위한 중심 역할을 할 수 있다.

형식에 맞추어 가족점검을 마무리하여 보고해야 한다. 부록 A는 사정결과를 요약해 주는 가족점검의 작성 지침을 제공하고 자기 가족에게 맞는 서비스를 찾는 부모의 노력을 지지한다.

요 약

일반적으로 가족점검에서 변화단계 모델과 동기부여 면담은 피드백 회기에서 사용된다. 주목적은 자료, 전문적인 충고, 공감 그리고 변화 욕구에 적합하고 실제적인 변화를 주도할 수 있는 선택목록을 사용하여 부모의 의사결정을 지지하는 것이다.

사례 개념화는 피드백 제공의 첫 번째 단계로 부모가 회기에 오기 전에 준비한다. 피드백 과정은 4단계로 나누어지는데, 부모가 자기사정을 할 기회와 치료자가 부모의 자기사정과 원래의 행동변화목표를 지지하고 명확히 할 기회를 준다. 피드백 단계에는 부모와 협력하여 사정결과를 검토하는 것도 포함되며 마지막으로 행동변화목록을 탐색한다.

다음 장에서는 중요한 개입 전략에 대해 좀 더 자세히 토론하고 가족관리의 강조에 초점을 둔 목록에 적합한 구체적 개입을 소개한다.

제3부

가족-중심 목록의 실행

■ 제6장 가족관리를 위한 개입

■ 제7장 청소년과 작업하기

■ 제8장 부모와 집단으로 작업하기

제3부에서는 청소년의 가족과 함께 작업하면서 그 가족의 관계와 관리를 향상시킬 수 있는 여러 가지 전략에 대해 논의한다. 6장에서는 한부모의 가족관리 향상에 초점을 둔 단기 개입부터 포괄적인 행동주의적 가족치료까지 폭넓게 다룰 수 있는 '가족과 개별적으로 작업하는 모델' 에 대해 논의하고, 7장에서는 청소년 개개인에게 직접 적용되는 가족-중심 개입에 대해 논의하며, 8장에서는 부모와 함께 하는 집단작업의 중요성과 발생할 수 있는 비용 및 효과에 대해 논의한다.

제3부의 토대가 되는 기본 가정은 청소년이 있는 가족과 작업하기 위해서는 다양한 접근방법이 필요하다는 것이다. 기술된 모든 개입은 포괄적인 심리사회적 사정에 근거를 두고 있는데, 부모와의 협력적 상호작용을 통한 피드백 인터뷰를 통해 선정된 것이다. 이런 개입은 경험에 의해 그 초점 및 변화의 근거가 결정되어 있다는 점에서 '지시적' 이라고 볼 수 있지만, 청소년 가족의 경우 청소년이 약물사용이나 품행장애와 같은 진단 범주에 해당되지 않을 수도 있기 때문에 치료적 관점에서 반드시 '지시적' 이라고 볼 수는 없다.

변화 기제

발달 이론가와 개입 이론가 모두 변화 과정을 이해하는 것이 중요하다는 것에 동의한다(Dodge, 1993; Kellam, 1990). 초기 연구에서 가족관리 기술이 가족 내의 강압적 갈등 수준을 낮추고, 이는 다시 가정 밖에서의 문제를 감소시키게 될 것이라고 가정했다(Dishion & Andrews, 1995; Dishion, Patterson, & Kavanagh, 1992). 이런 가정을 검증하기 위해 가족관리 교육과정(Family Management Curriculum: FMC)에 참가한 가족(n=109)의 변화 과정을 살펴보았다. 참여 가족의 부모-자녀의 상호작용을 직접 관찰하고 아동행동평가척도를 사용하여 사전 · 사후 검사를 실시하였다.

〈표 1〉을 보면 3개월 동안 부모-자녀 사이의 강압성과 교사가 평정한 외현화 행동의 상관관계 변화를 살펴본 결과 관련이 있는 것으로 나타났다. 어머니의 변화와 아동의 변화 중 어느 것이 더 반사회적 행동의 변화에 영향을 미치는지 살펴보기 위해 중다회귀분석을 실시하였다. 분석 결과는 [그림 1]과 같다. 학교 장면에서 행동 변화에 가장 큰 영향을 미치는 것은 부정적 상호작용을 통한 아동의 변화인 것으로 나타났다. 그러나 어머니와 아동의 관찰된 행동에서의 변화도 상관관계가 높게 나타났는데(r = .61) 이는 부모와 자녀 사이의

표 1 부모-자녀 사이 강압성과 교사가 평정한 외현화 행동의 상관 변화

	개월		
	1	2	3
1. 자녀 강압	1.00		
2. 어머니 강압	0.61*	1.00	
3. 교사 평정	0.33*	0.24*	1.00

* $p<.05$.

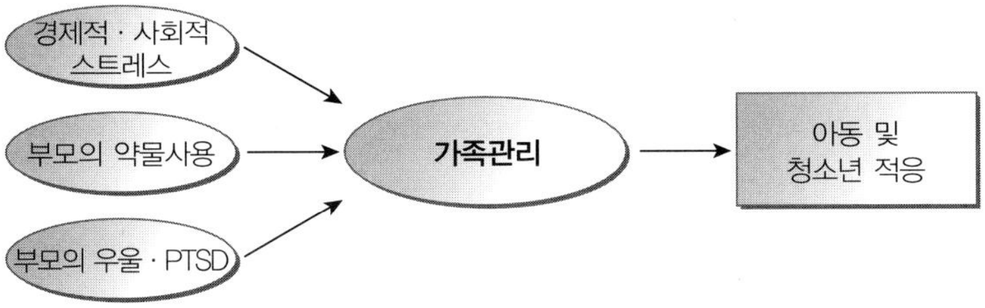

[그림 1] 가족 맥락의 매개로서의 가족관리

강압적인 상호작용이 변화에서 중요한 요인이라는 것을 나타낸다.

학교에서의 교사 평정에서 나타났듯이, 가족관리의 향상이 부모-자녀 사이의 갈등을 감소시키고 다른 환경에서의 행동을 향상시킨다는 가정이 확인되었다. 따라서 가족과 함께 작업할 때는 부모-자녀 간의 강압적 상호작용에 관심을 두어야 한다.

개입의 강도

치료자와 접촉 횟수와 가족의 변화 수준 사이에 투약-반응 같은 선형적 관계가 있다고 보는 것은 무리가 있다. 지금까지도 회기 횟수와 강압적인 상호작용의 변화 사이에 명백한 관계는 드러나지 않았다(Stormshak & Dishion, 2002; Weber, 1998). 그러나 행동주의적 가족 치료에 참여한 90가족을 임상적으로 연구한 바에 따르면, 참여가족 중 2/3가 임상적으로 유의미한 변화를 나타냈다(Dishion & Patterson, 1992). 그다음 질문이 제기된다. 그럼 가족에게는 어느 정도의 개입이 필요한가?

가족관리 교육과정 집단에 참여한 부모의 문제를 살펴보았다. Jacobsen과 Truax(1991)의 '임상적으로 유의미한 변화' 에 따라 가족관리 프로그램 참여자를 두 집단으로 나누었다. 첫째 집단은 시작할 때에는 어려움이 있었으나 종료할 때에는 관찰된 강압적 행동면에서 임상적으로 유의미한 향상을 나타낸 집단이며, 두 번째 집단은 시작할 때 역시 어려움이 있었으며 임상적으로 유의미한 변화를 나타내지 않은 집단이다. 자녀의 반사회적 행동과 약물 사용에 대해 매주 전화로 부모에게 질문했고 관찰은 4주간 이루어졌다. [그림 2]

는 임상적으로 유의미한 변화를 나타낸 가족이 4회기 또는 5회기 집단 모임에서 문제행동이 감소하는 것을 경험했음을 보여 준다.

일반적으로 가족과 함께 작업하는 전략을 선택할 때, 사정에서 지시된 것처럼 어려움의 수준을 반영해야 한다. 어려움 정도, 발달사 그리고 문제행동의 심각성과 가족관리 치료의 강도와 기간 사이에 일반적으로 상관관계가 있는 것은 사실이지만 그보다 가족과 작업하는 치료자가 개입의 지표를 계속 조절할 수 있도록 변화의 과정을 이해하는 것이 더욱더 필요하다. 가족과 작업하는 형태와 강도는 시간이 지남에 따라 변하며 이는 개입 자체에 대한 반응이 진단적 지시자가 될 수 있기 때문이다. 가족 상황을 악화시키는(예, 학대가 밝혀지는 것이나 이혼) 개입에 대한 반응은 더 집중적인 지원을 위한 단기 개입 전략이 필요하다는 지표로 작용한다.

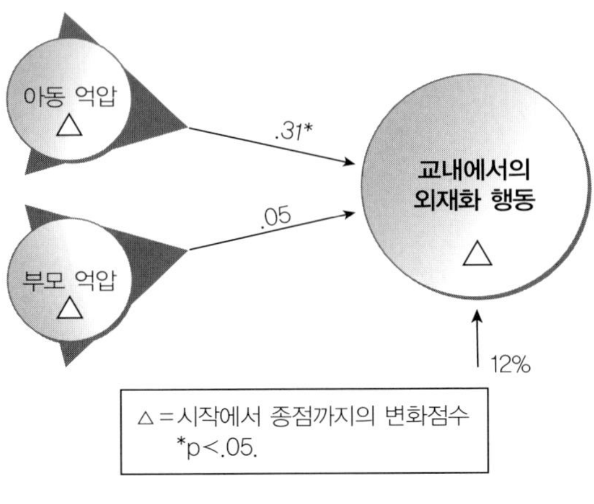

[그림 2] 강압의 변화와 청소년 문제행동의 변화

제6장

가족관리를 위한 개입

이 장에서는 가족관리를 향상시키는 부모 개입의 목록에 대해 논의한다. 가족관리 교육과정에 근거하여 부모에게 다양한 변화의 선택권이 개입 목록의 형태로 제공될 수 있도록 했다. 그 목록에는 구체적으로 양육 주제(예, 의사소통)를 다룰 부모와의 개별적 만남, 정기적인 통화, 학교 감독 서비스, 단기 치료(2~3회기) 및 부모집단(8장 참조) 그리고 가족관리 치료(6~8회기)가 포함된다.

부모와의 작업에 적용 가능한 치료과정과 가족관리의 변화를 도울 전략이 검토된다. 가족점검에는 변화 과정의 적극적인 단계를 만들 수 있는 기초 자료(set)가 포함되어 있고, 치료자의 관심과 역할은 선택된 변화 전략에 부모와 가족이 동의하도록 관심과 기술을 가지고 돕는 일이다.

치료 과정

부모양육과 관련된 개입 프로그램에 자주 전제되는 가정이 있다면, '부모는 양육 기술 배우기를 원한다.' 는 것이다. 많은 부모가 자녀와의 관계 향상을 원하는 것이 사실이지만 주어진 행동-변화의 틀을 따르는 일이 본질적으로 쉬운 일이 아니다. 이럴 때는 의약 처방 연구에서 밝혀진 결과가 도움이 되는데, 그것은 바로 대부분의 사람이 처방에 따르지 않는다는 것이다(Sackett, 1979). 부모의 행동 패턴이 습관화되면 될수록 부모가 치료의 틀을 따르기 어려워진다는 것은 일리 있는 가정이다. 예를 들어 Miller(1989)는 행동이 지나치게 습관적일수록 행동 변화를 가져올 시도를 하지 않는다고 보고했다. 반사회적 행동이 시간이 지나면서도 지속되고 있다면 가족과 또래와의 상호작용 유형 속에 비교적 습관적이고 다루기 힘든 무엇이 내재되어 있다고 간주하는 것도 의미가 있다.

변화 과정에 적극적으로 참여하고 마치는 일은 시도해 볼 만한 일이다. 변화 과정의 어려움은 어느 정도 부모가 원인이다. 반항장애와 품행장애 자녀를 둔 부모가 비협조적이라는 사실은 잘 알려져 있다. O' Dell(1982)은 16명의 부모 훈련 치료자를 조사한 결과 단지 27%의 가족만이 잘 협조하였다고 보고했다. 더욱이 10대 자녀가 있는 부모는 더 어린 자녀가 있는 부모보다 변화에 대한 의욕이 더 적었다. 성장한 자녀를 둔 부모는 더 오랜 시간 동안 어려움을 겪었고 성공에 대한 동기와 기대가 더 적었다. Dishion과 Patterson(1992)은 어린 자녀를 둔 부모와의 비교를 통해 성장한 자녀를 둔 부모가 치료 과정에서 탈락하기 더 쉽다는 것을 발견했는데, 이는 그다지 놀라운 결과가 아니다. 그러나 치료에 끝까지 참여한 성장한 자녀를 둔 가족은 어린 자녀를 둔 부모만큼 변화했다.

1980년대 초반에 우리는 오리건 사회학습센터에서 치료자와 부모가 변화 과정에 어떤 역할을 하는지에 대해 집중적으로 연구했다(Chamberlain, Patterson, Reid, & Kavanagh, 1984; Patterson & Chamberlain, 1994; Patterson & Forgatch, 1985). 우선 치료적 상호작용의 연속과정에 관한 연구와 더불어 치료자가 치료 장면에서 행동 변화를 잘 조장하고 있는지를 확인하기 위한 치료자 행동점검 코딩 체계를 만들었다(Chamberlain et al., 1984).

이 연구로 밝혀진 것은 역설적이게도 부모와의 회기에서 전문성을 발휘한 치료자가 사실상 변화에 대한 '저항'을 유도한다는 것이다. 연속적인 단일사례 연구를 위해(예, ABAB) 치료자가 교육, 직면, 지원 그리고 재구성을 활용하도록 실험을 설계하였는데(Patterson & Forgatch, 1985), 치료자가 교육과 직면을 증가시키자 부모의 저항도 증가했다. 유사하게 Miller, Benefield 그리고 Tonigan(2001)은 부모와의 논쟁, 끼어들기, 과제를 하지 않는 것과 치료자가 직면을 사용하는 것 사이에 유의미한 공변량을 발견했다. 이런 여러 연구결과는 변화에 대한 저항이 치료자의 행동으로 인해 의도하지 않고도 발생할 수 있으며 반드시 부모의 성격적 특성 때문만은 아니라는 것을 나타낸다.

부모의 저항이 치료자를 지치게 하는 것도 사실이다(Patterson & Forgatch, 1985). 치료자는 저항하는 부모와 작업할 때 용기를 잃고 동기를 상실하는데, 이는 우울한 배우자와의 상호작용 빈도를 줄여가게 되는 것과 같은 이치다(Biglan, Levin, & Hops, 1990; Hops et al., 1990). 따라서 매주 실시되는 치료 슈퍼비전 모임의 가장 중요한 기능 중의 하나가 행동 변화를 위해 부모와 함께 노력하고 있는 치료자 개개인의 지지이다.

가족 변화에 대한 도전

〈표 6-1〉은 행동 변화 과정에서 일어날 수 있는 일반적인 치료 과정의 역동을 요약한 것으로 치료자 반응에 대한 가족 패턴의 영향과 가능한 해결책을 반영하기 위한 것이다.

가족과 작업할 때 치료자가 경험할 수 있는 역동은 세 가지 이상이지만 여기에서는 세 가지 유형으로 유목화시켜 보았다. 〈표 6-1〉에

표 6-1 가족 변화에서의 일반적인 치료과정 역동

치료과정 역동	행동적 신호	최소화하기 위한 치료자의 반응	치료적 해결책
곤란함 또는 부정적 감정 무시	청소년비난하기 '나쁜 종자(seed)' '너하곤 되는 일이 없어' '나는 하지 않을 거야'	방어적 직면적	정당성 인정 비디오 피드백 재구조화 문제 해결 내용 탐색
문제 회피 또는 방임	특별한 동기가 없음 소극적, 해방된 '난 할 수 없어'	부모양육	소규모 단계 긍정적 변화 전략 참여에 대한 인센티브
문화적 단절	신뢰 부족 취소 그만두기	접촉 회피	존중감 보이기 질문하기 민감한 훈련 이중문화 훈련 치료 팀의 다양화

다. 가족점검은 적극적인 개입단계에 들어가기 전 이런 역동을 미리 볼 수 있다는 장점이 있다. 가족점검은 부모의 변화 역동을 초기에 예측 및 언급할 수 있기 때문에 적극적인 개입 단계에서 효과를 향상시킬 수 있는 장점이 있다. 10장에 나와 있듯이 고위험군 청소년의 경우 3년 동안 평균 10회기 정도가 가장 효과적(moderate)이었다.

부정적 감정

변화과정에서 부정적 감정의 수준이 높다는 것은 투자할 만한 가치가 있다는 것을 의미한다. 만일 부모가 자녀에게 관심이 없다면 변화 과정에 참여하지도 변화의 노력에 저항하면서 괴로워하지도 않을 것이기 때문이다. 이런 점에서 부모의 투자는 변화에 대한 긍정적인 전조가 된다. 그러나 배우자나 전문가에게 청소년이 '부정적인 의도'를 가지고 있다는 것을 드러냄으로써 부정적인 결과에 감정적으로 매달리게 될 수 있으며, 이런 부모의 태도는 청소년으로 하여금 가족에게서 멀어지게 만든다.

치료자는 자신의 반응으로 인해 가족구성원 중 한 명을 문제아로 규정하거나 청소년 자녀를 대하는 부모의 태도를 직면하게 할 수 있다는 사실을 명심해야 한다. 부모의 행동적 신호는 '비난하기'와 청소년에게 '종자가 나쁘다.'(예, '꼭 제 아버지 같아.')라고 말하는 것이 있다. 결혼생활에서 이 과정을 '부정적인 감정 무시하기'라고 한다(Weiss et al., 1996). 관계 내에서의 부정적 감정은 가족 간에 긍정적 상호작용을 경험할 가능성을 완전히 무시해 버린다는 것을 의미한다. 부정적인 감정을 무시하고 있는 부모가 치료자가 지신들의 태도를 지지하고 있다는 것을 느끼지 못한다면 치료자의 제안과 지지에 저항하게 될 것이고, 이는 치료적 동맹의 가능성을 감소시키게 될 것이다.

부정적 감정 에너지를 수정할 수 있는 전략은 부모의 부정적인 특성을 지지하지 않으면서 그들의 감정을 경험하게 할 기회를 기다리는 것이라고 할 수 있다. 다루기 어려운 청소년 자녀의 행동에 지치고, 자신의 경험에 무감각한 아내를 둔 새아버지가 자신의 경험을 이해하고 평가하는 경험을 가진다면 부정적인 입장에서 벗어날 수도 있을 것이다. 예를 들면 다음과 같다.

> "저는 아버님이 곤경에 빠졌다는 것을 알아요. 아마도 때때로 바위와 벽 틈에 끼어 있는 것 같을 거예요. 그저 아버님만 나쁜 사람이 되고 끝나 버리는 일이 가끔 생기기 때문에 새아버지라는 입장이 참 어려울 거예요."

상황에 적절한 이런 공감은 결혼생활에 대한 더 깊은 이해와 더 나은 가족 간 의사소통의 문을 열게 된다.

가족역동 중 부정적인 감정을 다루기 위해 치료자가 '객관적' 인 입장을 취하는 것도 매우 중요하다. 다시 말해서 치료자가 전문가로 비춰지는 것이 중요하다는 것이다. 녹화된 피드백은 감정적으로 융합된 상황을 작업하는 데 유용한 도구다. 부모와 10대 자녀가 상호작용하는 장면을 녹화한 비디오테이프를 한쪽 부모와 함께 보는 것은 상호작용 속에 나타난 부모 자신의 감정을 객관적으로 탐색할 수 있는 기회가 된다. 부모가 자신의 감정적 반응을 제대로 알기는 쉽지 않은 일이지만 위기상황임에도 불구하고 지지적인 분위기에서 녹화된 자신을 보는 일은 두말할 필요 없는 강력한 진술이 된다.

치료자는 앞으로의 문제 해결을 위해 부정적인 감정의 역동을 인정하고 듣고 반영하고 명명하는 위치에 있게 된다.

방임과 회피

부모는 여러 방법으로 10대 자녀를 방임하거나 회피할 수 있다. 청소년의 문제행동을 다루는 가장 일반적인 예는 형제와 부모 사이의 역동일 것이다(Patterson, 1982). 대부분의 부모가 자녀와의 관계에서 한계 설정을 부담스러워한다. 한계 설정이 기분을 상하게 하거나 일시적으로 부모-자녀 관계에 거리감이 생기게 할 수도 있기 때문이다. 감정적으로 상처받기 쉬운 부모에게 이런 거리감은 매우 다루기 어려운 것이다. 부모가 처음으로 한계를 설정하려고 하거나 부모의 한계 설정이 지금의 위험 상황이나 문제 상황에서 얼마나 중요한 일인지를 인식하지 못하고 청소년을 방임할 때, 청소년은 벌 받는 것과 같다. 그런 부모는 치료과정에서 매우 수동적인 인상을 주며, 이는 치료자가 '부모를 양육' 하도록 만들 수 있다.

대부분의 경우 기본적인 역동은 언급되지 않는다. 부모가 바라는 변화가 실현되려면 부모는 결국 양육에 좀 더 적극적이어야 한다. 다시 한 번 언급하지만 평가와 피드백 회기는 이런 유형의 부모가 나타내는 동기 부족을 탐색하는 데 사용된다. 우선적으로 변화과정은 부모의 주도적인 역할을 지지해 주는 낮은 단계부터 시작한다. 부모가 프로그램을 성공적으로 수행해 내는 일은 그들 자신이 부모 역할을 잘할 수 있다는 힘을 실어 주기에 충분하다.

강점을 다루는 것부터 시작하는 것은 방임적인 부모가 자녀양육에 더 적극적으로 개입하도록 돕는 훌륭한 방법이다. 우선 부모가 자녀에게 내재적인 즐거움을 주는 활동으로 10대와 더 많은 여가 시간을 갖도록 부모와 계약하는 것이 좋다. 예를 들어 청소년 딸과 아버지 사이에 좀 더 바람직한 관계를 형성하기 위해 아버지가 퇴근하는 길에 딸을 학교에서 데려 오도록 하는 계약을 생각해 볼 수 있다.

자녀양육에 심각한 혼란과 어려움을 겪는 부모를 프로그램에 참여하도록 하기 위해서는 계약 시 적극적인 참여를 유도할 인센티브가 필요하다. 이것은 지역사회의 강화용 접근으로 사용되었는데 약물중독치료 시 부모는 금주기간 동안 인센티브를 받는다(Budney, Higgins, Delaney, Kent, & Bickel, 1991; Fleischman, 1979; Higgins et al., 1993). 자녀양육을 위해 부모집단에 참여하고 출석하도록 인센티브를 주고 가족관리 치료에 참여하는 데 대한 비용을 지급하며(Fleischman, 1979), 가족 개입에 참여하는 데 대해 학교 인센티브를 준다(예, 학교에서는 만약 부모가 부모집단이나 다른 양육 서비스에 출석한다면 학생에게 정학이나 퇴학명령을 내리지 않는 등).

문화적 단절

치료자와 가족 사이의 문화적 단절로 인한 심각한 치료과정상의 문제가 발생할 수 있다. 이 문제는 치료자가 그 가족의 문화적 배경과 역사를 접할 기회가 부족하여 부모의 경험을 알지도 또 경험에 민감하지도 못하기 때문에 생긴다.

부모를 대상으로 하는 개입은 문화적으로 민감해야 한다(Kumpfer et al., 1996). 단일 문화, 단일 민족 집단을 위주로 개발된 프로그램은 문화적으로 민감하지 않다. 정신건강 또는 사회 서비스 기관으로부터 냉대를 경험한 소수 민족집단 구성원은 자녀양육 실제에서 문화적 차이를 존중하지도 지지하지도 않는 어떤 개입도 믿지 않을 것이다(Duran & Duran, 1995). 치료자와 마찬가지로 문화 변용의 스트레스를 경험한 가족 또한 다양한 문화적 관점에 민감한 전문성과 지지가 필요하다(Coatsworth, Szapocznik, Kurtines, & Santisteban, 1997). 때때로 개입 내용이 그 가족이 문화에 적응하도록 도울 수도 있다. 부모는 부모훈련 프로그램에 출석하지 않거나 너무 빨리 프로그램에서 도중하차하기도 하는데, 자녀에게 영향을 줄 수 있다는 가능성을 그다지 느끼지 못하기 때문이다(Dishion & Patterson, 1992). 엄격하고 문화적으로 제한적인 개입 프로그램은 소수 집단 부모만이 겪는 그들만의 노력을 지지하기 어렵고(Szapocznik et al., 1980) 개입 자원 또한 제대로 활용하지 못하는 경향이 있다(Sue, Bingham, Porche-Burke, & Vasque, 1999).

자신에게 주어진 서비스가 다른 문화의 요구와 가정에 해당되는 것이라고 느끼는 부모가 프로그램의 참여에 별 흥미를 느낄 수 없다는 것은 이해가 된다. 가장 가능성 있는 경우는 부모가 불화를 공개적으로 표현하거나 신뢰의 부족으로 인해 그 서비스를 회피할 방법을 찾는 것이다. 실제로 그들 문화에 적절하지 않은 정신건강 서비스를 회피해 버리는 것이 그 가족의 가장 큰 관심사일 수도 있다. 다양한 양육 실제의 강점에 무지하고 소수민족이 살고 있는 지역사회의 역사적 · 사회적 맥락을 무시한 채 전달되는 서비스는 아무리 숙련된 '전문가'라 하더라도 득보다는 실이 많을 수 있다. 이런 경우 문화적으로 단절된 부모와의 만남은 치료자에게 피하고 싶은 일이기도 하다.

앞에서 언급했듯이 주류 문화의 정신 건강 서비스에 참여하는 데 장애로 작용하는 역동은 자녀양육을 해칠 수 있으며, 특히 최근에 이민 온 가족에게는 더욱 그러하다. 새로운 문화에 적응에서 가족 구성원 간의 격차는 청소년 자녀의 삶에 미칠 부모의 영향력을 손상시킬 수 있다. 예를 들어, 스페인계 가족은 주류 문화의 문화적 가치를 수용하는 청소년 자녀 때문에 부차적인 스트레스를 경험할 수 있기 때문에 학교 직원과 다른 전문가와의 관계에서 부모가 경험한 것을 조심스럽게 질문하면서 발생 가능한 오해를 미리 찾아내는 것이 필요하다.

사정 시 나타나는 '부모의 반응'은 치료자가 부모의 자녀양육 가치를 이해하는 데 도움을 준다. 치료팀(치료자 슈퍼비전 집단)은 서비스를 전달할 때에는 문화적 편견을 피하기 위한 문화적 전문성을 보여 주어야 한다. 부모와 자녀가 가진 고유한 문화의 가치에 존중을 보이는 것은 협력적 관계 형성에 큰 도움이 된다.

지역사회에서 '청소년과 부모가 무엇을 경험했는가?'에 대한 질문 역시 자녀양육과 청소년의 행동에 영향을 준 역사적 또는 최근 사건을 밝힐 수 있는 좋은 질문이다. 예를 들어, 미국계 인디언 가족과 작업할 때 기숙학교가 양육 실제에 미친 영향과 지역사회에서 받은 집단적인 상처의 깊이를 인식하는 것이 매우 중요하다(Duran & Duran, 1995). 문화적 · 역사적 요인에 대한 민감성은 가족의 인종적 정체감과 문화적 긍지의 손상 가능성을 감소시켜 협력적인 관계향상에 도움이 될 수 있다. 가족이 직면하는 문화적 문제를 함께 이해하는 것은 이중 문화 훈련을 위한 환경을 제공하는 효과가 있으며 주류 사회에서 가족이 더 효과적으로 적응해 나갈 수 있도록 돕는다.

변화를 지지하기 위한 전략

치료과정에 관한 문제에 덧붙여 가족을 대상으로 하는 모든 효과적인 개입에는 몇 가지 기본적인 원칙이 있으며(Henggeler et al., 1998; Webster-Stratton, 1992). 이 원칙은 치료 전반에 걸쳐 적용된다.

관점의 공유

가족관리 치료의 목표는 가족이 치료자의 관점을 받아들이는 것이 아니라 치료자와 부모 간에 '관점을 공유' 하는 것이다. 부모-자녀 사이의 특정 상호작용 유형이 반사회적 행동의 중요한 원인이 될 수 있음을 알고 있다고 해도 부모는 우리와 같은 시각으로 문제를 보지 않는다. 어떤 형태의 개입 작업에서라도 치료자의 관점과 가족의 진술이 동등하게 고려되는 것이 필요하다. 이것은 변화를 유지하는 데 필요한 부모의 행동과 기술 개발에 최선의 여건을 만들어 낸다. 첫 번째 단계는 이런 '관점을 공유' 하는 것이다.

협력적인 세트

대부분의 행동주의적 부모 훈련은 강한 경험적 근거에 기초하기 때문에 대부분의 치료자는 부모가 배우기 원하는 기술의 구조화된 세트를 가지고 있다. 간단히 말해서 많은 부모훈련은 부모가 무엇을 해야 하는지 알고 있고, 치료자는 그 수행방법을 부모에게 지도하는 특성을 갖는다(Chamberlain et al., 1984). 불행하게도 이것은 변화과정에서 치료자가 전문가이고 부모에게는 변화를 이끌 기회가 거의 없는 위계적인 관계를 형성한다(Webster-Stratton & Herbert, 1993).

사람들을 변화하도록 도울 때 우리가 먼저 고려해야 할 것은 그들의 사고와 행동에 영향을 미칠 수 있을 정도로 '관계를 형성' 할 수 있는가의 문제다. 이것은 '전문가' 라고 해서 가능한 것은 아니다. 전문가의 역할이 초기에는 가족의 주의를 끌 수 있지만 그 가족이 기술을 수용하거나 실행할 것이라는 확신을 주는 것은 아니다. 협력관계 형성에서 기본이 되는 것은 문제 해결에 모든 가족이 협력하도록 해결할 문제의 초점을 만들어 내는 것이다. 또한 이것은 가족과 치료자의 역할을 규정하는 것이기도 하다.

치료자가 부모가 10대였을 때 반사회적 행동, 학교에서의 낙오 또는 약물사용을 했다는 것을 알게 되거나 자녀양육에 관심을 갖지 않을 때에 부노는 비난의 대상이 된다. 장기적으로는 자신의 성공에 도움이 되는 지침(예, 숙제를 하거나 약물을 사용하는 친구와 접촉하지 않는 것)을 수용하지 않으려는 청소년의 고집(ridigity)도 문제가 되기 쉽다. 치료자로서 우리는 '문제는 반드시 해결된다.' 라는 신념을 작업의 모든 단계에서 스스로 깨달아야 하지만, 문제는 치료자의 일부가 아니다. 이는 치료자는 문제를 공유할 뿐 해결책을 가지고 있지는 않다는 것을 의미한다. 해결책은 함께 작업해 나가면서 만들어 나가는 것이다.

Webster-Stratton과 Herbert(1993)는 협력적인 모델을 "지지, 능력강화, 전문성을 가지고 부모가 변하고 예측하도록 도전하는 것" 이라고 요약했다. 부모집단에서 우리는 가족관리와 가족-중심의 문제에 대해서 부모가 대화를 나눌 수 있도록 주도적 역할을 하게 하고 지지와 관점의 공유 그리고 전문적인 기술 간의 균형을 유지한다.

우리의 개입 모델은 '자녀양육 기술'을 청소년 문제행동에 중요한 영향을 미치는 결정 요소이자 개입의 주요 목표로서 개념화한다. 부모의 스트레스, 우울, 빈곤, 소수 집단이라는 위치 그리고 가족과 지역 사회의 기타 요인은 변화과정의 원심(distal)이 된다. 때로 이런 요소가 무시할 수 없는 강력한 영향력을 갖게 되어 가족과 치료자 모두가 통제할 수 없는 변수가 되기도 한다. 이런 문제의 경우 적절한 치료적 해결책은 없는 것 같다.

생태학적 민감성

하나의 특성으로 '저항'에 주어진 관심과 비교했을 때 그동안 '변화에 저항하는 가족 생태학'에 대한 관심은 미미하였다(Chamberlain et al., 1984; Miller, 1989; Webster-Stratton & Herbert, 1993). 사회화에 대한 생태학적 모델은 자녀양육에 미치는 빈곤, 소수집단으로서의 지위, 이혼, 실직 그리고 부모의 정신병리(예, 우울이나 약물사용) 같은 파괴적 영향에 민감하다. 이런 경험이 파괴적이라는 것을 인정하고 나면, 그것들을 변화에 대한 부모 저항의 원인이라고 생각하게 된다. 만약 치료자가 가족 배경에 민감하지 못하다면 변화과정을 방해하는 어떤 역동도 인지하지 못할 것이다.

장기간의 혼란스러운 상황(예, 이혼)에서 자녀양육 문제가 발생할 경우, 변화의 내용과 과정은 그 가족의 현재 상황에 맞게 적용한다. 심각한 부부 갈등이나 부모의 약물사용과 같은 혼란이 감소될 때까지 실질적인 변화는 불가능하다. Prinz와 Miller(1994)는 기술 개발과 가족관리에 맥락적 문제의 탐색을 더하는 임상 노력을 통해 향상된 결과를 얻었다. 청소년의 가족과 작업할 때 언급해야 하는 몇 가지 일반적인 가족 맥락의 문제는 다음과 같다.

새부모 가족

이 부분은 부모가 정보와 도움을 요청하는 영역으로 알려져 있다. 비록 두 성인(생물학적 부모와 새부모)이 부모로서 잘 적응할 기술이 있다 하더라도 여전히 어려움은 남아 있다. 새로운 결혼 상황에 대해 아이들도 성인과 같은 열정으로 반응하는 것은 아니다. 아무리 최선의 상황이라고 하더라도 새부모양육 체계를 자녀에게 적용하는 것에는 어려움이 따른다.

주도적인 치료자는 이 상황을 잘 통제할 수 있다. 어떤 문제는 예측 가능하며 예측된 부모의 경험은 표준화할 수 있다. 이런 표준화된 방법을 활용하여 새부모는 효과적인 의사소통 기술과 합의된 역할의 도움을 받을 수 있다. 우리는 많은 새부모가 단기상담과 함께 가족관리 집단의 도움을 받는 과정에서 가족생활의 전반적인 영역을 단계적으로 논의하고 협상한다는 사실을 발견했다.

부부갈등

우리는 경험을 통해 위기에 처한 상당수의 새부모 가족은 부부 갈등을 겪고 있으며 그 문제를 다루거나 논의하지 않고 있다는 것을 알 수 있었다. 부부 갈등은 자녀문제가 있는 가족의 일반적인 역동으로 알려져 있으며, 가족 단련 연구에서는 이를 삼각관계의 과정으로 정의한다. 삼각관계에 있는 청소년은 부부 갈등에 불을 붙이는 역할을 하며 이는 부부가 실제 문제를 규명하거나 해결하는 데 방해가 된다.

부부 갈등을 해결하기 위한 가장 효과적인 접근은 의사소통 기술이다. 경청과 갈등 협상에 초점을 두는 개입은 확실히 효과가 있다. 그러나 이런 단기 개입을 단순한 부부 갈등의 해결책으로 제시하지 않는 것이 중요하다. 부부간의 문제를 다루는 첫 단계에서 의사소통과 관계 기술에 관한 개입을 사용하며 의뢰를 포함한 다음 단계를 결정하도록 한다.

이 혼

이혼이 가족을 혼란스럽게 한다는 것은 두말할 필요가 없다. 더욱이 '상처뿐인 이혼' 의 영향은 수년간 지속될 수 있다. 자녀가 정말로 힘든 것은 아직도 전쟁을 하고 있는 이혼한 부모 사이에 끼여 있는 것이라고 여러 연구에서 지적하고 있다. 부모는 자신의 분노에 가려 자녀가 있다는 사실을 깨닫지 못할 수 있으며, 이런 과정은 가족점검을 통해서도 드러나지 않을 수 있다(예, 한 부모만이 참석할 때). 전 배우자 간의 의사소통과 협력이 어떻게 작용하는지를 확인하기 위한 신중한 면담과 논의가 필요하다.

이혼이라는 주제에 대한 단기 개입에는 다양한 관점이 필요한데, 그중 하나가 정서적인 것이다. 자녀양육에서 생기는 스트레스로 힘든 부모에게는 정서적 지지가 자녀에게서 벗어나 부모라는 세계 안의 성인에게로 논의의 방향을 바꾸도록 해 준다. 문제 해결에 초점을 두는 것 역시 일반적이다. 자녀가 중간에 끼여 있는 상황을 최소화하기 위해 양육하는 부모와 함께 의사소통 및 갈등 해결의 전략을 탐색하는 것도 필요하다. 역할 놀이, 명확한 의사소통, 관점 받아들이기, 경청 기술은 전 배우자와 건설적으로 문제 해결을 하는 데 중요하다.

공동양육 상황에서 부모와 자녀에게 효과가 있는 협력과 공동양육의 체계를 논의하기 위해 양쪽 부모와 함께 만나는 것이 효과적이다. 양쪽 부모의 일관성과 지지는 자녀와 성인의 치유에 기초가 된다. 공동양육이 잘 이루어지면 이런 단기 상담은 필요 없다. 반대로, 최악의 상황에서는 전문가에게 의뢰한다.

부모의 정신병리

약물사용과 정신적 불안정은 자녀양육에 심각한 혼란을 가져올 영역으로, 이 경우 단기 상담 주제는 '서비스를 의뢰할 기회의 제공' 이다. 부모, 가족 그리고 자녀에게 미치는 영향을 탐색해 보라. 반영적 경청과 동기를 부여하는 면담은 부모의 의사결정 과정을 도와줄 수 있다.

몇 가지 가족 문제의 경우 더 집중적인 서비스에 의뢰하는 것이 보다 최선인 경우가 있다. 이런 의뢰의 장점 중 하나는 가족을 위한 서비스 목록에 당연히 투입되는 가족자원센터 직원의 의미 없는 투입을 감소시킨다는 것이다. 반대로 단점은 새로운 전문가와 또 다른 개인적 관계를 수립해야 하는 이러한 의뢰 권고를 부모가 자주 따르지 않는다는 것이다. 전문성을 내세워 '밀어붙이기' 로 가족을 잃는 일은 최소화할수록 좋다. 전화를 걸거나 부모에게 참석을 약속받는 것도 사용할 수 있는 하나의 전략이다. 가족을 의뢰 자원과 확실하게 연결시키는 다른 방법은 가족점검에 근거한 서면 보고서를 이용하는 것이다. 부모의 약물사용에 대한 의뢰, 부부 치료, 부모의 정신과적인 상태 또는 개별 치료를 서면 보고서를 통해 권고한다. 그러나 가족–중심 접근에서는 이런 문제를 가족과 함께 작업하는 것이 가능하다.

강점 찾기

강점의 확인과 활용은 부모가 희망과 자기 효능감을 갖는 데 중요한 부분이기 때문에 개입 과정 전반을 통해 지속되어야 한다. 가족과의 작업을 강점을 확인하는 것으로 시작하고 끝내는 것은 사실상 부모가 그런 강점을 경험하도록 도와주는 일이다. 이것은 변화하려 노력하는 가족과의 지속적인 토론을 통해서도 이루어진다.

가족이 개입에 적응하도록 관심을 끌어내는 것만으로도 강점을 최대화시킬 수 있다. 이때 치료자의 역할은 가족이 변화를 성취하도록 지지하는 것이다. 가족과의 작업 중 획득하게 된 전문적 기술은 성공을 최대화하기 위해 공유하며 조언은 부모에게 가르쳐 주기보다는 질문에 답해 주는 정도로 최소화하도록 구조화한다.

부정적 감정을 중립화하기

부정적 감정의 감소와 관련하여 강압의 역할에 대해 논의한 바 있다. 분노와 혼란은 본질적으로 가족 상호작용의 파괴적인 연쇄반응을 이끌어 낸다. 화가 났을 때 평온하기 어려우며, 이것은 보통 반작용의 상황을 만든다는 이론적 근거가 있다. 우리는 부모와 10대에게 중립적인 말투로 자기표현을 하는 것이 자신들의 생각이 수용될 가능성을 극대화시키는 방법이라고 이야기하지만, 사실 그동안 우리가 만난 부모는 소리를 지르거나 극단적인 반응을 보여 주는 것이 관심을 얻는 유일한 방법이라고 말하곤 했다.

10대가 화가 나 있는 부모에게 무언가를 배우는 일도 어렵고, 부모가 분노에 찬 10대를 공감하거나 교훈적으로 다루는 일도 거의 불가능하다.

기법 개발을 통해 지지하기

모든 치료자와 마찬가지로 우리도 지지와 기법 개발 사이의 균형을 찾기 위해 고심하였다. 가족이 직면하는 문제와 도전을 동정하는 것은 어렵지 않다. 그러나 그것은 객관적인 관점을 방해한다. 우리가 생각하기에 가장 효과적인 과정을 따르지 않아 보이는 경우에도 부모의 노력을 지지하는 것이 중요하다. 또한 부모가 자신들의 목표를 향해 나아가도록 지속적이고 부드럽게 밀어붙이는 것도 똑같이 중요하다.

누군가에게 지지를 받는다는 것은 불가피하게 다시 생겨나는 문제에 대처할 가장 좋은 새 수단을 얻는 일이다. 기법과 지지는 모두 같은 비율로 사용하여야 하며 가족에게 제공하는 기법을 통해 지지를 경험하게 한다.

전달의 융통성

가족-중심 개입은 개입 활동의 스케줄, 구성, 내용 그리고 초점의 측면에서 융통성이 있어야 한다. 일반적으로 가족은 전문가가 진행하는 가족 개입에 참석하지 않으려 하며, 5주 이상의 시간을 할애하려 하지 않고 또 학교나 다른 부모와 함께하지도 않으려는 경향이 있다.

Spoth와 Redmond(1996)는 개입과 작업을 최적화시키기 위해 마케팅 연구 전략을 도입하였다. 이런 노력에도 불구하고 모든 부모가 같은 개입 서비스를 요구하지 않았는데, 이는 지역에 따라 서로 다른 개입 시간과 개입 형태가 필요하다는 것을 의미한다.

자녀양육 문제에만 초점을 맞추는 것은 자녀양육을 어렵게 하는 다양한 수준의 문제를 전부 다루는 것만큼이나 비효과적이다(Henggeler et al., 1986; Prinz & Miller, 1994). 융통성 있는 개입의 일정은 음주 문제를 줄이는 데 효과적인 개입의 원칙과 일치하며(Miller & Rollnick, 2002), 선택이 가능한 개입 목록은 가족의 동기를 증가시킨다.

목 록

여기 소개되는 원칙은 가족에 대한 개입 시간이나 형태에 상관없이 좋은 과정의 토대가 된다. 부모는 자녀양육에 대한 비디오테이프를 보는 것 같은 작은 단계에서부터 변화과정을 시작할 수 있다. 그다음으로 청소년과의 강압적인 논쟁이나 자녀양육에서의 부부간의 불일치, 감독과 한계 설정의 회피 또는 불충분한 의사소통과 같은 치명적인 가족역동을 변화시키기 위한 더 강한 지지를 찾아가도록 진행시킨다. 청소년의 부모가 직면하는 문제는 비교적 한정되어 있다.

이에 우리는 일반 모델에 기본이 되는 몇 가지 선택 가능한 개입 방법에 대해 알아본다.

자기조력

많은 부모가 자신의 힘으로 변화하는 것을 대단히 선호한다. 이런 선호는 자부심, 사적 영역의 요구 또는 지나간 개인적 경험인 역사적인 요인에 근거한 정신적 건강 서비스에 대해 의문을 갖고 있음을 말해 주는 것이기도 하다(Duran & Duran, 1995). 참여하고 싶지 않은 개입에 부모를 참가시키려는 노력보다는 혼자서 변화하려는 선택을 격려해 주는 것이 중요하다.

부모가 선호하는 부분과 치료자의 가정이 맞지 않을 때는 부모를 밀어붙이지 않도록 주의한다. 그런 경우 그 자체가 부모의 변화과정이다. 치료자가 스스로 변하겠다는 부모의 초기 결정을 수용하기만 하면 자원을 얻기 위해 그들 스스로 치료자를 찾게 될 것이라는 사실을 명심해야 한다. 좋은 협상 중 하나는 일이 어떻게 진행되는지 알기 위해, 또 질문을 처리하고 개념을 명료화하는 자원으로 삼기 위해 1개월에 1회 정도 점검할 수 있도록 부모의 허락을 구하는 것이다.

'자기조력' 의 선택은 다양한 서비스의 전달이 가능한 환경에 적합하다. 비디오테이프, 매뉴얼, 브로슈어가 있는 도서관은 자기조력 과정을 도와줄 좋은 장소다. Webster-Stratton과 그 동료들(1988)은 지도자 없이 자녀양육 비디오를 시청한 부모집단에서 양육 실제가 유의미하게 향상되었으며, 자녀들은 유치원 시기에 문제행동이 감소하는 것을 발견했다. 예전에 문제가 있는 것으로 판명된 몇몇 양육 실제는 전문가의 지지 없이도 변화될 수 있는 부분이었던 것이다. 임상 심리학에서 자기 변화를 인정하고 지지하는 정도는 우리가 '심리학을 포기' 할 때 분명해진다(Sarason, 1981).

다양하게 잘 만들어진 자녀양육 비디오는 가족자원센터 도서관 같은 임상환경에 비치될 때 더욱 가치를 발휘한다. 여러분이 돕고자 하는 가족에게 적절한 비디오 자원을 검토해 보아야 하며, 이것은 문화적으로 다양한 집단에서 특히 더 중요하다. 가족관리 교육과정은 부모를 위한 핸드아웃과 워크시트로 구성되어 있어 각 가족의 요구에 맞는 개별화된 부모용 패키지로 만들기 쉽다(Dishion et al., 2003). 이에 더하여 가족관리 교육과정의 각 주요 영역을 다룬 비디오테이프도 도움이 된다. 『부모와 청소년이 함께 살아가기』라는 책은 아주 좋은 자료다(Forgatch & Patterson, 1989; Patterson & Forgatch, 1985). 부부 적응, 양부모 가족 또는 우울증과 관련된 자기조력에 관한 책을 접하는 것도 변화과정의 훌륭한 첫 단계가 된다.

Jamie는 사소한 문제행동을 계속 보여 오기는 했지만 학교 성적은 좋은 고등학교 1학년 14세 남학생이다. Jamie의 가족은 새어머니와 Jamie 그리고 아버지 사이에서 벌어진 몇 차례의 말다툼으로 인해 극단적으로 화가 나 있는 상태에서 찾아왔다.

2년 전 재혼한 Jamie의 아버지는 새어머니와의 사이에 딸을 하나 두고 있는데, 이때부터 Jamie의 삶은 급격하게 변화하였다. 새어머니는 항상 집에 있으면서 Jamie의 학교생활 등에 관여하였는데, 최근 Jamie에게 정기적으로 동생을 좀 봐 달라는 요청을 하게 되면서 성적이 떨어지기 시작했고 부모와의 말다툼이 시작되었다.

사정을 통해 가족의 몇 가지 강점이 확인되었다. 대체로 이 부모는 긍정적인 방법을 취하고 있었으나 새로운 가족생활에 적응하는 Jamie에게 비현실적인 기대를 갖고 있었다.

Jamie의 부모에게 Visher와 Visher(1979)가 쓴 새부모의 자녀양육에 관한 책을 읽어 보라고 권했고 경청에 대한 자료와 비디오테이프를 주었다. 새어머니에게는 다음 6개월 동안 Jamie의 학교생활에 덜 관여하고 대신 아버지가 관여하도록 권했다. 치료자는 더 직접적인 지지가 필요한지 확인하기 위해 1개월 이내에 전화를 했다.

단기 가족 개입

가족이 한계를 설정하고 감독하는 것은 잘하면서 행동 관리에 긍정적으로 접근하는 것에 서툰 경우 긍정적인 강화의 수준을 증가시키는 개입(인센티브 프로그램)을 권한다. 일반적으로 '통제' 기술은 좋으면서 긍정적인 강화를 잘하지 못하는 가족은 대개 자신이 그렇게 자랐기 때문인 경우가 많다. 긍정적인 청소년 행동을 지지하도록 부모를 돕는 구조적인 접근은 가족관계에 도움이 되며 긍정적 행동을 증가시킨다.

단기가족치료는 가족점검에서 문제로 드러난 구체적인 주제에 대해 1~4회 정도의 회기를 실시한다. 가족관리 습관은 그대로 두고 가족관리의 한 영역에만 초점을 두어도 그 가족에게 도움이 되는 경우라면 단기 상담을 제안한다. 단기 개입을 고안하기 위해 우리가 하는 일반적인 접근은 [그림 6-1]에서 보는 것과 같이 위계적이다.

청소년기는 부모와의 관계에서 갈등이 증가하는 시기다. 가족의 어려움을 언급할 때 우선 할 일은 부모와 청소년 관계에서의 문제해결과 의사소통을 지지하는 것이다. 이 과도기를 효과적으로 보낸

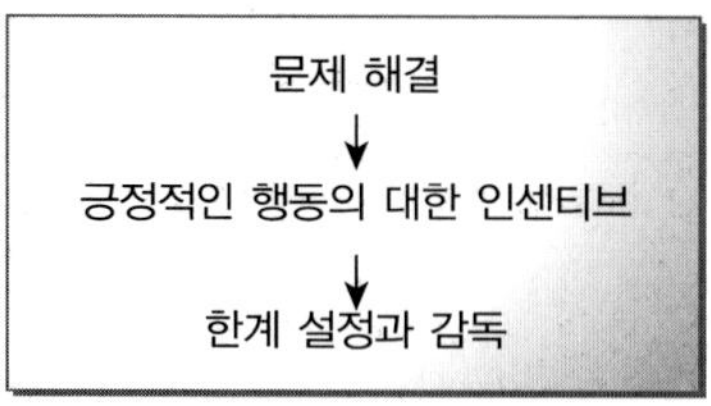

[그림 6-1] 단기 개입의 위계적 전략

부모는 10대 자녀에게 적절한 수준의 자율성보장과 감독을 사용하며 상호작용하고 있음을 깨닫게 된다(Granic et al., 2003; Robin & Foster, 1989). 이 부모는 가족관리 교육과정의 관계 형성 부분 전반에 걸쳐 무엇이 자녀와의 문제해결에 필요한지 잘 알고 있다. 만약 부모가 한 문제(예, 집안일, 숙제, 통금)에 좀 더 관대할 수 있다면, 문제 해결 접근에 어려움을 겪고 있는 가족에게 접근의 실마리를 제공하게 될 것이다.

10대 자녀와 긍정적인 관계를 형성하거나 유지하고자 하는 부모의 관심을 지지하는 일은 그 가족의 복지에 필수적이다. 먼저 좋은 경청 기술을 익히고, 갈등을 건설적으로 협상하며, 마지막으로 레크리에이션과 여가 시간을 함께할 수 있는 방법을 찾음으로써 성취할 수 있다. 이것을 '가족 은행 구좌를 개설하기' 라고 한다(Dishion & Patterson, 1997; Patterson & Forgatch, 1987).

단기 개입의 두 번째 단계는 청소년의 문제행동을 '대체' 할 청소년의 긍정적인 행동을 '강화' 하는 것이다. 일반적으로 잘 알려진 방법으로는 중학교 또는 고등학교에서 문제를 일으키는 청소년에게 숙제하는 법을 배우도록 돕는 것이 있다. 긍정적인 행동을 지지하는 데 초점을 두는 단기개입은 행동 변화에 대한 RPM의 원리를 따른다. 현실적이고(Realistic) 부모의 통제 아래에서 행해지며(under Parents' control), 측정(Measurable) 가능해야 한다. 가족관리 교육과정에는 행동 변화에 대해 긍정적인 행동 지지 전략을 사용하는 RPM의 원리 적용에 초점을 둔 교육 과정과 핸드아웃이 있다.

좀 더 심각한 비행을 하는 청소년에게는 그들의 안전이나 장기적인 적응을 어렵게 하는 행동을 감소시킬 한계 설정이 필요하다. 청소년의 심각한 문제행동은 가족관리에 더 집중할 것을 제안한다.

그러나 때때로 심각한 문제행동이 어디에서도 드러나지 않을 수 있기 때문에 부모의 한계 설정 전략을 개선하거나 정도를 벗어난 나쁜 행동에 대해서만 반응할 수도 있다.

한 중학교에서, 8학년 학생 몇 명이 학교를 결석하고 파티를 열어 마리화나를 피우고 술을 마셨다. 그런 행동은 대부분의 학생은 하지 않는 심각한 행동이었다. 가족자원센터 치료자는 한계 설정과 감독에 대한 협력을 구하기 위해 부모를 만났다. 다섯 가족 중 두 가족과 10대 자녀와의 한계 설정을 위한 개별적인 회기를 가졌다.

청소년을 위한 한계 설정을 위해 체계적인 접근을 제안한다. 이 선택은 SANE 지침으로 [그림 6-2]에 간단히 요약되어 있다. 이 지침은 부모가 유지할 수 있고 지속적으로 따라 할 수 있는 한계 설정을 위한 비처벌적인 접근의 윤곽을 그려 놓은 것이다. 한계 설정의 일관성은 효율성의 중요한 요소다.

결혼 10년차인 Bill(새아버지)과 Dharma(어머니)는 두 청소년 자녀

S	mall consequences are better than severe consequences. 작은 결과가 심각한 결과보다 더 낫다.
A	void punishing the parent. 부모를 벌주는 것을 피하라.
N	ever abuse the child. 아동을 학대하지 마라.
E	ffective consequences are those used consistently. 효과적인 결과는 일관되게 사용되어야 한다.

[그림 6-2] 양육을 위한 SANE 지침: 한계 설정

와 함께 매주 교회에 다녔다. 15세 된 아들은 5세 때 '주의력 결핍 및 과잉 활동장애(ADHD)'로 진단받았고, 항상 다루기 힘든 아이였다. 그러나 부모는 자녀의 행동을 통제하기 위해 어떤 약물도 사용하지 않았다.

아들은 명랑하고 예의가 바른 청소년이었지만 동시에 충동적이고 다루기 힘들었다. Bill의 양육 스타일이 좀 더 권위주의적이라면 Dharma는 권위 있는 유형이었다. 최근 그들은 서로의 노력에 상처를 입히는 것처럼 보였다. Bill은 잘못된 행동의 결과를 질책했고 Dharma는 아들을 감싸 그 질책을 무산시켰다. 부부는 지난 6개월 동안 10대 자녀의 행동 한계를 어떻게 설정하느냐를 두고 논쟁을 계속해 왔다.

학교의 감독

발달 심리학자의 지적처럼 공립학교의 환경은 어린 청소년을 성공적으로 이끌어 주지 않는다(Eccles et al., 1993). 많은 학생이 반복된 일상생활과 학습일정을 관리하는 데 성인의 도움을 더 많이 필요로 하지만, 부모는 대개 청소년의 이런 요구를 알지 못할 뿐 아니라 문제행동을 일으키나 성적이 떨어진 후에야 알고 충격을 받는다.

청소년의 참여를 유도하고 위험에 처한 청소년이 대안 학교로 이동하는 것을 감소시키기 위해 학교 체계 재구조하에 더 많은 노력을 기울여야 한다는 것이 우리의 주장이다. 학교의 감독과 부모의 학교참여를 독려하는 것은 위험에 처한 학생들을 돕는 중요한 요인이다.

학교 감독은 개입의 단독 사용 또는 단기 개입, 가족 치료 그리고 사례 관리를 함께 사용할 수 있다. 가족점검 내에서 부모와 치료자는 교사와 교직원이 보고한 청소년의 출석, 행동 그리고 과제의 완성 여부를 재검토한다. RPM의 원리에 따라 그것이 청소년에게 현실적인지 검토하고, 긍정적인 보고 내용을 가정에서 지원할 수 있도록 부모와 함께 행동변화 목표를 정한다. 부정적인 학교 보고에 대해 청소년을 처벌하지 않도록 부모를 격려하는 것이 중요하다. 또한 행동과 출석 그리고 학교 숙제를 완성하는 것에 대한 정기적(예, 일간, 주간)인 보고를 분명히 하기 위해 학교와 부모 사이의 의사소통 체계를 확립하기도 한다.

의사소통 체계의 확립을 위해 몇 가지 접근방법이 사용되는데, 하나는 교사에게서 받은 '가정-학교 카드' 를 부모에게 전달하는 책임을 학생에게 부과하는 것이다. 의도적이지는 않았지만 카드를 분실하지 않거나 부모에게 잘 전달하는 경우는 드물었고, 만약 학생이 그 카드를 책임지고 부모에게 전달했다면, 카드의 보고 내용에 상관없이 카드를 기억한 것만으로도 보상을 해야 했다. 많은 공립학교에 이런 보고 체계가 준비되어 있으며, 부모는 자녀의 출석, 행동 그리고 과제 완수에 대한 정보를 얻기 위해 교직원에게 1주일에 1회 또는 매일 전화로 문의할 수 있다. 만약 그 치료자가 가족자원센터에서 일한다면 이것만으로도 부모에게 제공하는 훌륭한 서비스며 훌륭한 개입 도구다. 가족자원센터 치료자는 정보를 수집하고 정보를 가지고 정기적으로 부모와 의사소통한다.

치료자와 부모는 10대 자녀의 행동, 출석 그리고 과제의 완성에 대한 부모의 보고 빈도를 함께 결정한다. 매일 의사소통을 한다는 것은 학생이 거의 낙제하거나 정학 또는 퇴학을 당하게 될 지경이라는 것을 의미한다. 문제가 다소 진정되면 주간 의사소통 체계로 변경한다. 때로 부모는 1주일에 2회 보고를 받을 수도 있으며, 그 후 2주 또는 월 1회의 보고를 받게 된다. 물론 보고 카드는 똑같은 기능을 제공하면서 빈도만 줄어든다.

Isabel과 그녀의 아들 Josh는 항상 외톨이였다. Isabel은 Josh가 어릴 때 자주 이사를 했지만, 지금은 한 동네에서 3년째 살고 있다. Isabel은 건축 학교를 마치려고 하고 있고 Josh는 고등학교 2학년이다. Josh는 똑똑하고 잘생긴 청소년이었지만 자기 훈련이 제대로 되어 있지 않았고, 공립학교 체계에서 빠르게 이탈했다. 2학년 수업 중 25%만 출석하였고 이 가족이 의뢰되었을 때는 이런 유형이 반복되던 시기였다.

Isabel은 Josh에게 협박을 받았고 아들의 행동에 대해 이제까지 한 번도 한계를 설정한 적이 없었다. 치료자는 출석에 초점을 둔 일일 가족-학교 카드를 만들었다. 그 체계는 간단했다. Josh가 학교에 출석하는 날엔 스케이트보드를 탈 수 있었고 결석하는 날에는 어머니의 자동차 트렁크에 스케이트보드를 넣어 두는 것이다.

이 유관계약은 행동 변화를 가져오기 충분했고 Isabel은 Josh가 숙제를 마치도록 도와줄 수 있었다. Josh는 첫 학기에서 패스해야 할 학점을 획득했고 출석률도 좋았다. 이것은 Josh의 고교시절 동안 처음 있는 일이었다.

부모 네트워킹

학교 내 작업의 장점은 문제 해결을 위한 모임을 쉽게 가질 수 있는 것이다. 어린 청소년에 대한 효과적인 감독을 가능하게 하는 것은 규칙과 정보의 공유와 어디(hot spot)에서 자녀가 문제를 일으키는지 확인하기 위한 자녀의 친구 부모와의 소통이다. 학교 내에서 또래와 문제 상황이 발생했을 때 긍정적인 전략은 청소년을 어떻게 안전하게 문제(예, 싸움, 또래 괴롭힘, 감독이 없는 곳에 함께 모여 있기)로부터 끌어낼 수 있는지 함께 의논하기 위한 모임에 부모를 참여시키는 일이다. 처음부터 협력 체제가 잘 형성된다면 다른 부모에게 갖는 공통적인 부인과 분노는 피할 수 있다. 우리의 경험상 만약 부모가 이런 문제를 자신의 문제로 여기지 않는다면 그 모임에 참여하지 않을 것이기 때문이다.

상황에 적합한 전략과 정보를 위해 교직원을 부가적인 자원으로 포함시키는 것도 좋다. 이런 모임은 전문적인 도움 없이 지속적인 네트워킹을 유지하는 출발점이 된다.

가족 치료와 지지

가족관리 교육과정은 개별 가족 치료를 위한 틀로 사용될 수 있다. 이것은 가족 전 구성원과의 개별적인 만남과 비밀리에 규칙적(1주일에 1회 정도)으로 만나는 것을 말한다. 가족 치료에는 몇 가지 방법이 있으나 가족과 개별적으로 작업할 때는 가정과 학교에서 자주 짧은 사정을 갖도록 계획하여 치료자와 부모가 진척사항을 자주 감독할 수 있도록 하는 방법이 도움이 된다. Dishion과 Stormshak은 이것을 행동 변화의 AIM이라고 이야기한다. 사정(Assessment), 개입(Intervention) 그리고 동기(Motivation)는 행동 변화의 전 과정을 통해 다룬다.

Chamberlain과 Reid(1987)는 부모일일보고서의 임상적 유용성에 대해 기술하였다. 우리는 부모일일보고서를 확대하여 자녀일일보고서(CDR), 교사일일보고서(Teacher Daily Report: TDR)를 만들었다. 보고서는 매주 또는 더 자주 작성될 수 있지만 보고에 의한 편견을 최소화시키기 위해 24시간 이내에 있었던 회상만을 다룬다.

청소년과의 가족 치료는 두 치료자가 함께 개입하는 경우가 많은데, 한 사람은 부모의 관점을, 다른 한 사람은 청소년의 관점을 대표한다. 7장에서는 가족-중심적인 접근과 조화를 이루기 위해 청소년과 작업할 때 회기를 어떻게 구조화하며 조직하는가에 대해 상세하게 논의한다.

외래 환자의 경우 매주 가족을 만나고 행동 변화과정을 진행하게 되는데, 가족점검을 통해 변화과정 초기에 개입의 초점을 명료화하고 변화의 장애 요인을 확인함으로써 회기 수를 줄일 수 있다.

가족과 작업하기 위한 우리의 접근은 가족 치료를 위한 다중 체계 모델과 일치한다(Henggeler et al., 1998). Dishion과 Stormshak(인쇄중)에 의해 논의되었듯이 생태학적 접근은 개입 목표의 초점을 가족 내에서의 사회적 상호작용에 둔다. 우리 모델은 가족 치료가 사정에 의해 시작되고 이끌어진다는 점에서 다른 대부분의 개입 모델과 차이가 있으며 가족 생태학, 가족 내에서의 관계 패턴 그리고 동기를 고려하면서 양육자와 협력하여 개입 목표의 순위를 결정한다.

접근의 융통성을 위해 가정을 방문하여 가족회기를 실시하거나 개입의 초기 몇 개월 동안 빈번한 만남이 필요할 수 있다. 가정을 방문하여 회기를 가지는 것에는 몇 가지 장점이 있는데, 하나는 우리가 일상의 가족생활의 긴박함을 직접적으로 관찰함으로써 회기의 생태학적 타당성을 향상시킬 수 있다는 것이고, 다른 하나는 필요에 따라 가족에 대한 개입과 기존의 가족 서비스(예, 의무적인 치료, 부모를 위한 개별 치료, 보호 서비스, 청소년 사법 프로그램)를 연계할 수 있다는 것이다.

이전에 논의하였듯이 가족관리 교육과정에서 치료의 내용을 조정할 것을 제안한다. 이는 현실적인 변화 목표의 명료화, 긍정적 행동 증진을 위한 보상의 사용, 감독의 향상, 한계 설정과 문제 해결 그리고 협상을 위한 SANE 접근 등을 말한다. 가족 치료에서 각 주제에 할당될 회기의 수는 가족의 적응 정도에 따라 결정된다. 가족 맥락과 관련된 문제는 가족에서 중심 역할을 하는 성인에게 지속적으로 권한을 주면서 가족관리와 동시에 다룬다. [그림 6-3]은 행동 변화 주기에 대한 개관이다. 변화 과정의 시작 단계에서 좀 더 적극적으로 개입을 구조화하고 안내하는 것은 치료자의 몫이다. 종료에 가까워지면 부모가 변화 과정에 더 적극적이 되고 일정을 정하고 각 회기의 작업을 이끌어 나가도록 한다.

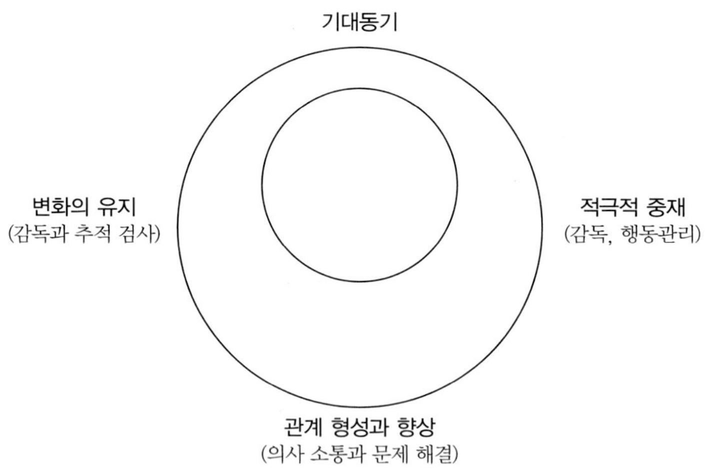

[그림 6-3] 행동-변화 주기

요 약

이 장에서는 가족관리 치료를 지지하는 개입에 대한 목록을 개관하였다. 가족점검과 융통성 있는 개입 목록은 초기 개입의 가능성을 높여 주고 필요에 따라 더 집중적이거나 또는 덜 집중적인 개입 전략으로의 이동을 가능하게 한다. 다양한 전략에 의한 변화 과정을 자세하게 언급하였는데, 가장 중요한 것은 바로 변화 과정에 대한 도전을 확인하고 효과적으로 작업하도록 치료자를 훈련하는 것이다.

제7장

청소년과 작업하기

이 장에서는 가족-중심 접근을 개관하고 행동 변화를 위한 몇 가지 인지-행동적 접근 과정에 대해 논의한다. 때로는 청소년을 직접 대상으로 해서 양육 실제에 대한 개입을 실시하는 것이 중요하다. 청소년과 작업하는 가족-중심적인 전략은 가족 기능의 향상이라는 목표에 초점을 두며, 부모를 직접적으로 또는 간접적으로 비난하는 개입은 피한다.

이론적 근거

청소년과의 직접 작업이 가족-중심 접근에 꼭 들어가야 하는 세 가지 중요한 이유가 있다.

첫째, 가족의 변화를 이끌어 내기 위해 치료자는 '집행체제' 와 동조 및 합류한다. 이것은 자칫 청소년을 변화 과정에서 소외시켜 다시 갈등을 증가시키거나 부모 개입의 가능성을 감소시키게 된다. 때로 부모는 치료의 개입 여부에 대한 단서를 자녀에게서 얻는데, 만약 청소년이 지지받고 있지 않다고 느낀다면 부모가 치료에 참여하지 않도록 만들 수 있다. 장기적으로 볼 때 가족의 최대 관심사는 청소년과의 관계 맺기다. 만약 청소년이 치료자를 찾는 것이 타당하다고 받아들인다면 변화과정에서 치료자는 청소년을 변호하는 역할을 할 수도 있다(Chamberlain, 1994).

둘째, 대부분의 15세 청소년은 자율적으로 기능한다. 간단히 말해서 그들을 지도하거나 책임을 떠맡을 만한 성인이 청소년의 생활공간 안에 존재하지 않음을 의미한다. 부모의 질병이나 신체적 결함 때문에 치료 활동에 참여하지 못하는 경우가 있을 수 있다. 이런 상황에서 부모는 청소년이 치료에서 얻은 이득을 유지시키기 위해 최소한의 개입만 한다.

셋째, 청소년과의 개별 작업은 청소년과 가족 모두에게 도움이 된다. 생애 주기 관점에서 볼 때 기술의 발달과 정서적 복지는 청소년과 현재 가족 그리고 다음 세대까지에도 득이 될 수 있다. 청소년에게 인지-행동적인 중재를 실시한 결과 기술은 향상되었고 (Andrews, Soberman, & Dishion, 1995), 녹화된 관찰 과제에서 청소년과 부모 사이의 강압적인 상호작용이 줄어든 것으로 나타났다 (Dishion & Andrews, 1995).

Szapocznik과 Williams(2000)는 부모가 치료적 개입에 참여하지 못한다 할지라도 가족-중심 관점에서 청소년과 작업하는 것이 긍정적 결과를 나타낸다고 보고했고, Kazdin, Siegel과 Bass(1992)는 부모 관리 훈련과 문제 해결 기술을 목표로 하는 개입을 함께 실행하는 것이 아동의 문제행동을 감소시키는 데 효과적이라고 보고했다. Lochman과 그 동료들(Lochman, Burch, Curry, & Lampron, 1984; Lochman & Wells, 1996; Lochman, White, Curry & Rumer, 1992)의 연구에서 목표 설정을 포함하는 사회 인지적 개입을 공격적인 소년에게 실시한 결과 학교에서의 공격성 감소가 두드러지게 나타났다. Botvin과 그 동료들(Botvin, Baker, Dusenbury, Tortu, & Botvin, 1990; Botvin et al., 2000)은 청소년 초기의 약물사용의 효과적 예방을 위해 '청소년을 위한 생활 기술을 가르치기' 를 목표로 하였다. 사회적 기술 훈련 역시 학교와 기관 등의 다양한 환경에서 문제행동을 감소시키는 데 효과 있음이 나타났다(Bierman, 1990; Minkin et al., 1976). 과학적 지식과 우리의 임상 경험을 종합해 볼 때 청소년을 대상으로 하는 성공적인 개입의 공통적인 기본 초점은 '자기규제' 다.

우리는 지금부터 자기규제의 발달적인 의미와 자기규제를 치료적으로 증진시킬 수 있는 다양한 전략에 대해 논의한다.

자기규제에 있어서의 초점

이론적 근거

발달, 신경학 그리고 임상 연구가는 자기규제의 개념이 사회적 · 정서적 적응과 성숙의 핵심이라는 데 의견을 같이한다. 특히 주의력 통제(attention control)를 위한 노력은 아동의 초기 적응 패턴의 중요한 측면이며 아동기와 청소년기의 적응과 밀접한 관련이 있다

(Kochanksja, 1993; Rothbart & Bate, 1998). 자발적인 행동 통제는 일생을 통해 능력의 발달, 심리적 병리의 감소 그리고 신체적 건강의 기초가 된다([그림 7-1] 참조). Bandura(1997)는 이 능력을 '매개자(agency)' 라고 하고, 다른 사람은 이 능력을 '정서적 규제' (Izard & Harris, 1995)와 '집행적인 기능' 이라고 한다(Barkley et al., 2001). 비록 몇몇 연구자가 강조하는 점과 명명이 상이하지만, 이들 대부분이 '의식적으로 결정한 목표에 따라 주의와 행동을 집중할 수 있는(또는 집중하지 못하거나) 능력에 관심을 둔다.' 고 가정하는 것이 안전하다.

어떤 자기규제는 분명 청소년의 기질적 부분이긴 하지만(Rothbart & Bates, 1998), 고전적 조건형성(Rescorla, 1987), 가족 간의 상호작용(Patterson, 1997) 그리고 또래 환경(Dishion, 2000) 등의 다양한 기제를 통해 규제할 수 있는 능력은 학습을 통해 습득한다. 역동적인 체계 이론가는 스스로를 조직화하는 관계 체계 안에 자기규제가 속해 있다고 한다(Fogel, 1996; Levis, 2000).

규제할 수 있는 능력은 상황의 변화에 따라, 즉 정서적 분위기 내에서 스트레스에 따라 증감한다(Izard & harris, 1995). 청소년기 동안 일어나는 두뇌, 생화학 그리고 인지면에서의 단순한 변화는 관계의 재조직과 자기규제 능력의 일시적 혼란과 관련이 있다(Granic et al., 2003; Spear 2000a, 2000b). [그림 7-1]에서 볼 수 있듯이, 청소년의 취약한 자기규제는 약물사용(Dawes et al., 1999; Miller & Brown, 1991), 문제행동(Barkley et al, 2001; Barriga, 1997; Lochman et al, 1992), 관계만족(Gottman & Levenson, 1986), 스트레스와 생활관리(Pulkinnen & Ronka, 1994)와 신체적 건강(Donovan, Jessor, & Costa, 1993)의 원인이 될 수 있다.

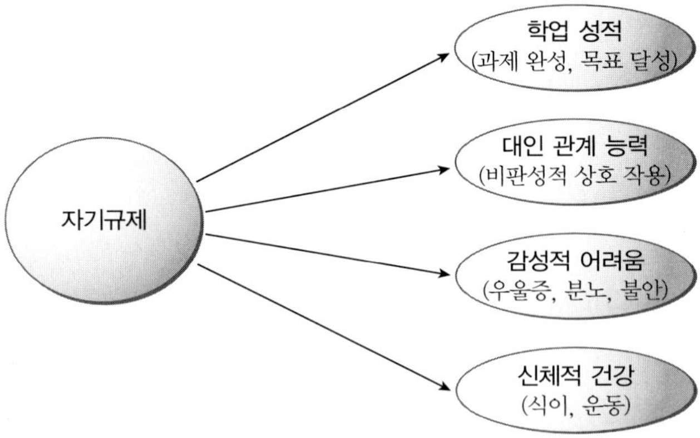

[그림 7-1] 생애 주기 동안 능력, 정신병리 그리고 신체적 건강의 발달

임상적 관련성

스트레스 상황이라고 할지라도 청소년의 '미래 계획'은 위험 상황에 처한 청소년의 보호요인이다. Rutter(1989)는 인생의 계획이 있는 소녀들은 더 좋은 자녀양육 환경을 위해 결혼이나 출산을 미루는 경향이 있기 때문에, 보육원에서 자란 이후 더 긍정적인 적응을 할 기회가 증가된다고 연구에서 밝혔다. 청소년 전환기 프로그램 데이터 분석을 통해 Walsh(1999)는 계획이 있는 소녀가 또래의 비행집단에 속하는 경향이나 청소년기에 조숙한 성적행동에 개입하는 경향이 적다는 것을 발견했다. 현실적이며 성취가능한 목표를 갖고 행한 의식적이고도 노력을 기울인 계획은 다양한 위험요인에 대처하고, 청소년기를 탐색하고 약물사용의 가능성을 감소시키는 기초가 된다(Wills, Sandy, & Shinar, 1999; Wills, Vaccaro, & McNamara, 1995).

효과적인 인지-행동적 개입은 자기규제의 몇 가지 측면을 목표로 한다. 우울과 같은 정서적 적응에 초점을 두는 개입에서는 (Lewinsohn & Clark, 1990) 감정을 감독하고 즐거운 활동에 참여하는 계획을 세우며, 관계상의 만족을 향상시키기 위해 사회적 상호작용의 유형 변화가 필요하다는 점을 강조한다. 자기규제가 전혀 이루어지지 않는 청소년을 위한 개입에는 행동 치료를 통해 증명된 많은 방법이 동원된다(Linehan, 1987).

개입 전략

청소년을 대상으로 하는 개입에 대한 우리의 계획안([그림 7-2]에 요약)은 '10대 중심(Teen Focus) 교육과정' 이다(Dishion, Moore, Prescott, & Kavanagh, 1998). 집단을 위해 고안된 개입이기는 하지만 청소년과의 개별적인 작업에도 사용될 수 있다. 자기규제에 초점을 둔 다른 개입과 마찬가지로 '목표 설정' 에 초점을 두는 것으로 시작한다. 청소년은 대부분 매우 친사회적인 목표를 가지고 있으나 (Elliot & Voss, 1974), 대부분 비현실적이기 때문에 청소년이 도달할 수 있는 목표설정을 위해 그들의 관심과 현재 기술을 연결시키는 작업을 해야 한다. 부모와의 작업과 유사하게 현실적이고 측정가능하며 그들이 통제할 수 있는 목표를 설정한다.

동기를 유지하고 목표를 달성하기 위해 청소년은 자주 지지를 확인하고 추구한다. 지지는 환경의 소극적인 측면이 아니라 오히려 일관된 목표를 가진 개인의 선택과 지지적인 관계에 대한 헌신에 의해 생겨난다. 변화를 위해 노력하도록 지지해 줄 수 있는 친구, 가족, 멘토 또는 다른 성인이 있는지 확인하는 작업이 필요하다.

■ 목표설정과 행동변화
① 성취 가능한 목표
② 자기 감독
③ 지지적인 행동 확인하기
④ 강화와 동기 부여

■ 한계 설정과 자기 통제
⑤ 긍정적인 교우관계 형성하기
⑥ 부정적인 감정 통제하기
⑦ 친구와 한계 설정하기
⑧ 성인 한계에 대처하기

■ 관계 유지하기
⑨ 경청과 관점 수용하기
⑩ 문제를 가져오기
⑪ 협상하기
⑫ 강점과 장애

[그림 7-2] 10대에 초점을 둔 교육과정

개입 구조의 두 번째 중요한 요소는 변화를 위한 노력을 무산시킬 가능성이 있는 친구에 대한 한계를 설정하고, 부정적인 정서를 조절하고, 성인과의 관계에 제대로 대처하도록 지지하는 일이다. 그리고 끝으로 가족과 친구에 대한 청소년의 만족을 증가시킬 수 있는 대인관계 기술을 발달시키는 것이다. 이런 기술에는 경청하기, 견해 수용, 협상, 문제해결이 있다.

10대 중심 교육과정은 부모의 가족관리 교육과정과 병행하도록 디자인되었다. 10장에서 논의되겠지만 위험에 처해 있는 청소년에게 집단적 개입을 실시하는 것이 개입의 목표를 손상시키고 청소년 전환기 프로그램에 참여하고 있는 청소년의 특정 유형의 문제행동을 증가시키게 된다는 것을 알게 되었다. 이 교육과정은 청소년과 개별적으로 작업할 때 더 효과적이다.

청소년과의 작업에 따른 도전

청소년에게 제공하는 개입을 계속해서 발달시키고 다듬고 명확히 해야 하는 강한 이론적 근거가 있음에도 불구하고, 가족-중심적 관점에서 청소년과 작업하는 데에는 다음과 같은 도전이 따른다.

발달 단계

청소년은 부모와 또래 모두로부터 자율성, 프라이버시, 이해 그리고 정당성을 증가시키려 한다. 이런 역동 때문에 부모와 청소년은 무의식적으로 서로 거리를 둔다(Steinberg, 1988). 사춘기와 동시에 일어나는 가족구조의 변화(예, 과도기)는 비극적인 결과를 가져오기도 한다. 예를 들어 청소년기에 맞이한 새부모나 신생아 형제는 가족 관계를 혼란스럽게 하고, 이런 혼란은 청소년의 문제행동을 가중시킬 수 있다(Capaldi & Patterson, 1991). 최적의 환경에서도 청소년기는 갈등과 독립에 대한 요구가 수반되며 최악의 상황에서는 문제행동과 부적응적인 정서적 대처를 지지하는 또래집단과 과도하게 연루될 수도 있다(Dishion, 2000; Dishion, Capaldi, et al., 1999).

가족-중심 개입은 청소년기 동안 일어나는 변화에서 부모와 청소년을 보호할 수 있다. 치료는 민감성과 갈등을 증대할 수 있으나 어떤 개인에게는 취약성을 증가시키기도 한다. 청소년의 취약성은 증대되고 폭로의 위험과 오해뿐만 아니라 부모의 거절, 치료자의 평가 그리고 통제의 상실이 나타나기도 한다.

최악의 경우는 10대가 자신의 목표 성취를 위해 어떤 강제적인 또는 회피적인 전략을 사용하는 것이다. 행동과 사고를 변화시키려는 시도가 그들에겐 다소 당황스럽게 느껴질 수 있기 때문이다. 개입의 각 단계마다 청소년과 협력하면 할수록 취약성은 감소되고 신뢰는 향상되며, 변화에 대한 청소년의 적응도 감소되었다.

성 별

지난 20여 년 동안 소년과 소녀에 대한 양육 실제와 행동에 대한 기대가 점차 동등해져 왔지만 대부분의 10대 소년과 소녀는 매우 다른 사회화 과정을 겪어 왔고 서로 다른 관점과 관심을 나타냈기 때문에(Maccoby, 1992) 개입을 통해 청소년의 참여를 향상시키는 데 성별은 중요한 변인으로 간주한다.

청소년과 가족과 개입에 대한 워크숍에서 보면 치료자는 이 시기의 소년과 작업하기가 더 수월하다고 한다. 이에 대한 논의에 의하면 소년이 정서적으로 덜 복잡하다는 것이다. 이 시기의 소녀와 작업할 때는 기본적으로 통제에 대한 한계를 느끼는 것 같다.

> "그들은 요구하고 또 요구하고 끝이 없어요."
> "그들 입이 문제예요. 그들은 정말 잔인하게 얘기해요."
> "방 안에 너무나 많은 감정이 있어 통제하는 데 한 회기가 다 지나가요."

소녀는 대개 단기적으로 실시하고, 거리를 유지하려는 우리의 암묵적인 목표와는 반대로 나간다. 우리는 소녀가 개입과정에서 치료자와의 관계 형성과 관계의 검토에 상당히 많은 시간을 소요한다는 것을 발견했다.

이런 과정은 사회화 맥락에서 이해될 수 있다(Maccoby, 1992). 소년과 비교했을 때 소녀는 일반적으로 친밀하고 애정적인 행동을 하도록 사회화되었으며, 이는 높은 비율의 정동 장애와 관련된다(Huston & Vangelisti, 1991; Kavanagh & Hops, 1994). 또 소년과 비교할 때 소녀는 일반적으로 관계 지향적으로 사회화되고 더 구체적으로는 가족 지향적으로 사회화된다. 이런 면에서 볼 때 소녀의 문제는 관계적인 맥락 내에서 가장 잘 이해되며, 치료 관계에서 정서적 규제와 명확한 경계의 강조가 매우 중요하다.

소년을 과정에 끌어들이는 일 자체가 커다란 도전이다. 가족-중심 모델 내에서 작업하다 보면 권위에 대한 저항의 문제와 자주 직면하게 되는데, 이는 소년의 관점에서 치료적 관계가 자율성을 방해하는 것으로 비춰지기 때문이다. 사회화의 관점에서 가족은 활동의 중요한 배경이다. 초기 발달단계에서부터 소년은 대개 독립적으로 활동하도록 성장한다. 가족 외부에서의 의사결정과 공격적 행동의 표현은 지극히 정상적인 것이다.

청소년을 치료에 오도록 만드는 가족 상황은 많다. 자기규제가 '청소년만의' 문제로 보일지라도 가족 상황과 관련지어 다룰 수 있다. 청소년은 자신의 목표를 부모와 의논할 수 있고 성인과의 의사소통 기술을 향상시킬 수 있으며, 권위적인 존재의 제한을 수용하는 법을 배우고, 자기주장적 요구를 하며, 성인의 지지를 추구하게 된다. 치료자가 청소년의 흥미에 맞는 기술을 잘 활용할 때 개입은 가장 효과적이다.

청소년 개입

6장에서 논의된 치료 전략은 청소년과의 작업에도 적용된다. 청소년과 치료적 동맹을 발달시키기 위해서는 협력적인 환경을 형성하고 관점을 공유하고 융통성 있고 민감하며, 약점보다는 강점을 다루는 것이 중요하다.

청소년과의 작업에서는 변화를 지지하는 데 도움이 되는 일반적이고 평범한 요인과 함께 부가적인 기술이 더 요구된다. 치료자는 청소년과 작업할 때 두 가지 실수를 할 수 있는데, 첫 번째는 '또래' 역할을 하려 하는 것이다. 이것은 효과적인 단기 전략은 될 수 있지만 궁극적으로는 치료 관계를 손상시킨다. 청소년과 작업하는 치료자는 청소년 생활의 독특한 어색함과 복잡함에 민감해야 하고 동시에 성인의 관점을 확고하게 가지고 있어야 한다. 치료자가 웃거나 주의 또는 관심을 기울이거나 다른 반응을 보이면서 반사회적 태도, 약물사용 그리고 다른 문제행동을 당연시하거나 암묵적으로 인정하는 태도를 취해서는 안 된다. 청소년과 작업하는 것은 성인과 작업하는 것보다 임상적 기술이 더 필요한데, 때로 청소년이 공감받지 못한 것으로 받아들여 치료를 중단하게 만들기 쉽기 때문이다.

이 딜레마에 대한 한 가지 해결책은 청소년의 대변자가 되는 것인데, 이는 청소년과 그의 가족이 함께 치료에 참여할 때 더욱 필요하다. 청소년의 견해를 이해함으로써 가족 체계 내의 청소년을 대변하게 되며, 청소년의 성숙과 기술 발달을 지지하고 힘을 더해 주는 동맹을 통하여 청소년을 대변할 수도 있다. Chamberlain(1994)은 청소년 치료자의 역할을 '개입에 있어서 보살핌을 조장하는 대변자'

라고 기술하고 있다.

대변자 모델의 함정이 청소년과의 작업에서 두 번째 장애다. 때로 청소년 치료자는 청소년의 입장에서 부모를 비난하고, 청소년은 부모에 대항하는 치료자의 편에 재빨리 편승한다. 신체적이고 성적으로 학대하는 가족에게는 편파적인 관점을 취하는 것도 필요하지만 청소년 치료자가 부모에 대해 적대적인 관점을 가지는 것은 앞으로 부모가 그들 청소년 자녀에게 보살핌을 주고 지도를 하게 하는 데 전혀 도움이 되지 않는다. 치료자가 제공할 수 있는 최고의 서비스는 청소년의 견해를 강조하고 성인의 관점을 적절하게 반영하는 것이다. 역할극은 부모의 입장을 추측하고 청소년의 성장과 발달을 향상시키는 흥미로운 방법으로 부모의 행동에 대응할 수 있는 정서적 자유를 허용한다.

[그림 7-3]은 청소년과의 작업치료 활동을 지도하기 위한 피라미드 모델이다. 피라미드의 첫 번째 층은 신뢰관계의 형성이다. Carl

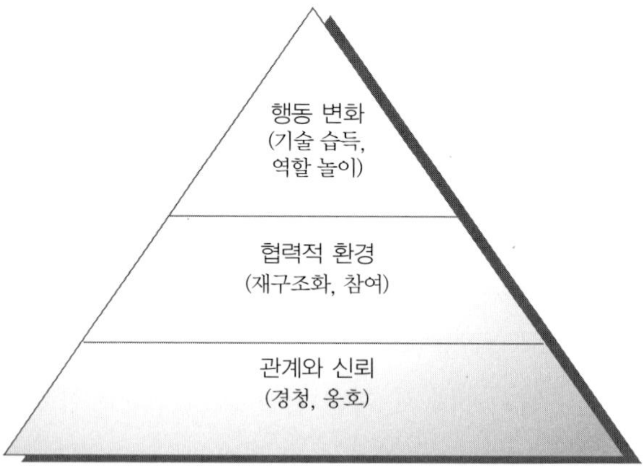

[그림 7-3] 청소년과의 작업치료 과정

Rogers(1957)가 수년 전 지적했듯이 가장 바람직한 치료자와 청소년 관계를 형성하는 방법은 진실성이다. 이것은 성인으로서 당신이 젊은이를 지지하는 것을 의미한다. 신뢰와 긍정적 관계의 형성에는 시간이 필요하며, 치료와는 무관한 다른 활동이 요구되는 경우도 있다.

■ **누군가 나를 지켜봐요**

Jack이 처음 편집증적 망상 증상을 보인 것은 15세 때였다. Jack은 14세 된 여동생이 악마와 손잡고 자신과 가족을 해치려 한다고 확신하고 있었다. 남매가 다투는 동안 Jack은 화를 내고 여동생을 찌르려 했으나 여동생은 즉시 안전하게 피했다.

Jack은 다음 해를 주립 병원에서 보냈고 약물치료를 통해 안정을 되찾아갔다. Jack은 수양가정에 들어갔고, 치료팀의 한 사람은 수양부모를 지원하고 다른 한 사람은 Jack과의 신뢰 형성에 노력했다. 여기에서 말하는 노력은 매주 만나 카드놀이를 하고 산책을 하고 비디오 게임을 하고 단순히 이야기를 나누는 것을 말한다. 기초 작업에 6개월이나 걸렸지만 Jack의 편집증적 사고는 다시 재발했고 치료자에게 연락이 왔다. 망상이 일어나기 전에 Jack과 수양부모에게는 치료와 지원이 제공되었다.

이와 같은 심각한 예는 청소년과의 개별화된 개입이 광범위한 사례에 도움이 된다는 것을 보여 준다. 치료적 관계를 형성하고 가족-중심을 계속 유지하기 위한 다음과 같은 구체적인 기술이 있다.

과정을 설명하기

청소년은 자신과 치료자와의 관계 그리고 치료과정에서 기대되는 것, 이 모두를 이해해야 한다. 이것은 초기 면접에서 시작되어 개입 기간 동안 지속된다. 대변자 역할을 할 때는 치료 관계를 가족에게 도움을 주는 것으로 정의하는 것이 가장 좋은데, 이때 부모가 변화 과정에 참여할 때 가장 쉬워진다.

취약성과 분리된 충성심의 예방을 위해 작업의 초점을 가족 전체에게 둔다고 미리 정해 두는 것이 좋다. 발생 가능한 감정을 예측하고 개입 과정 동안 점검하며, 10대가 감사하는 마음을 가질 수 있는 정중한 분위기를 만든다.

> "우리의 처음 만남을 기억해 보면 알 수 있듯이 10대와 가족에게 도움이 되는 것은 저희가 청소년 여러분의 견해를 대변하고, 부모님을 생각할 수 있도록 돕는 일입니다. 이런 과정을 통해 가족은 서로를 이해하게 됩니다. 이런 노력이 최상의 효과를 내기 위해서 우리가 개별적으로 만남을 갖는 것이 필요할 때가 있을 것입니다. 어떤 때는 지금 일어나고 있는 일이 부당하게 느껴질지도 모릅니다. 그때 그 일을 가족과 제게 알려 주시기 바랍니다."

감정을 예측하기

위와 같은 설명을 했다 하더라도, 청소년은 당신을 '똑같은 성인'으로 여기기 때문에 부모와 같은 생각이나 감정을 대변하는 당신의 태도를 배신으로 바라볼 수도 있다. 의견 차이가 관계 중단으로 이어지는 경우가 빈번하기 때문에 청소년의 이런 감정과 염려를 미리 예측하는 것이 중요하다.

> "우리는 매우 친밀한 작업을 같이하기 때문에 가끔 의견이 맞지

않을 수 있어. 더구나 내가 네 의견과 다른 의견을 낸다면 너는 화가 날 수도 있겠지. 그건 괜찮아. 그건 예측할 수 있는 일이니까. 그건 네가 변화하려고 노력하고 있으며, 우리가 함께 작업할 때 일어나는 일을 염려한다는 뜻이지. 아마 내가 지금 무슨 일이 일어나고 있는지 모르는 것 같아서 화가 날 거야. 우리에게는 감정을 안전하게 이야기할 수 있는 상황과 기회가 있어. 우리의 불일치에 대한 이야기를 나누고 나서 계속하기로 하자."

협력적인 환경

변화 과정의 두 번째 단계는 협력적 환경의 확립이다. 동기 부여 면담에 작업을 통합하는 것은 청소년이 변화의 연속선상에서 어느 단계에 있는지를 이해하기 위한 것이다(Prochaska & DiClemente, 1982). 이것은 다양한 언어적, 비언어적인 행동을 통해 단서를 얻을 수 있다. 관계가 확립되면 청소년의 흥미와 관심을 정확히 알려는 노력이 수반되는데, 이는 의미 있는 치료적 상호작용을 가져온다.

■ 난 직업을 갖고 싶어요

Matthew는 16세 된 미국계 인디언으로 가족의 학대를 받았다. 6피트 1인치의 키에 몸무게는 240파운드였고 분노 문제를 가지고 있었다. 지역사회 구치소에서 나와 Matthew는 수양가족 쉼터에 들어갔다.

신체적으로 성적으로 학대를 받은 과거 때문에, Matthew는 자기 치료자와의 신뢰관계 형성에 어려움을 겪었다. 그의 문제행동은 때로 상담 회기 직후 더 심해졌지만 치료자의 관점에서 볼 때 회기 자체는 비교적 순조로웠다. 몇 번의 혼란스러운 감정 폭발이 있은 후에도 치료자가 비교적 온화한 반응을 보이자 Matthew는 참여하기 시작했다.

하루는 수양부모와의 어려움에 대해 얘기하던 중에 Matthew는 "난 직업을 갖고 싶어요."라고 불쑥 말했다. 이것은 Matthew가 직업을 세 번째 언급한 것으로 치료자는 이와 관련된 질문을 했다. Matthew는 아이 취급을 받는 것이 싫었고 신체적으로도 한 사람의 남자로 대우받을 준비가 되어 있었다.

Matthew의 지적 능력과 학업 수준으로 볼 때 학교에서는 한 사람의 청년으로 인정될 수 없을 것 같았다. 상담을 '직업 훈련' 방향으로 구조화하는 것이 가장 성공적일 수 있다는 것이 분명했다. 치료자와 Matthew는 직업을 얻고 유지하는 데 필요한 몇 가지 기본적인 기술(복장 단정히 하기, 피드백을 평화롭게 수용하기, 얘기하기, 질문하기, 평온을 유지하기)을 찾아 나열하였고, 수양부모는 이런 '기술'을 매주 평가했다. 6개월 뒤 Matthew는 자신의 첫 견습 관리직을 준비하게 되었다.

청소년의 주도에 따르기

말을 물가로 데려갈 수는 있어도 물을 마시게 할 수는 없다. 그러나 청소년의 주도에 따름으로써 청소년의 관점을 더 많이 배우려는 목표를 달성할 수 있다. 치료자로서 우리는 모두 좋은 경청자가 되도록 훈련받는데, 이것은 청소년과 작업할 때에 특히 중요하다. 우리는 종종 청소년보다 너무 앞서나가다가 곧 그들의 저항에 절망하기도 한다. 10대는 '자신이 원하는 것이 무엇인지 모르겠다.'는 생각 자체를 피하기 어렵다. 이것은 신뢰의 문제다. 치료자는 10대 청소년의 믿음에 손상을 준 사람과 마찬가지로 성인인 것이다. 우리는 10대와의 관계 형성을 위해 치료자가 자세를 낮추는 것이 회기를 연장한다는 사실을 발견했다. 이는 그들의 이야기를 경청만 하고 10대가 치료자를 평가하도록 허용했기 때문이다. 청소년의 주도를 따른다는 것은 치료자가 청소년이 신뢰할 수 있는 단계의 제공을 보장하는 것이다.

스트레스-지지 구조

스트레스와 지지는 대부분의 청소년이 쉽게 꺼내는 단어며, 이런 단어는 치료에 오게 된 원인을 탐색하는 데 유용하다. 활용 가능한 지지자원의 확인만큼 인생을 통해 지속적인 지지를 받는 것도 중요하다. 가족-중심 모델에서는 청소년이 부모에게 지지를 얻을 수 있도록 지도한다. 그러나 많은 문제를 가진 10대의 경우 대개 또래에게서 무의식적인 지지를 구한다. 이런 지지가 긍정적이든 그렇지 않든 좋게 느껴지기도 하지만 자신을 위한 바람직한 선택을 할 수 있을 때까지 초기목표로는 삼지 않는 것이 좋다.

가끔 개입의 중심 목표가 10대와 부모 모두에게 부모가 지지의 자원이 될 수 있다는 것을 믿도록 하는 것일 경우가 있다. 이 과정에는 부모에게 10대의 요구를 분명히 전달하는 것이 필요한데, 그렇지 않은 경우 이런 요구는 부정적인 행동을 통해 표출된다.

■ 경멸밖에 없다

공격적인 행동과 반항 그리고 어머니에 대한 무례한 행동 때문에 Marcus가 부모의 지지와 관심을 원한다는 것을 알지 못했다. Marcus는 13세 남아로 흑인 아버지와 백인 어머니 사이에서 태어났다. Marcus의 소심한 동생이 주공격의 대상이었으며, 학교 공포증을 가진 누나도 Marcus에게 욕을 먹어야 했다.

아버지가 감옥에 있는 상태에서 어머니는 다른 두 자녀의 문제를 다루기 무척 힘들어했고, Marcus가 왜 그렇게 무례한지 이해하지 못했다. 치료자가 Marcus를 무시하거나 가족과 협력할 것을 요구하지 않으면서 Marcus의 스트레스에 대해서만 이야기하자고 했기 때문에 Marcus는 이해받는다고 느꼈고 자신의 요구를 표현하기 시작했다.

Marcus를 개인적으로 만나 본 결과, 치료자는 가족의 지지 부족이 그에게 스트레스로 작용하여 부정적인 행동을 하게 된 것임을 알게 되었다. 이런 구조는 Marcus의 어머니로 하여금 아들의 욕구 표현을 이해하고 가엾게 여기도록 도왔다. 이 개별적인 작업은 Marcus와 작업할 긴 여정의 첫 단계였으며, Marcus와 그의 어머니에게 어머니가 아들을 위한 긍정적인 목표에 대한 지지를 제공할 수 있도록 도와주었다.

자기 격려를 증진시키기

성인은 외관상의 부정적인 행동을 긍정적인 동기로 재구성할 수 있다. Robins 등(1996)은 가족 치료에서 청소년 행동의 긍정적인 재구성은 청소년이 치료에 건설적으로 개입하도록 하고, 가족 치료 내에서의 협력적인 환경을 증진시킨다는 사실을 발견했다. 일단 논쟁과 같은 행동이 투자를 하거나 관심을 가지거나 돌보는 것으로 바뀌게 되면 변화는 일어난다.

청소년은 가끔 부정적인 메시지를 듣기 때문에 긍정적 메시지만으로도 긍정적 동기에 의한 행동을 지지할 수 있다. 치료자는 성인의 설명에 영향을 받기보다는 청소년 자신의 긍정적인 동기와 행동의 인지 향상을 원한다. 어떻게 자기 자신을 격려해야(self-encouragement) 하는지를 배우는 것은 중요한 생활 기술이다. 우리가 직접 확인한 10대의 긍정적인 노력을 반영하기 위해 과정의 시작시점부터 회기와 회기 사이에 자신을 관찰하라는 과제를 준다.

행동 변화를 위한 기술

치료자와 청소년의 관계 및 협력적 자세는 행동 변화를 위한 기초가 된다. 이전 장에서 논의되었듯이 행동변화의 주요 부분은 동기의 지지다. 성인이 최우선으로 변화해야 한다고 추천한 의견에 청소년이 항상 동의하지는 않지만 정보가 올바른 방법으로 전달되었다면 가장 관심이 가는 주제를 선택할 수 있다. 치료자는 '적당히 충분한' 지지를 제공하고, 청소년은 판단과 자기 통제를 발달시키려는 적극적인 노력을 지속하는 것이 매우 중요하다.

행동 변화의 효과는 개입의 맥락을 확인함으로써 향상될 수 있다. 이것은 행동 변화를 확인하고 지지하도록 환경을 조직화해 나가는 것을 의미한다. 구조적 가족 치료자가 언급하듯이 많은 문제행동은 가족 내 격렬한 정서적 역동에 직접 반응할 때 일어나기 때문에 행동 변화에 대한 정서적 균형을 감소시키는 체계적 개입을 실행하는 것만으로도 충분하다. 예를 들어, 갈등상황에 있는 부모가 청소년과 의사소통할 때 의사소통의 유형을 변화시킴으로써 그 상황을 쉽게 해결할 수도 있다. 그러나 부모가 변해야 하는 어려움에 부딪치게 되면 치료자는 이 역동에서 청소년을 분리해 내기 위해 초점을 청소년 분리에 맞춘다.

■ 나는 절대 이야기하지 않을 거예요

Christian은 36세 때 부모에 의해 정신과 입원환자로 들어왔다. 연령으로 볼 때는 성인이었으나 기능적으로 볼 때는 청소년이었다.

Christian은 그의 형이 자살한 17세 때부터 장애가 있었다. 어느 저녁 식사시간, Christian은 어머니와 알코올 중독인 아버지와 함께 형에 대해 이야기하고 있었는데 아버지가 Christian에게 "입 다물어."라고 소리쳤다.

Christian은 그 후 15년 동안 다시는 말하지 않았다. Christian의 부모는 그의 선택적 함묵증을 고쳐 보려는 노력을 마침내 포기하였고, 6개월이 지난 후 정신과적 병이 악화되는 조짐이 보이자 입원시키게 되었다.

Christian이 입원 병동에 들어오는 순간, 몇몇 직원은 그가 곧 말하게 될 것이라고 했고, 직원과 부모 모두 Christian에게 말하고 먹도록 강요했다. 입원 병동에서 상담을 하는 동안 Christian의 행동 변화를 둘러싼 긴장감을 감소시키기 위해 역설적 개입을 사용하기로 결정했다. Christian과 상호작용할 때 보면, 실제로는 말은 하지 않지만 아주 열심히 의사소통하는 법을 배우려는 것이 분명했다. 우리는 그와 다음 주 한 주간 '이야기하지 않기' 라는 계약을 맺었다. 만약 Christian이 말을 하고 싶다면, Christian은 대화를 원하는 직원 한 사람을 선택하여 오직 한 단어만 속삭여야 했다. 만약 Christian이 이야기하기를 선택한다면 잡지를 얻을 수 있었다. 그 계약은 간호사가 회진하는 동안에도 계속되었다.

다음 주 Christian은 그 계약을 수행했다. Christian은 자신이 선택한 한 사람의 직원에게 한 단어만 얘기했다. 우리는 그 계약을 조금씩 바꿨다. 다음에는 두 단어만 이야기할 수 있다. Christian

은 이 계획에 동의했고, 계약에 서명했으며 이것은 정신과 직원에게 통보되었다.

두 시간 후, Christian이 이야기하기 시작했다는 전화를 받았다. 정말 환경 치료시간에 45분 동안 쉬지 않고 이야기를 했다. 그의 15년간의 침묵의 끝이었다.

역설적 개입은 청소년뿐만 아니라 행동 변화과정에서 생기는 정서적 긴장감을 줄이는 데 유용하다. 그러나 증상을 처방할 때는 비교적 위험하지 않은 문제행동에만 적용한다. 선택적 함묵증도 그런 행동 중 하나다. 행동 변화가 청소년을 변화시킴으로써가 아니라 환경적 반응을 변화시킴으로써 시작되었다는 것에 주목해야 한다. 그러나 Christian의 독립적인 생활을 지지하고 사용할 수 있는 건설적인 문제 해결책을 독려하고 형의 죽음에 대한 정신적 손상을 치료하기 위해서는 Christian과 부모가 상당히 많은 개입 작업을 해야 한다.

청소년의 행동 변화를 지지하는 작업할 때 가정과 학교의 성인과 협력하는 것이 유용하다. 그러나 성인이 협력한다 하더라도 청소년이 변화과정에 완전히 개입하지 않는다면 아무리 좋은 계획도 소용없다. 청소년은 자신들의 흥미가 곧 참여한 성인의 중요한 관심사라는 것을 이해해야 한다. 아래의 기법들은 행동 변화 계획의 시작과 유지에 도움이 된다.

융통성 있는 모임

10대가 힘들어하는 생활의 주요 문제는 가족과 또래 집단과 관련되어 발생한다. 청소년과 작업해 본 사람은 누구나 알고 있듯이, 청소년은 전통적인 치료적 접근방법을 불편해한다(예, 50분-치료자와의 일대일 면접). 따라서 다양한 환경에서 상호작용할 기회를 제공함으로써 참여를 높이고 치료 과정을 진전시킨다는 것을 발견했다. 청소년과의 개별적인 치료는 사무실, 공원, 레스토랑 또는 강을 따라 걷거나 거리를 걸어 가면서도 가능하다. 학교 내에서 작업하는 것의 장점은 문제해결과 상호 목표 발달에 또래를 포함할 수 있는 기회를 제공한다는 것이다.

치료실 밖에서 작업하는 것 역시 긴장감을 완화시키는데, 이는 참여를 독려하고 솔직한 대화를 가능하게 한다. 청소년 문제행동의 감소가 목표가 되고 치료적 관계가 향상된 가족 기능을 위한 개입과 지지의 한 수단으로 사용된다면, 치료자와 청소년 사이의 역동의 중요성은 감소한다.

조언하기

초보 치료자는 치료 관계를 위해 10대에게 충고하는 것을 피해야 하지만 전문적 조언은 치료자의 중요한 역할이며, 청소년은 그 조언을 듣기 위해 치료에 오는 것이다. 청소년에게 이런 이야기를 듣기는 어렵지만 어떤 일이 발생했을 때 치료자는 그들의 전문성이 얼마나 중요한지 깨닫게 된다.

부모의 이혼으로 치료를 받으러 온 14세 흑인 소년에게 물었다. "네 또래의 사람들을 돕는 데 중요한 것이 무엇이라고 생각하니?" 소년은 "약물에 대한 조언이죠." 라고 대답했다.

"전에 학교와 가정에서도 들어본 적 있잖아? 아니야?"

"하지만 저는 계속 듣고 늘 생각할 필요가 있고요. 저는 선생님의 말씀을 존중하거든요."

행동 변화를 증진시키는 치료자와 청소년의 상호작용에 관한 연구(Chamberlian et al., 1984; Patterson & Forgatch, 1985)는 우리가 조언을 너무 적게 사용한다고 한다. 지지적인 관계에서 질문에 반응하는 경우 조언은 특히 효과적이다.

객관화

부모와 작업할 때처럼 청소년에게도 변화를 가능하게 하는 정보를 준다. 이런 면에서 보면 청소년은 숨겨진 비밀이 없는 완벽한 참여자다. 청소년이 부모나 다른 성인에 의해 치료에 왔다 하더라도 의뢰에 관한 문제는 비밀로 하지 않는다.

"네 부모님이 학교에서의 네 행동과 친구와 보내는 시간을 염려하신단다. 네 또래의 많은 친구와 함께 작업하면서 알게 된 것이 있는데, 이 중에 네가 관심을 가져도 좋을 만한 정보가 있어. 몇 가지 질문을 같이 살펴보고 그중 어떤 것이 네 학업에 영향을 미친다고 생각하는지 네 생각을 살펴보자."

객관화 과정의 다음 단계는 기능적인 분석을 실시하는 것이다. 무엇이 문제행동을 일어나게 했고 어떤 결과가 발생할 것인가를 이야기 나눈다. 긍정적이고 협력적인 환경이라면 청소년의 문제행동을 둘러싼 환경을 충분히 확인할 수 있다.

문제행동에는 정적 강화와 회피 조건화라는 두 가지 주요 기능이 있다. 전자는 청소년의 문제행동과는 다른 긍정적인 경험을 하게 되는 상황을 말한다(예, 약물사용과 다른 행동, 파티를 하는 것, 기타 활동). 반대로 회피 조건화란 부정적인 사건을 감소시키거나 없애는 행동을 말한다. 예를 들어, 학교를 결석하는 것은 고등학교에 진학하여 공부하는 귀찮은 과업을 효과적으로 제거하는 일이 된다. 이것은 학업 실패 경험이 있는 고등학생에게 효과적이며 특히 그들의 기술 수준과 학업 요구의 차이가 큰 경우에 더욱 그러하다.

> "너에게는 두 가지 일이 있는 것 같아. 학교를 결석해서 국사 선생님과 마주치는 것을 회피하고 있어. 국사 선생님이 정말 너를 좋아하지 않는다고 생각하는가 봐. 결석은 친구와 어울려 다닐 수 있는 시간을 주겠지. 그동안 많은 일이 일어났구나. 네 부모님이 왜 염려하는지를 알 수 있을 것 같다. 하지만 왜 네가 변하려고 하는지 잘 모르겠구나. 왜 변하려고 하는 거지?"

청소년의 문제를 객관화하고 같은 행동을 반복하도록 만드는 원인을 지적하는 것은 청소년에게 의미 있는 행동 변화를 목표로 삼고 변화를 막는 역동을 해결하도록 하는 좋은 방법이다. 기능적 분석은 실제로는 매우 간단하며, 이는 문제행동을 둘러싼 사건에 대해 이야기하면서 이루어진다.

기술 다듬기

마지막으로 청소년이 행동 변화에 성공하기 위해 자신의 흥미와 현재의 기능 수준에 초점을 맞추는 것이 필요하다.

■ 나는 정말로 직업을 갖고 싶어요(계속)

"그래, Matthew, 우리는 네가 직업을 찾을 준비를 할 수 있게 하는 데 초점을 맞추고 있어. 더 나은 직업을 갖기 위해 향상시켜야 할 기술에는 뭐가 있을까? (치료자와 청소년은 칠판에 목록을 적는다. 칠판에 적기 전에 치료자가 몇몇 기술을 제안하고 청소년의 반응을 얻기 위해 기다린다.)

"이건 대단한 목록이야. 내가 제안하고 싶은 기술이 하나 더 있어. 너와 함께 작업하면서, 네가 비판에 무척 예민하다는 것을 알았어. Bill(수양부모)이 네게 조언을 하려고 하면 네가 심하게 화를 내는 경향이 있는 것 같아. 화가 나면 진정하기 힘들지? 너는 이것을 어떻게 생각하니?"

"네가 누군가를 위해 일하는데 그 사람이 널 비판한다고 해서 네가 너무 심하게 화를 낸다면, 그들은 너를 해고하겠다고 말할 수 있어. 난 너랑 이 문제에 대해 작업하고 싶어. 우리가 해야 하는 것은 너의 주간 카드에 '피드백 수용하기'라고 적고, 이것을 얘기하고, 이 부분에 대해 내가 너를 도울 수 있는지를 보는 거야. 네가 피드백을 잘 수용하면 네가 직업을 얻는 데 도움을 줄게."

피드백의 수용과 같은 민감한 문제를 가지고 분노 문제를 가진 청소년과 작업했다. 위에 소개된 과정을 통해 수양부모 및 학교 전문가와 협력함으로써 이 부분을 진전시킬 수 있었다. 드디어 치료적 관계가 청소년이 비판받을 때 드는 생각과 느낌의 일부를 공유할 수 있는 데까지 진척되었다. 청소년은 여러 측면에서 학대를 받았기 때문에 정서적으로 긴장되어 있었다. 긴장 완화를 위한 기술을 작업하고 끔찍한 생각과 느낌을 논의하기 위한 맥락을 찾는 것이 필요함을 확인했지만 자신이 실수를 했을 때 통제력을 상실할 만큼 자극을 받지는 않았다.

역할놀이

대부분의 청소년이 역할놀이에 참여할 수 있을 정도로 모두 연극적 소질이 있다. 역할놀이는 기술을 쌓아 가는 것이며 청소년이 관계에서 자신의 행동을 객관화할 수 있도록 돕는다. 유머가 필요할 때도 종종 있다. 우리는 역할놀이에서 '잘못된 방식'을 먼저 다룬다. 청소년에게 현재 부모와 어떻게 대화하는지 객관적으로 바라보도록 하는 이 훈련은 바람직한 방법과 그렇지 않은 방법을 구별하게 하는 재미있는 방법이다. 잘못된 방법이 다 끝나고 나면 긍정적인 전략을 시도해 본다.

> "좋아, 너는 너고 나는 네 부모가 될 거야. 네가 내 말을 듣지 않을 거라는 걸 또는 문제가 해결되지 않을 거라는 걸 확실히 하려면 내가 어떤 말을 해야 하지? (잘못된 방법으로의 역할놀이) 이제 네가 어떻게 이 문제를 꺼내야 너의 아빠가 들을 건지 내게 보여 줄래?"

이 접근 방법은 수줍어하거나 꺼려 하는 청소년이 참여하도록 하는 데 도움이 된다. 비교적 하기 쉬운 역할을 주어 역할놀이 과정에서 성공과 참여를 확신하게 한다.

요 약

청소년과의 개별 작업은 부모와의 작업을 보완한다. 청소년 치료는 치료 관계의 형성부터 청소년의 발달적이고 구조적인 측면 때문에 도전이 될 수 있다. 그러나 긍정적인 관계가 형성되면 변화과정에 대한 환경의 협력과 더불어 행동 변화가 시작된다. 청소년의 행동 변화는 가족-중심 변화 전략에서 부모의 반응과 동기에 영향을 미친다.

제8장

부모와 집단으로 작업하기

몇몇 예방과 개입 프로그램은 부모와 집단으로 작업할 것을 권한다. 이 장에서는 부모와 작업하는 것의 장점에 대해 그리고 가족관리를 지지하고자 하는 치료목적을 확실히 달성하기 위해 부모를 집단에 참여시키고 집단과정을 관리하는 몇 가지 경험에 근거한 전략에 대해 논의한다.

이론적 근거

많은 청소년의 부모가 집단을 선호한다. 청소년기는 변화와 재구성의 시기로 가족 간의 갈등이 빈번히 증가하고(Granic et al., 2003), 부모는 여러 가지 도전에 직면하게 된다. 아동기에 통했던 자녀양육 실제가 청소년기에는 그다지 효과적이지 않다. 이 시기에는 협상과 문제 해결과 같은 새로운 자녀양육 기술이 중요하다. 부모양육 집단은 인정과 지지, 심지어는 격려까지 받아 가며 청소년 자녀를 양육하는 고생담을 공유하고 이야기할 기회다.

원래 청소년 전환기 프로그램에서 부모와 청소년의 심리 교육적 집단은 핵심적 개입 전략이었다(Dishion et al., 1988). Webster-Stratton과 그 동료들은 부모와 집단으로 만나는 것이 비디오테이프 모델링과 함께 자녀양육 실제를 변화시키는 데 매우 효과적이라고 밝혔다(Webster-Stratton, 1990; Webster-Stratton & Herbert, 1993).

이 결과는 취학 전 자녀가 있는 가족에게 적용되었으며(Lewis et al., 1990) 약물을 사용하는 청소년이 있는 가족의 경우에도 적용되었다(Friedman, 1989). 지난 15년 동안 우리의 경험과 개입에 관한 연구 결과에 나타난 부모 집단의 장단점은 [그림 8-1]과 같다.

집단 작업의 가장 큰 장점 중 하나는 비용 대비 효과가 높다는 것이다. 한두 명의 치료자가 8~10가족을 집단으로 다룰 수 있기 때문에 자녀양육 개입과 관련되는 비용을 현저하게 줄일 수 있다. 잘 확립된 교육 과정과 자녀양육 비디오에 의해 이루어지는 부모집단은

장 점	단 점
+ 비난의 감소	− 개별화의 어려움
+ 사회적 지지	− 파괴적인 행동
+ 규준에 대한 더 많은 논의	− 몇몇 부모의 소외
+ 집단의 강화	− 개입 회기의 적절성
+ 전문가의 조언	− 감정을 다루기가 힘듦
+ 비용 절감	− 높은 비율의 중도 탈락
+ 손쉬운 보급	

[그림 8-1] 부모 집단의 장단점

독립적인 능력 형성을 위해 집중적인 훈련과 슈퍼비전을 필요로 하는 가족 치료보다 보급 면에서 더 용이하다. 부모집단은 가족 치료와 비교할 때 더 매력적이다. '부모집단' 이라는 명칭 자체도 일반적인 정신 건강 서비스에서 말하는 명칭과 거리가 있다.

부모와의 집단 작업은 개별적인 가족에게도 치료적인 장점을 제공한다. 가장 주목할 만한 것은 집단 작업의 사회적 지지 기능이다. 사회적 지지는 부모가 고립되거나 우울하거나 이혼이나 재혼과 같은 전환기를 겪고 있을 때 특히 효과적이다. 잘 운영되는 부모집단에서의 사회적 지지는 긍정적인 변화를 위한 강화로 전환될 수 있다. 예를 들어, 부모가 집단에서 성공담을 얘기하고 그 집단이 긍정적으로 반응할 때 강화는 치료자에게서 긍정적인 반응을 받는 것보다 더욱 강력한 효과를 갖는다.

■ 신혼부부

Reuben과 Blanca는 최근에 결혼해서 바로 아기를 갖게 되어서 기뻤다. 이전 결혼에서 Blancs는 13세와 14세의 두 딸을 두고 있었고, Reuben은 초혼이며 아이는 없었다.

새아버지 가족에서 종종 발생하듯이 Reuben은 딸들에게 아버지 역할을 해야 한다고 생각하여 한계를 설정하고 '필요' 에 따라 개입했다. 결혼 3개월 만에 이런 노력은 큰 실패로 드러났고 딸과의 말다툼은 점차 심해지는 듯했다.

부부는 집단에 규칙적으로 참여했으며 가정에서도 실습을 했다. 집단에 다른 두 쌍의 양부모 가족(한 쌍은 역시 최근에 결혼했다)이 있었던 것은 그들에게 아주 다행스러운 일이었다. 이런 집단 구성은 집단 지도자가 양부모 가족만의 특별한 주제에 대해 자주 논의하고 새로운 양부모에게 '방관적' 역할을 권하기 더 쉽도록 도와주었다.

1주일 동안 한계를 설정하는 것에 대해 다루면서 Reuben과 Blanca는 두 딸이 심하게 다투었을 때 짧은 시간 동안 타임아웃을 시키기로 결정했다. 누가 잘못했는지를 추궁하는 일은 더 이상 없도록 할 것이고, 필요하다면 Blanca가 두 딸에게 계획 변경을 알려 주고 한계를 설정하기로 했다.

개입은 잘 진행되었고 부부는 한 팀으로 함께 작업하면서 가족관계를 향상시켰다. 이런 성공담을 집단에서 이야기하는 것은 다른 부모의 감탄을 유발시켰으며, 학습 경험을 공고히 하는 데 도움이 되었다.

부모와의 집단 작업은 교육과정에는 반영되어 있지 않은 자녀양육의 전문적 기술을 이끌어 내는 장면을 연출할 수 있다. 생태학적 관점에서 자녀의 양육에는 다른 어떤 구조적 교육과정에서도 완전히 설명될 수 없는 많은 성공적인 자녀양육 양식이 있다. 문화적 관점을 공유하고 있는 부모는 가족생활과 청소년을 관리하는 데 도움이 되는 훌륭한 아이디어나 전략 또는 지역 사회의 자원을 제공할 수 있으며, 단순히 다른 가족의 성공을 지켜보는 것만으로도 자신들의 노력을 향상시킬 수 있다.

부모 집단의 독특한 치료적 장점이 있다면 가족관리를 위한 건강한 규준을 형성하는 집단의 잠재력이다. 특히 한계를 설정하는 모임에서 더 효과를 발휘한다는 것을 발견했는데, 이 모임에서는 처벌적인 자녀양육을 적극적으로 자제하도록 토론을 구조화했다(6장의 SANE 지침 참조). 치료자 개인의 입장에서 부모의 규준을 이야기하기는 어렵지만 부모집단에서는 경우가 다르다. 건강한 양육 규준을 형성하기 위한 토론을 구조화하기 위해서는 지도자로서의 기술과 전문적인 훈련이 필요하다. 긍정적이고 적극적인 자녀양육에 대한 비디오테이프는 부모집단의 가족관리 실제를 지지하고 가치를 부여하는 분위기를 형성하는 데 도움이 된다.

학교에서 실시되는 부모집단에는 부가적인 장점이 있는데, 접근성이 좋은 곳에 위치해 있으며 자녀양육에 관한 토론에 학교 문제를 포함시키기 비교적 쉽다는 것이다. 우리는 교직원이 집단이 시작된 초기 30분 동안 참석했을 때 효과가 매우 좋다는 것을 발견했다. 학생들의 ABC(출석, 행동, 숙제의 완성) 학교 감독을 부모에게 개별적으로 보고하는 자리에 교직원을 참석시키고 출석, 행동, 숙제의 완성에 대한 자료도 제공한다.

집단에서 가족관리에 초점을 둘 때 몇 가지 단점도 있다. 이전에 제시되었듯이 어떤 부모가 다른 부모가 이야기하는 것을 방해하면서 시간을 독차지할 수도 있고 가족의 사적인 걱정을 개방하기 힘들 수도 있다. 특히 심한 긴장감(이혼을 겪고 있는 가족, 지속적인 부모의 질병)이 있는 경우에는 더욱 심각하다. 집단과정 동안 어떤 토론은 의도하지 않게 부모의 감정을 상하게 할 수 있다. 만약 걱정거리를 거론하기도 전에 그 부모가 집단을 이탈하는 경우 다시 참여하도록 하기는 어렵다. 부모가 가족 치료를 중도에 그만두는 경우가 있는데, 부모집단의 경우에는 더 쉽게 그만두는 경향이 있다(Lewis et al., 1990).

이런 단점에도 불구하고([그림 8-1] 참조), 가능하면 부모와의 집단작업을 권하는데, 집단으로 작업하는 것의 장점이 단점보다 더 중요하기 때문이다. 다음 부분에서는 집단 작업과 관련된 문제를 감소시킬 수 있는 두 가지 수준을 제안하고자 한다. 첫째, 내용과 관련된 집단의 흐름에 대한 전체적 개관을 제공한다. 둘째, 집단구성원 모두의 잠재적 이득을 최대화하기 위한 집단구성에 대한 기본적 전략을 논의한다. 이제 마지막으로 부모집단시 발생가능한 공통적인 집단과정의 문제를 다룰 전략을 논의한다.

회기 내용

가족관리 교육과정은 가족관리에 초점을 둔 12회 회기의 부모집단 진행방법을 상세하게 제시하고 있다. 여기에는 실습, 이론적 근거, 역할 놀이, 구조 그리고 각 회기를 위한 부모용 워크북이 있다. [그림 8-2]에 교육과정 개관이 제시되어 있다. 이전에 논의되었듯이 가족관리 교육과정 역시 가족과 함께하는 개별적인 작업이 가능하도록 틀을 제공하는데, 여기에는 단기적으로 초점을 맞춘 개입과 가족관리에 초점을 둔 좀 더 확대된 개별 가족 치료가 있다.

가족관리 교육과정에는 세 가지의 주요한 초점이 있다.

1. 긍정적인 행동 변화를 향상시키기 위한 인센티브 사용
2. 한계 설정과 감독
3. 가족 의사소통과 문제 해결과 같은 관계 기술

가족관리 교육과정의 첫 번째 단계는 부모의 요구에 응하거나 숙제를 마치는 것과 같은 구체적인 행동을 증가시키기 위한 긍정적인 강화 프로그램을 사용하는 것이다. 인센티브를 잘 사용하면 문제행동을 줄이는 데 지대한 영향을 미칠 수 있으며 더 긍정적인 가족 분위기를 만들 수 있다. 그것은 행동변화 과정에서 지도자로서 부모를 지지하는 첫 번째 단계다.

가족관리 교육과정의 두 번째 측면은 한계를 설정하고 감독하며 규칙을 명확히 하기 위해 부모와 작업하는 것이지만(예, 방과 후에 곧바로 집에 돌아오는 것, 성인이 없는 집에는 가지 않기) 부모가 원치 않는다면 이런 한계의 설정은 소용이 없다. 결과의 제공을 위해 SANE 지침서를 개선하였다. 지침서를 활용한 논의는 부모가 한계와 규율에 대한 그들의 접근을 평가하는 데 유용하다.

마지막으로 가족관리 교육과정에서 가장 중요한 내용은 관계 기술로, 기본적 의사소통 기술(예, 경청), 문제 해결과 협상을 말한다. 우리가 관계 기술을 마지막으로 언급하는 이유는 이미 가족관리 문제로 어려움을 겪고 있는 가족이 더욱 심각한 갈등을 겪는 상황으로 되돌아가는 것을 예방하기 위해서다. 관계 기술은 갈등의 원인(예, 부모와 협력하는 것, 학교생활 실패)이 지속되고 있는 상황에서는 별 효과가 없다.

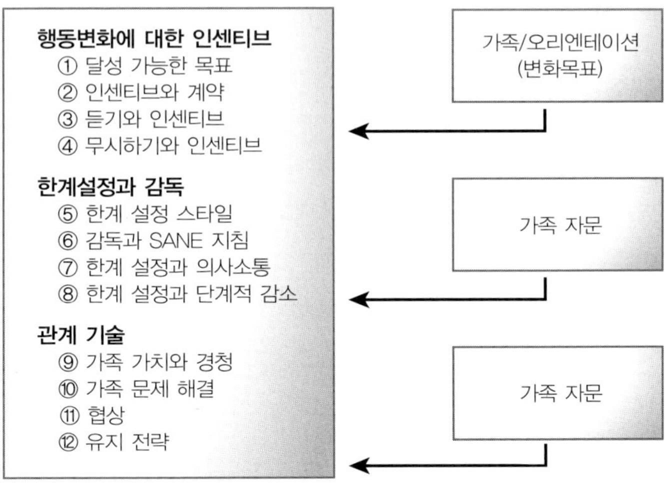

[그림 8-2] 가족관리 교육과정의 개요

기본 구조

형 식

우리는 한 집단을 8~10가족으로 구성할 것을 권한다. 우리의 경험상 집단 모임 참가자의 절반은 한부모 가족이거나 한쪽 부모만이 참여가 가능한 가족이다.

집단에서 학교나 이웃의 지역사회 서비스 센터와 함께 가족관리 교육과정을 실행하기를 권한다. 부모집단의 매 회기는 지속적인 참여를 향상시키기 위한 전략이다. 진행 중이거나 주기적인 집단의 장점은 이런 집단에 참여했던 부모가 후속 집단에서 지도적 역할을 담당 한다는 것이다. 훌륭한 토론을 발달시키는 데 부모의 협조가 매우 중요하다는 것을 발견했고, 여러 자료에서도 전문적 보조 치료자가 심리학자에 필적하는 결과를 산출한다는 것이 분명히 나타나고 있다(Christensen & Jacobson, 1994). 부모 상담자는 지지적인 역할을 하는 가족자원센터 직원과 함께 집단을 주도할 수 있다. 자금 지원이 항상 문제인데, 부모 상담자를 활용하는 것은 확실히 학교 상황 내에서 자녀양육 자원의 유지 면에서 비용대비 효과가 높은 전략이다.

Spoth와 Redmond(1993)의 연구에서처럼 부모집단은 평일 밤에 진행되는 것이 좋다. 부모 또한 연구에 근거하고 아동 발달 전문가가 이끄는 프로그램을 선호한다. 우리는 청소년 전환기 프로그램이 청소년의 성공을 부모가 촉진시킬 수 있도록 만들어진 것임을 밝히고 부모집단을 홍보한다.

가족관리 교육과정은 12회기로 매달 추후 모임을 가질 수 있다(Dishion et al., 2003). 정신건강 서비스에서 훈련을 받았고, 특히 반구조화된 집단을 이끄는 훈련을 받은 전문가가 집단을 지도한다. 그러나 적절한 훈련을 받았다 하더라도 보조전문가가 집단의 지도자로서 효과적인지는 확신할 수 없다.

출석

부모집단에서 중도 탈락은 흔하다. 우리의 경험상 대부분 탈락은 첫 회기 이전에 발생한다. 중도 탈락 역시 약물사용 가족에게서 특징적으로 나타난다. 치료자의 가정방문은 부모의 참여를 유도하여 중도 탈락을 감소시킬 수 있다(Szapocznik et al., 1988). 우리의 첫 청소년 전환기 프로그램 부모집단에서 부모의 출석률은 30%였다. 그러나 가정을 방문한 후에는 70~80%로 증가했다.

출석률 유지를 위해서는 다양한 전략이 필요하다. 부모집단이 지지적일 때는 집단에 불참하기 힘들다. 많은 집단 지도자가 사용하는 전략 중 하나는 모임 동안 음식을 함께 먹는 것이다. 예를 들면 포트락 저녁이나 스낵, 음료(비주류) 또는 다른 음식 대접 등이 있다. 회기 사이에 전화 통화를 하는 것도 부모가 가정에서의 실습을 마칠 수 있도록 돕고 집단과의 어려움을 적극적으로 해결하도록 도우며, 부모와의 개인적 관계를 유지하도록 한다. 12주 동안 가족과 단기 상담을 하는 것도 개인적 관계를 유지하고 각 가족의 요구에 맞추어 교육과정을 진행하는 데 도움을 준다.

모임 일정에 부모가 개입하는 것은 참여를 촉진할 수 있는 좋은 전략이다. 처음 네 번 모임에서는 가족관리 교육과정에 근거해서 부모의 관심사에 대한 내용을 전달하고 그 후의 나머지 기간은 다시 협의하는 것도 바람직하다. 교육과정 중 어떤 부분이 더 우수하다는 증거는 없지만 많은 가족이 네 번째 회기나 그 이후 변화한다.

집단에서 다루는 내용이 자녀를 양육하면서 직면하게 되는 당시의 문제를 다룬다는 점을 입증하기 위해 가족 모두가 참여하는 정기적인(최소한 4회기) 단기 상담을 권한다. 자원에 제한점이 있다면 전화 통화만으로도 충분하지만 무엇보다 바람직한 것은 가족이 가정이나 가족자원센터 또는 비밀이 보장되는 장소에서 직접 만나는 것이다.

좌석 배치

좌석 배치 또한 효과적인 집단과정을 증진하고 문제를 제거하는 도구가 된다. 물리적 공간은 변화가 가능하다는 것을 기억해야 한다. 갈등을 최소화하고 부모와의 협력적인 상호작용을 최대한으로 활용하도록 좌석배치를 변화시켜야 한다. 좋은 배치는 집단 지도자와 비디오 플레이어를 중심에 둔 반원 형태다. 커다란 원탁 테이블이 없으면 개인별 학생 책상 같은 곳에 둘러앉아도 집단은 잘 진행된다.

가족관리 교육과정에서 논의되었듯이, 집단은 한 명의 지도자로도 효과적으로 진행될 수 있지만 두 명의 지도자가 더 적합하다. 숙련된 두 명의 지도자가 집단과정에서 발생하는 문제를 확인하고 해결할 수 있는 팀 리더십의 가능성을 향상시켜 바람직하지만 비용 면에서는 부모 상담원을 두는 편이 집단의 지도자 수를 증가시키는 데 더 효과적이다. 집단 지도자 둘이 마주 보는 위치를 갖는 것이 집단

운영에 도움이 된다. 두 지도자는 쉽게 눈을 마주치고 비언어적 의사소통을 할 수 있다. 두 지도자의 협력은 집단에서 부모의 요구에 민감하게 대응할 수 있게 한다.

속도

집단에 제시되는 내용은 부모의 집단 참여와 변화 촉진에 중요한 전략이다. 집단을 이끌어 나가는 것은 집단 지도자의 요구가 아닌 집단에 참여하고 있는 부모의 요구며, 내용의 속도 조절이 중요하다. 회기는 각 회기에 다루어야 할 자료의 양에서 융통성을 가지도록 고안된다. 집단 지도자는 부모가 자신들의 삶을 이야기할 수 있는 기회를 가지면서 속도를 조절하도록 하는 것이 매우 중요하다. 각 모임의 일정을 칠판이나 화이트보드에 적어 놓으면 모임을 원안대로 진행시키기 위해 부모의 동의를 구하기 쉽다. 게다가 각 모임의 초반에는 지난 회기를 돌이켜보는데, 이때에는 부모가 그 전주에 가족에게서 일어난 사건을 이야기할 기회를 모두 가졌는지 확인한다.

전화 통화

12주 동안 부모를 독려하는 중요한 방법 중 하나는 주중에 전화통화를 하는 것인데, 가정에서의 실습과 모임에서 다루어지는 정보를 주제로 짧게(5~10분) 검토하는 데 초점을 둔다. 전화통화를 통해 명확하게 해야 하는 것이 있는지와 부모의 평상시 일정이 어떻게 진행되는지를 알아본다. 부모는 가끔 자녀양육을 방해하거나 또는 지지하는 자신의 문제를 꺼내는데, 이는 집단에서 작업하는 데 도움이 된다. 한 가지 주의할 점은 부모가 숙제를 완성했는지 확인하려 한다는 기분이 들지 않도록 하는 것이다.

15년 동안 부모와 전화통화를 해 온 경험에서 볼 때 통화하기 위해 여러 번 시도를 해야 하는 수고가 필요하기는 하지만, 그들은 전화를 걸어 준 것에 감사해하며 사실상 전화를 기다린다. 이런 전화통화는 바쁘고도 스트레스가 많은 가운데 자녀양육에 노력하는 부모를 개별적으로 지지해 주고 인정해 줄 수 있는 기회가 된다.

유 머

부모는 토론에 활력을 불어넣고 집단구성원 간의 유대를 증대시킬 적절한 유머가 있는 집단을 기대한다. 유머는 부모가 느끼는 불안을 감소시킬 수 있으며 모임에 오는 일은 긍정적이고 즐거운 경험이 된다. 그러나 또 다른 주의가 요구된다. 지나친 유머는 실례를 범할 수 있다. 먼저 집단구성원이 유머에 어떻게 반응하는지를 알아야 한다. 반응을 살피기 위해 우선은 개인적으로 말했거나 행동했던 것에 대해 유머를 사용해 보는데, 이는 한 사람에게는 재미있지만 다른 사람에게는 매우 다른 의미가 될 수 있는 것으로서 문화적으로 다양한 집단에서 특히 더 좋은 방법이다.

가정 실습

가족관리 교육과정에는 부모집단을 진행하기 위한 구체적인 제안이 제공되는 지도자 지침서가 있다. 그 안에는 가정에서 실습해야 하는 내용도 있다. 집단 지도자는 부모가 가정에서 실습할 수 있도록 격려해야 하지만 부모가 가정에서 실습을 끝내지 못했을 경우, 마치지 못한 부분을 이야기할 때 조심해야 한다. 실패를 암시하게 되면 집단에 출석할 용기를 잃게 되어 장기적인 변화 가능성을 감소시킨다.

집단과정 다루기

변화를 촉진시키기

정신건강 서비스를 제공하는 전문적인 실제를 위한 이러한 가정과 지침은 아직 과학적으로 검증되지 않은 상태다(Dishion & Stormshak, in Press). 더 염려되는 것은 몇몇 신화가 과학에 맞서면서 변화에 저항하는 것처럼 보인다는 점이다(Dawes, 1994). 이런 전문적인 실제에 대한 정보의 보완을 위해 임상에 기초한 지침을 제공한다.

우리 연구는 모든 부모집단을 녹화하고 부모와 치료자에게 매주 모임을 평가한다. 이런 평가를 통해 부모집단에서의 어떤 경험이 변화를 예측하게 하며 또 어떤 요인이 부모의 만족과 관련이 있는지를 검토한다.

이런 자료는 드러나지 않은 편견과 가정을 재발견하는 방법이다. 인지행동치료를 이용한 훈련에 몇 가지 기대를 갖지만 늘 충족되는 것은 아니다. 첫 번째는 1주일 동안 부모가 가정 실습을 수행하는 것이 임상적으로 유의미한 변화를 예측하게 한다는 점이다. 두 번째는 서면상의 교육과정을 충실히 따르는 치료자는 관련된 기술을 가정 실습 수행과 연결시키려 노력한다는 점이다. 마지막으로 가족 관리 기술 습득이 행동 변화를 예측할 수 있을 것이라고 생각한 점이다.

부모집단을 대상으로 한 청소년 전환기 프로그램 연구 경험에 따르면 이런 각각의 구조가 부모 간의 개인차를 반영한다. 문제 해결 과정을 녹화하여 자녀양육의 전과 후를 비교관찰한 결과 자녀양육 행동에서의 구조와 변화 사이의 공변량을 거의 찾지 못했다(Dishion & Kavanagh, 2002). 오히려 기대와는 달리 치료자가 변화에 부정적으로 작용하는 것을 발견했다. 치료자가 교육과정을 엄격하게 고수하면 할수록 부모는 변화하지 않았다.

집단 내에서의 부모 행동과 치료자 사이에는 양방향적 반응이 나타나기 때문에 매우 복잡한데, 임상적으로 유의미하게 나타난 자료가 이런 복잡한 양상을 명료화한다(Jacobsen & Truax, 1991). 가족은 나빠진, 향상된, 근심에 변화가 없는 그리고 규준에 변화가 없는 집단으로 구분한다. 가족이 심하게 스트레스를 겪고 있는 초기면접 시 보다 업무적이고 효과적으로 평가를 하는 경향을 '응급실' 효과라고 한다.

위에 기술된 네 집단에 대한 분석은 '향상된 집단'과 '근심에 변화가 없는 집단' 사이에는 차이가 있음을 나타내고 있다. 긍정적인 집단 분위기는 초기 면접 당시에 근심 있던 가족 사이의 문제를 감소시켜 주는 것으로 나타났다([그림 8-3] 참조).

최근 Hogansen과 Dishion(2001)은 어떤 상황에서 부모가 더 변화하기 쉬운지 알아보기 위해 부모집단을 재분석하였다. 집단 과정의 다양한 측면에 초점을 두고 효과적인 집단 심리 치료와 동기를 부여

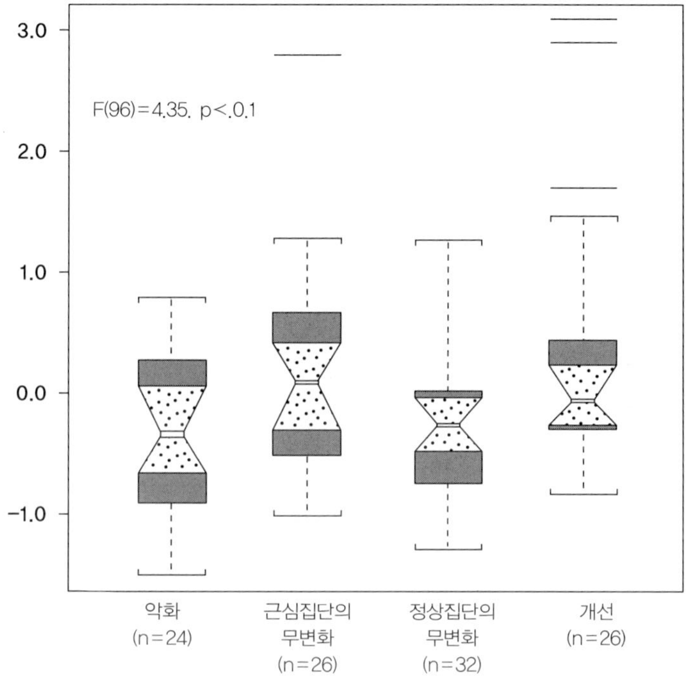

[그림 8-3] 관찰된 긍정적 집단과정과 임상적으로 유의미한 변화

하는 면담에 관한 문헌에 기초하여 부모집단의 회기를 다시 코딩하였다. 12회기 동안의 직접적인 관찰을 통해 치료자의 낙관성, 치료자의 재구조, 치료자의 집단 대화 관리, 부모의 동기, 부모의 저항 그리고 부모집단의 참여라는 여섯 가지 구조가 측정되었다. 청소년 자녀와의 상호작용을 녹화한 비디오테이프를 통해 통계적으로 강압적인 상호작용이 감소한 가족의 프로파일을 분석하였고 이 자료는 [그림 8-4]에 요약되어 있다.

여섯 가지 구조 중 변화한 집단과 변화하지 않는 집단 간에 차이는 크지 않았지만 치료자의 재구조와 낙관성은 두 집단 간에 유의미

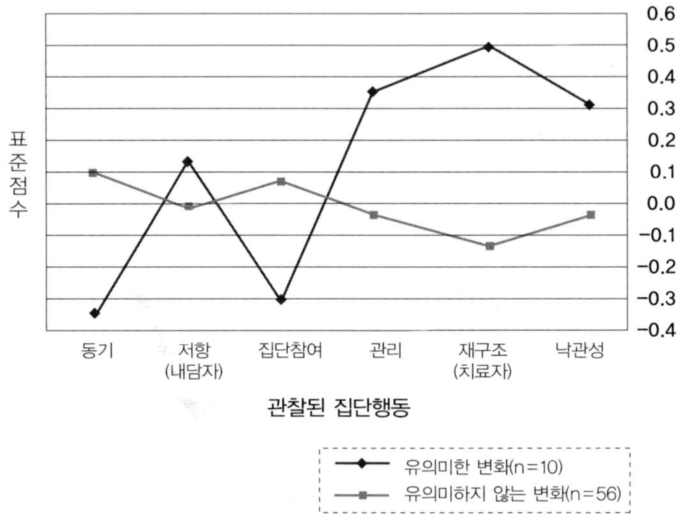

[그림 8-4] 부모집단에서 행동 변화에 대한 프로파일 분석

한 차이가 있었다. '치료자 재구조'는 부모가 절망적인 불평을 받아들이고 변화를 유도하는 지도자의 기술을 말한다. 예를 들어, 어머니는 아들이 반항적이며 친아버지처럼 직업관이 좋지 않다고 여기고 있고 아버지는 아들에게 상처가 되는 잔소리를 지속하는 경우, 치료자는 부모에게 어떻게 반응해야 할까?

■ 좋지 못한 태도

"Jerome이 집안일을 돕게 하려고 노력하시는 것 같은데 아이에게 통하는 방법은 아닌 것 같군요. 그 나이에 이런 반응은 일반적인 거예요. 조금 어색하긴 하겠지만, Jerome이 어떻게 해야 하는지를 가르쳐야 할 것 같아요. 오늘 대화를 나누어 보는 것이 도움이 될 수 있을지 이야기 나누어 보죠."

이런 방식으로 부모가 절망적이라고 여기고 있는 상태에서 가족이 변화를 위해 작업할 수 있는 상태로 옮겨 가도록 돕는다. 암시적인 메시지는 "Jerome이 변할 수 있다. 다른 아이처럼 그 아이도 배워야 한다."는 것이다.

치료자 재구조 규칙에는 변화과정에 대한 낙관적 가정이 있다. 치료자 낙관론 역시 변화한 사람과 그렇지 못한 사람을 차별화시키는 본질적이고도 자연적인 규칙이다. 낙관적이라고 규정된 치료자의 행동은 가족관리에 초점을 둠으로써 가족에서의 긍정적인 변화를 기대하는 낙관적이고 긍정적인 상담자로서의 분명한 경향성을 말한다.

이 연구에서 주목할 점은 자녀양육에서 변화에 대한 전반적인 집단 효과는 집단에서 부모가 어떻게 다루어지는가에 대한 개별적인 차이에 비하면 미미하다는 것이다. 이는 긍정적인 발견이며, 집단에서 개별 부모를 어떻게 다루어져야 하는지에 주의를 기울여야 한다는 것을 말한다. 전반적으로 긍정적인 집단 분위기는 행동 변화에서 부분적인 역할을 한다. 각 부모에게 개입을 개별화하는 것이 중요하다. 집단의 두 측면(개별성과 집단성)을 관리하기 위해서는 기본적인 기술과 임상적 훈련 이상의 것이 요구된다. 다음 부분은 각 부모가 12회기에 모두 참여하는 것을 목표로 집단과정에 대한 도전을 어떻게 관리하는지 보여 준다.

개인적인 개방

집단 지도자의 개인적인 개방은 제한적으로 사용해야 하는 섬세한 기술이다. 만약 지도자에게 자녀가 있다면 유사한 어려움이나 염려를 인정하기 쉽다. 이런 의미에서 개인적 개방은 지지와 유효성 그리고 낙관적인 감정을 제공한다. 그러나 초점은 부모집단과 그들의 경험이다. 부모는 자신의 경험에서 가장 잘 배우며, 부모 조력자 역시 개별적 경험을 지지할 훌륭한 자원이다.

비밀 보장

비밀 보장 문제는 자녀들이 같은 학교에 다니거나 이웃에 사는 부모의 집단에서는 당연한 것이다. 첫 회기에서 비밀 보장의 원칙을 세운다. 비밀 보장의 원칙은 부모가 응집성을 더 느끼고 다른 부모의 염려에 관심을 가져 주는 효과가 있어 이것을 지침 중 하나로 선택했다.

부모의 인식

오늘날의 가족은 지나치게 바쁜 삶을 살고 있다. 부모는 자녀양육과 더불어 하나 이상의 직업을 가지거나 학업을 계속하면서 바쁜 시간을 보내고 있을 수 있다. 만약 그들이 시간을 내서 이런 모임에 참석한다면 집단에서 보내는 그들의 시간은 바쁜 삶 속에서의 휴식이 될 수도 있다. 치료자는 집단의 진행과 초점 맞추기를 도우면서 참여한 부모의 노력을 지지한다.

부모는 풍부한 경험을 가지고 집단에 참석하며 서로에게 좋은 정보와 지지를 제공한다. 부모는 무엇을 했는지 질문을 받고 그들의 노력을 인정받는다. 이것은 반드시 해야 할 일임에도 많은 치료자가 정보 제공에 소홀하고 부모가 이런 작업에 초보가 아니라는 사실을 자주 잊는다.

부모에게 최근에 무엇을 했는지 질문하는 것은 그들을 존중하는 것이다. 부모는 집단에서 창의적인 기술을 선보이기도 하며, 집단 구성원은 이를 공유한다. 부모의 지혜가 잘 통합될수록 더 잘 참여한다. 이처럼 자녀양육 사례에서 찾아낼 수 있는 긍정적인 무엇인가가 항상 있는 법이다.

부모의 예

부모가 말한 것을 언급하고 교육과정에서 초점을 설명하는 데 부모가 쓰는 단어를 사용한다.

> "Clyde가 조금 전에 말한 것처럼, 화를 참는 것은 매우 힘들어요. Sarah에게 그가 화가 났으며 더 많은 이야기를 하기 전에 몇 분 동안 현관에 나가 있겠다고 하는 것은 대단한 전략이에요."

또는

> "방금 지난 주말에 Jason의 엄마에게 전화했다는 Annette의 이야기는 규칙과 네트워킹을 따르는 아주 좋은 예입니다."

위의 두 가지 이야기는 지도자가 부모의 이야기와 가족관리 교육과정을 연결 짓는 사례다.

곤란한 상황

말이 많은 부모

대부분의 부모가 이야기는 많이 하고 싶어 하면서도 들으려고는 하지 않는다. 부모집단에는 청중이 있다. 집단에서 사용하는 지침 중 하나는 이야기 시간을 공유하는 것이다. 그러나 어떤 부모는 집단에 참여하면서 지침은 무시한다. 집단구성원은 불편함을 나타내기 시작할 것이고, 그 부모와 나머지 집단구성원 모두를 존중하는 일은 매우 민감한 문제가 될 수 있다. 보통은 부모의 상황을 인정하고 그것을 종결한 후 집단이 토론을 계속하도록 한다.

만약 이런 일로 모임에서 한 번 이상 문제가 된다면 이때 사용할 수 있는 몇 가지 전략이 있다. 첫 번째 모임에서는 예방적인 단계로서 집단에서 다루어야 할 내용을 위해 때로 부모의 이야기를 중단시킬 수 있음을 이야기한다. 말하기 좋아하는 부모가 있는 경우에는 치료자에게 통제권을 준다. 그리고 이런 일이 일어났을 때, 책임을 지고 있는 치료자는 집단의 정보 다루기에서 진도가 늦었다는 것을 이야기함으로써 토론의 장을 위한 환경을 만든다.

또 다른 전략은 모임을 효과적으로 운영하기 위한 시간표를 정하는 것이다. 말하기 좋아하는 부모에게 지금 다루고 있는 주제가 우리의 주제에 맞았으면 좋겠다고 요청하는 것도 좋은 방법이다. 그러나 다른 방법은 그 부모를 집단 밖에서 만나는 것이다. 부모에게 다른 구성원과 공유할 정보가 있다는 것을 인정하게 하고 개별적인 만남을 원하는지 묻는다. 집단 회기 동안 다른 부모가 참여해야 할 시간까지 소비하는 것을 원치 않기 때문이다. 그러나 집단과정과 다른 전략을 사용해 지나치게 말이 많은 부모를 다루기 때문에 이런 상황이 발생하는 일은 아주 드물다.

'전쟁' 이야기

부모는 모임 주제와는 상관없는 개인적 주제를 활기차게 토론하기 쉽다. 많은 부모가 자녀를 자기만의 방식으로 양육하고 있으며 자녀양육을 위한 토론 장소를 갖고 있지 않다. 자녀나 상황에 대한 도전으로 어려움을 겪는 부모집단에서 일반적으로 다루는 주제는 '전쟁' 이야기다. 이런 대화는 자녀양육에 관한 긍정적인 사례를 제공하지 않을 뿐만 아니라 변화에 대해 용기를 잃게 하고 절망적인 상황을 만들어 낸다. 치료자의 조정과 과정 지침은 이런 대화를 감소시킨다.

성장한 자녀

부모가 성장한 자녀를 두고 있다는 것은 플러스 요인도 마이너스 요인도 될 수 있다. 만약 부모가 성장한 자녀를 성공적으로 양육했다면 똑같은 방식으로 반응하지 않는 어린 동생(이것이 더 일반적이다)을 이해하기 어렵다. 반대로 부모가 성장한 자녀와 문제를 겪었다면 그들은 과거에서부터 지속되어 온 문제나 자녀와의 문제로 계속 어려움을 겪고 있다.

용기를 상실한 부모는 집단에 부정적이고 절망적인 영향을 미친다. 집단구성원은 때로는 개입하고 용기를 상실하며 부정적인 것에 직면한다는 것을 알았다. "가지 많은 나무 바람 잘 날이 없다." 또는 "과거 속에서 살 수는 없다."라고 말하는 부모를 여러 번 봤다. 이러한 부모집단은 까다로운 자녀와의 경험을 공유하도록 돕는 좋은 기회다.

집단구성원이 개입하지 않을 때 한 가지 좋은 방법은 느낌을 인정하고 집에서 생기는 감정의 기복을 느끼지 않으면서 한 자녀에게 집중하도록 집단 시간을 구성하는 것이다. 만약 자녀가 어릴수록 집중하기가 쉽다면 어린 자녀에게 먼저 실습하고 다음에 손위 형제에게 기술을 적용한다.

극단적 스트레스

부모는 종종 일상의 스트레스를 집단에 가져온다. 한부모 가족은 가정에서 성인의 지지가 없어서 힘들다고 하고, 부부는 두 가지 역할로 힘들어한다. 자녀양육 궤도에 맞추기 위해 이 스트레스에 대해 잠시 토론하고 치료자와 집단의 지지를 받을 수 있도록 허용한 뒤, 이 스트레스를 다루는 작업을 구성하는 것이 필요하다. 예를 들어, '우울한 느낌' 은 10대와 함께 긍정적이며 지지적인 시간을 보내는 데 장애가 된다.

12주간의 집단 과정 중에 이혼이나, 희생, 심각한 질병 또는 가족원의 사망 등 주요 생활 사건이 발생할 수 있다. 이런 모든 사건은 어느 집단에서도 발생할 수 있으며 감정적으로 강력한 순간을 만들어 낸다.

부모가 자신의 어려움을 공유하고 집단구성원의 지지와 수용을 받을 수 있도록 하는 것이 중요하다. 민감한 주제가 제시되면 그 주제의 마무리에 신중을 기해야 한다. 만약 집단원이 더 이야기하고 싶어 한다면 대개는 집단 회기 마지막에 시간을 좀 더 낼 수 있다고 이야기한다.

우리 경험상 교육과정으로 다시 되돌아오지 않은 사람은 거의 없었다. 만약 스트레스가 있는 사람이 집단에 참석한다면 수업에도 참여할 수 있고 또 그렇게 하기를 원하게 된다. 필요하다면 스트레스 상황에 있는 부모에게 개별적 만남이나 지지를 가질 기회를 원하는지 질문한다.

갈 등

지침서가 있다 하더라도, 집단구성원 사이에는 갈등이 생기기 마련이다. 자녀양육으로 인한 어려움은 사람들의 동정심과 영혼을 감동시킬 수 있으며 일이 왜 그렇게 되었는지에 대한 강한 믿음과 이야기를 나누게 된다.

학교나 지역사회센터와 같은 장소에서 부모집단을 실시한다면 부모는 서로를 잘 알 수 있다. 갈등의 핵심은 집단에서 다른 가족과 자녀 이야기를 한다는 것이다. 부모나 그 자녀들은 이웃 또는 학교에서 갈등을 겪을 수 있다. 한 아이를 다른 아이들을 잘못된 길로 인도하는 '나쁜 아이' 라고 보는 부모집단을 몇 차례 경험한 적이 있다. 한 부모가 다른 부모에게 일정 거리를 두는 집단이나 어떤 부모의 말에 얼굴을 찡그리는 집단도 있다.

집단원 간에 갈등이 생기는 경우 그 갈등이 집단의 시간을 헛되게 소비하거나 다른 구성원이 묵인한다면 집단을 방해하는 갈등은 무시한다. 갈등이 발생하면 집단 밖에서 부모에게 개별적으로 이야기를 하고 갈등을 인정하고 그들이 할 수 있다고 생각하는 일을 질문함으로써 둘 다 집단에 참여하게 하며 최종적인 해결책은 그들에게 맡긴다. 확신이 없다면 집단이 그들의 요구에 맞는지를 생각해 보도록 개별적인 만남을 통해 결정하도록 한다. 이런 해결책은 효과가 있는데 그 이유는 대부분 부모가 집단참여를 원하기 때문이다. 우리의 경험상 다른 부모와의 갈등 때문에 부모집단을 떠난 부모는 없었다.

만약 부부간에 갈등이 있다면 그 문제는 부모집단 밖에서 토론하며 부모집단 모임에서는 함께 공통의 주제를 다룬다. 집단이 진행되는 동안 드러난 부부 갈등은 집단 밖에서 개별회기를 통해 다룬다.

■ 어려움을 극복하기

Zena는 같은 중학교 7학년 학부모 여섯 가족과 함께하는 집단의 구성원이었다. 그 집단에서 한 어머니 가족은 그녀밖에 없었으며, 그녀는 자기가 다른 학부형과 입장이 다르다고 생각했다.

몇 회의 모임 후에 아버지 한 분의 건강이 심각해졌고 결국 한부모 가족이 한 가정 더 늘어났지만 차별받는다고 느끼는 Zena의 감정을 어쩌지는 못했다.

Zena는 집단에서 그녀의 아들 때문에 한 부부와 갈등을 겪고 있었다. 흥미롭게도 집단에서 Zena는 보통 그 부부 옆에 앉으려고 했으며 그로 인해 그들과 마주보지 않을 수 있었다.

Zena는 반항적인 생활 유형을 가지고 있고 그것을 자랑스러워하는 것처럼 보였지만, 이와 대조적으로 그것을 설명해야 할 필요성을 느끼기도 했다,

첫 번째 개별적인 가족 만남에서, Zena는 자신의 아이들을 훈육하는 것이 편하게 느껴지지 않았는데, 그것은 아동기 동안 자신이 겪은 온갖 학대를 상기시키기 때문이라고 설명했다. 가족 규칙과

한계를 설정하는 집단 모임에서 사건이 터졌다.

가족 규칙에 대한 아이디어를 모색하는 활동에서 치료자는 Zena의 반응을 물었는데, 이는 Zena의 규칙 구조를 명백하게 하기 위해서였다. Zena는 이것을 그녀가 규칙이 없다는 비판과 고소로 받아들이고 심한 욕설을 하며 지도자에게 폭언을 퍼부었다. 집단구성원은 상당히 충격을 받았으며, 그들은 치료자가 반응하고 명료화하기도 전에 왜 Zena가 그렇게 화를 내는지 물었다. 이것은 명료화 과정에서 드러난 오해를 확인하고, 집단원이 Zena를 지지할 기회를 허용하고, 그 누구도 그녀를 판단하지 않는다는 것을 보여 주었다.

이런 불유쾌한 감정의 폭발과 그럼에도 곧바로 비판을 하지 않은 일은 Zena로 하여금 나중에 치료자에게 사과하고, 부모로서 자신의 불안정감을 도와달라는 요청을 하게 만들었다. 가정에서의 일을 향상시키려고 노력하는 Zena의 지속적인 작업은 인정받았고, 그녀가 아동기 시절 겪은 학대와 청소년기와 젊은 여성으로서 겪은 수많은 성폭행에 관한 주제를 해결하기 위한 개별 상담을 가졌다.

요 약

이 장에서는 청소년의 부모와의 집단작업에 초점을 두었다. 부모와 집단으로 하는 작업은 몇 가지 장점이 있는데, 이는 환경이 주는 많은 단점을 상쇄한다. 가족관리 교육과정을 사용할 것을 제안하고 집단을 위한 기본적 구조와 집단과정을 다루기 위한 전략 그리고 변화를 증진시키고 도전적인 상황을 건설적으로 작업하기 위한 바람직한 기술을 개관했다.

제4부

학교와 지역사회의 변화

9, 10, 11장에서는 학교와 지역사회 체계 안에서 가족-중심 접근법을 통합하는 문제에 대해 논의한다. 9장에서는 각 서비스 전달 체계의 다양한 역동을 해결하면서 공립학교에 청소년 전환기 프로그램을 실시하는 구체적 전략을 논의한다(Hoagwood & Koretz, 1996). 공중 보건의 관점에서 쉽게 접근할 수는 있는 곳이 바로 학교다. 하지만 부모와 가족을 개입시키려는 노력은 부족한 자원과 훈련 그리고 리더십의 부재로 인해 매우 어렵다.

10장에서는 과거 15년 동안의 청소년 전환기 프로그램 연구결과를 상세히 논의하고 부모 역할 훈련을 강화해야 하는 근거를 제시하였으며, 청소년을 대상으로 하는 집단 프로그램이 결과적으로는 해악을 줄 수도 있기 때문에 삼가야 한다는 사실도 과학적 근거와 함께 제시한다. 학교 체계 안에서 부모와 협력하여 작업함으로써 문제행동을 감소시킬 수 있으며, 전문적인 시간과 노력이라는 측면에서 볼 때 청소년 전환기 프로그램이 현실적임을 시사한다.

마지막으로 11장에서는 가족-중심 치료를 평가하는 다양한 전략을 논의한다. 다른 서비스 전달체제나 지역사회를 변화시키려는 정책의 평가에 가족-중심 치료가 적절함을 증명하고, 승인 절차를 거쳐서 서비스를 확립하는 데 이용할 수 있는 네 가지 유용한 평가 전략을 제시한다.

자료와 과학이 모든 수준의 변화에 중요하다는 개념이 9장, 10장, 11장에 연결되어 설명된다. 바람직한 학생 행동 또는 문제 행동의 구별이 가능하고, 매일 학생 행동이 기록되는 잘 조직된 체계를 갖추고 있는 학교는 부모와의 효율적인 협력이 가능한 장소다. 학생의 교내 행동에 대한 주별 또는 월별 도표는 학교 전문가가 노력과 시간의 우선순위를 결정하는 데 필요한 정보를 제공한다.

바람직하지 못한 개입을 선별하거나 가장 효과적인 전략을 정하는 방법으로 무작위 개입이 있다. 진전을 확실하게 보증하는 가장 좋은 방법은 처치에 할당된 가족의 자료와 서비스의 효과성 또는 변화를 만드는 지역사회 자료의 주기적인 수집이다.

제9장

학교에서의 가족-중심 개입

이 장에서는 공립 중 · 고등학교에서 활용할 수 있는 가족자원센터의 구성 요소와 활동에 대해 기술한다. 2장에서 설명한 다 수준 모델을 활용하여 가족자원센터 서비스를 구성할 수 있다. 가족자원센터의 치료자는 각 학생에 대한 조력체계를 확립하여 가정과 학교 간의 협력을 증진하고 일관성을 유지한다. 2장에서 논의한 대로 지역 주민과 학교 간의 공적 교류가 건강하게 성립되려면 반드시 가족자원센터 치료자가 일반적이고 선별된 그리고 지정된 수준의 개입을 해야 한다.

보편적인 가족자원센터

각 요소의 특징을 상세하게 설명하기에 앞서 일반적인 예방 전략의 목표와 방법을 논의하는 것이 중요하다. 의학 연구소(Mrazek & Haggerty, 1995)는 보편적 예방 개입을 다음과 같이 기술하였다. "일반적으로 공적인 집단 또는 전체 모집단을 대상으로 예방 개입을 하되 개인의 위험도에 따라 파악하지는 않으며, 개입은 그 집단의 모든 사람에게 바람직하여야 한다." 보편적 개입의 효과성을 고려할 때는 직접 효과와 간접 효과의 범위를 고려한다. 예를 들어, 이 장에 서술한 보편적 부모역할 훈련에는 문제행동의 감소에 관한 여러 목표가 있다. 초기 청소년기 동안 자녀의 약물사용의 위험과 다른 문제행동이 감소하도록 예방차원의 부모훈련 전략을 사용하는 것이 직접 효과다. 간접 효과는 가족자원센터, 부모훈련 자료, 부모훈련을 지원하는 학교 문화의 개발에 관한 자료 보급이다.

공중 보건의 관점에서 보편적 개입은 아동의 문제행동 감소와 매우 밀접한 관련이 있다. 지역사회 전체에 적용되었을 때에는 아주 작은 효과라도 의미는 크다(Biglan, 1992). 지역사회에 적용이라는 목표 실현을 위한 보편적 개입이 가능하려면 양육에 엄격한 부모에서부터 미숙한 부모에 이르기까지 적용 가능해야 한다. 현재 부모가 수행하고 있는 양육을 위한 노력을 지지함으로써 지역사회를 건강하게 만들 수 있으며, 향후의 가정 붕괴도 예방할 수 있다.

보편적 개입이 효과를 거두려면 부모역할 행동에 직·간접적으로 영향을 미치는 성인 세계의 상호작용을 촉진해야 한다. [그림 9-1]은 가족자원센터가 지원한 지역사회 변화의 순환고리를 개관한 것

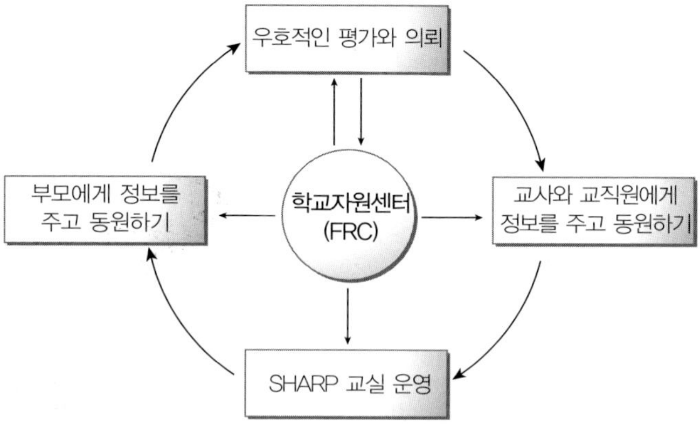

[그림 9-1] 가족자원센터가 지원한 지역사회 변화의 순환고리

이다. 교실을 중심으로 한 활동은 학생, 교사, 부모 그리고 교직원에게 가정과 부모훈련에 대한 정보를 준다. 우호적인 인식과 부모의 참여는 부모가 훈련에 참여하도록 영향을 미치며 또한 교직원과의 대화를 증진시켜 학생이 문제행동을 일으킬 위험성을 감소시킨다.

지난 수년 동안 각 학교의 욕구, 관심사, 환경 및 자원에 맞는 서비스를 만들어 나가면서 생태학적 사고와 작업이 일반인에게 미치는 영향도 크다는 것을 알게 되었다. 문제행동 발달과정과 가족-중심 접근은 가족자원센터 치료자에게 활동의 우선권을 준다. 예를 들어, 성공률 면에서 보자면 대규모 부모 집단보다 10대 자녀의 학교 행동에 대해 부모와 주기적으로 전화통화를 하는 편이 청소년의 자존감에 더 도움이 된다.

팀 만들기

가족자원센터를 구성할 때 상호작용을 촉진시키고자 하는 부모와 함께 고려해야 할 중요한 영역은 '학교 활동의 역할' 이다. 학교를 예방활동의 중심에 두어야 한다는 이론적 증거가 있지만 다루기 힘든 장벽도 몇 가지 있다(Walker, Colvin, & Ramsey, 1995). 교사와 상담자 그리고 교장은 중학교나 고등학교에서 가르치는 일, 위험을 다루는 일, 일상적인 잡무에 둘러싸여 있다. 프로그램의 수용과 집행에서 중요한 요인은 개입방법이 교직원에게 어느 정도의 추가적인 노력을 요구하는지에 달려 있다고 해도 과언이 아니다(Walker et al., 1995).

교직원의 가족자원센터 활동에 대한 높은 평가와 학교 관리직과 교사의 강력한 지지가 중요하다. 워크숍, 주요 교직원 회의의 출석 및 참여 그리고 융통성은 가족자원센터의 성공적 정착에 필수적인 요소다. 일반 중학교의 가족자원센터가 초기 2년간 가족과 접촉하거나 연계한 빈도를 [그림 9-2]에 제시하였다.

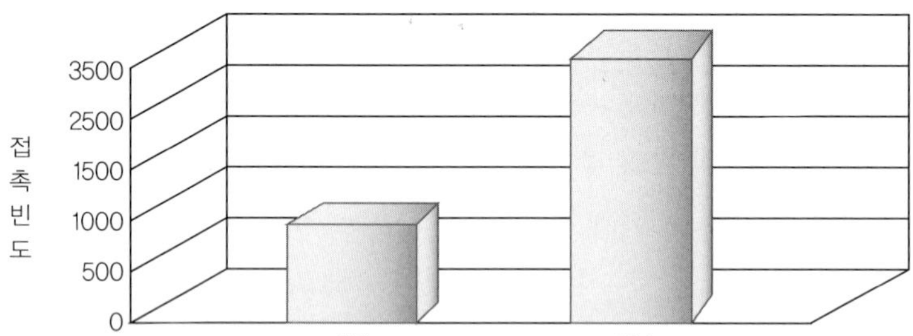

[그림 9-2] 가족자원센터의 초기 2년간 부모와의 접촉 빈도

가족-중심 개입이 교직원의 시간을 줄이고 현재의 교육활동을 보완한다면 학교가 수용할 가능성이 있다. 지난 10년에 걸쳐 '완전 서비스 학교(full-service school)' (Walker et al., 1995)의 수가 증가하고 있다. 도심지역의 학교는 대개 아침과 점심을 준다. 보건소는 학교의 주요한 부속기관이며, 특히 청소년을 교육하는 장소에서는 더욱 중요하다. 가족자원센터는 이런 교내 부속기관을 훌륭하게 보완해 준다.

학교 전문가 대부분이 단지 부모와의 협력작업을 위해 훈련을 받는 것이 아니다. 어떤 모임에서는 15개 중학교 교장 모두가 이 책에 서술한 가족-중심 개입의 예비 실험에 자발적으로 참여하였다.

과중한 부담을 안고 있는 학교에 부가적인 자원을 제공한다면 프로그램을 수용하는 데 굉장한 도움이 된다. 그러나 가족자원센터가 학교의 일부가 되려면 그 전에 통합과정이 필요하다. 예방과학의 주요한 원칙은 현재의 서비스 제공 체제 속으로 보편적 개입을 통합하는 것이다(Hoagwood & Koretz, 1996). 통합과정은 단계별로 요약하면 다음과 같다.

1. 학교의 지도자(예, 교장, 상담자, 부모, 교사)와의 비형식적 논의. 현재의 서비스 및 잠재적 협력관계에 관한 정보 교환도 이 과정에서 이루어진다. 학교 내 문화적 다양성과 자원을 신중하게 논의한다.
2. 가족자원센터 치료자의 역할, 수업장면에서의 교육과정 그리고 활용 가능한 정보 및 서비스 유형에 관한 교직원과의 모임. 가족 개입을 진행함에 따른 비밀 보장, 학교 정책의 이해, 상담 지침의 공유, 전문가 간의 대화 증진이 중요하다.

3 부모, 교사 그리고 기타 학교 교직원에게 신문을 제공하고 양호시간 또는 학급활동 시간에 SHAPe(Success, Health, Peace; 성공, 건강, 평화) 교육과정을 실행한다.

4 부모, 학생 그리고 교직원에게 매체(예, 공중파 텔레비전)와 가족–중심 자료를 적용한다.

5 자기 평가, 요구 조사 그리고 학교 차원의 훈육 계획과 정책에 관한 정보를 소개할 부모 대상의 학기 초 모임을 갖는다.

6 부모훈련과 청소년 발달에 대한 정보가 들어 있는 소책자를 준비한다.

7 가족자원센터가 논의를 위해 교사와 부모가 참여하는 중요 모임에 참석한다.

8 교사, 교장, 상담자 및 부모와의 비형식적 일일 상호작용을 통한 부모의 긍정적 특성과 성공에 관한 논의를 증진시킨다.

이 모든 단계를 학사 일정 안에서 완수한다면 교직원은 서비스의 전체 범위, 의뢰원의 종류 그리고 부모를 적극적으로 포함시킨 이 개입을 분명하고도 합리적으로 이해하게 될 것이다. 그러나 학교의 운영체계 안으로 부모를 순조롭게 융합시키는 데 소요되는 추가적인 시간과 노력이 과연 가치 있는지를 함께 이해해 나가는 데는 시간이 필요하다.

운영체제

과거 수십 년 동안 잘 만들어진 학교–중심 개입을 활용하고 또 기대를 명확히 함으로써 학교 내 문제행동이 상당히 감소하였다(Gottfredson, 1988; Horner, Day, & Day, 1997; Sugai at al., 1999). 비구조화되고 무질서한 학교는 부모의 분열, 비효과적인 문제 해결, 위험에 대한 불분명하고 편파적인 인식, 교직원의 무감각 그리고 높은 비율의 문제행동을 야기시킨다. 조직의 기능 중 특히 학교차원에서 행동 관리 기법의 효율성을 높이게 되면 부모훈련 개입의 기반이 마련된다. 즉, 학교 운영체제를 발전시키려는 효과적인 행동지원전략(Sugai et al., 1999)이 가족자원센터를 만드는 훌륭한 기반이 된다.

우호적이고 분명한 보고 체계와 보고자료는 조직의 효율성을 높이는 데 중요하다. 많은 학교에서는 훈련 계약을 기록하거나 학생에 대한 월별 자료를 수집하지 않는다. 학생의 정보를 조정할 소프트웨어 프로그램을 표준화하고 이용하여 학교 변화를 활성화하고 학생의 성취와 실패 경향을 교직원에게 정기적으로 보고하여 문제해결을 촉진시킨다. 이러한 운영체계는 어려움을 겪고 있는 학생을 우호적으로 파악하고 적절한 시기에 부모를 참여시키며, 긍정적인 행동조정계획을 부모가 유지할 수 있도록 동기를 높이려는 목표 실현에 무척 중요하다. 학교의 운영체계와 가족자원센터의 역할 접점은 다음에서 논의한다.

가족자원센터

가족자원센터는 두 가지 기능을 수행한다. 첫 번째는 경미하거나 사소한 위험에 노출된 가족을 위한 예방기능이고, 두 번째는 보호

기능이다. 이를 통해 개별 가족의 욕구 수준에 가장 적합하고 알맞은 자원을 선택한다. 5장에서 가족점검을 상세하게 설명하였는데, 이 도구는 스스로를 평가하거나 교직원의 의뢰로 오게 된 위험상태에 있는 가족 개입에 사용되는 중요한 도구다.

환 경

가족자원센터의 조성은 체계적인 변화의 기반이다. 센터는 교사 휴게실처럼 부모를 위한 물리적 공간이자 심리적 공간이 되며, 공간과 자원이 허용한다면 커피나 다른 설비를 갖추는 것이 좋다. 아래와 같은 자료가 가족자원센터의 설립에 필요하다.

1 부모, 학생 그리고 교사가 안전하게 만날 수 있는 공간
2 다양한 문화적 전통을 가진 부모가 흥미를 가질 만한 부모훈련용 도서 및 가정을 주제로 한 도서
3 사춘기 청소년의 흥미를 끌 만한 다양한 10대 취향의 도서 및 가정을 주제로 한 도서
4 따뜻하고 우호적인 분위기와 대화에 필요한 가구
5 가족과 통화할 수 있는 전화기와 자동응답기
6 가족 사정 시 부모-자녀 대화를 기록할 수 있는 비디오카메라, 휴대용이면 더 좋다.
7 비디오테이프 재생기, 텔레비전, 이어폰 그리고 독립된 시청공간.
8 가족자원센터 직원이 흥미를 끌 만한 신문을 쉽게 편집할 수 있고 아동의 출석, 행동 그리고 숙제의 완성여부에 대해 부모

에게 개별적으로 보고할 때 필요한 컴퓨터

9 가족 정보를 수합할 수 있는 자물쇠가 달린 사물함

교직원

전문직원인 '치료자'는 부모와의 협력이 필요한 훈련과 기술을 구분해야 한다. 가족자원센터 직원은 석사학위 이상의 임상가로 적절한 훈련을 받는다면 학교의 전임 상담자가 될 수 있다. 일반 중학교에서는 가족자원센터의 전임상담자 한 명이 서비스 전체를 제공할 수 있지만 문화적으로 다양한 학교라면 학교 내 다양한 가족을 대표하는 두세 명의 직원이 업무를 나누어 맡는 방안을 추천한다.

이 책에 제시한 것처럼 어린 자녀를 둔 부모에게 경험적으로 입증된 사실을 강조한 부모역할 훈련에 대해 설명한다(Webster-Stratton, 1990). 효과적인 부모역할 훈련에 대한 지식을 확장시킬 수 있는 한 가지 방법은 부모에게 제공하는 팸플릿이나 자료집에 교육과정의 내용을 포함시키는 것이다. 즉, 부모와 협력해서 작업할 수 있는 훈련 시간이 필수적이라는 것이다. 부모와의 활동에서 주요 원칙은 6장에서 개괄하였다.

비형식적 대화

현재의 대화 체계를 이해하고 하루 중 스트레스가 높은 시간대와 낮은 시간대를 알기 위해서는 여유를 갖고 탐색하는 것이 중요하다. 문제를 파악하고 해결하는 방법에도 숙달되어야 한다. 실제로 교사와 상담자가 부모역할 훈련의 대리인이 되기는 상당히 부담스

럽기 때문에 정신건강 서비스 담당자, 경찰, 학교 직원이 보통 위기를 다루게 된다. 분명한 위기 상황이라고 해도 대부분의 문제는 아주 심각한 수준에 도달하지는 않지만, 때로는 해결하는 데 드는 시간적 제약과 한정된 직원으로 인해 심각한 수준으로 간주되기도 한다. 학교에 직위를 갖고 있다 해도 좀 더 효과적인 자원으로 역할하려면 가족자원센터는 조직의 반응 체계 외부에 있는 것이 좋다. 학교에서 문제행동을 다룰 때 우선 정보를 모은 후 부모와 교직원의 협조를 얻을 수 있는 전략을 개발한다.

우호적인 중립성

이는 학교와 부모 간의 협력 작업에서 가장 어려운 부분이다. 교직원과 부모는 각각 확립된 견해, 사실과 혼재되어 있는 관심사, 소문, 개인사를 갖고 있다. 모두 타당하고 정확한 견해일 수 있지만 왜곡될 가능성도 있다.

그렇다고 비난으로 문제가 해결되지는 않는다. 그러므로 가족자원센터 직원은 중립성을 유지해야 한다. 협조적인 문제해결모델을 통해 향후 나타날 어려움을 최소화하기 위해 우호적인 입장을 취하는 것이 가장 좋다. 우호적 입장이란 교직원과 빈번하게 상호작용하고, 예상되는 문제를 줄이거나 오랫동안 지속된 학생의 어려움이 반복해서 나타나지 않도록 계획을 세우는 것이다. 예를 들어 교내 폭력은 또래 상호작용 유형(예, 괴롭히기, 소문내기, 윽박지르기, 집단 상호작용)을 관찰하면 거의 예측 가능하며, 폭력 예방을 위한 부모 모임을 계획할 때 이런 내용을 제시한다. 가족자원센터 직원은 문제가 발생할 때까지 기다리지 않는다.

중학교에 가족자원센터를 만드는 것만으로는 전체적인 예방 전략이 충족되지는 않는다. 가족자원센터의 활용(또는 가족자원센터의 부족)은 가족자원센터 직원의 활동, 협력 그리고 통합과 관련된 체계적인 문제다. 교장, 교사, 상담자 그리고 다른 학교 동료가 가족자원센터 서비스를 잘 알게 되면 될수록 각 집단이 얻게 되는 이득은 커진다. 우리는 교실 교육과정을 고안하였고, 이것이 가정관리 활동 주제에 대한 개입을 내용으로 하는 부모-자녀 활동이다.

계약을 위한 전략

교실 교육과정

대부분의 공립 중학교에는 폭력, 약물사용 그리고 불안전한 성적 행동을 차단하기 위한 교실 교육과정이 무척 많다. 학교-중심의 예방교육과정이 어린 청소년의 행동에 직접 영향을 준다는 경험적 증거는 상당히 많다. 대부분의 예는 Botvin과 그 동료들(1990)의 연구 결과에 나타난 것인데, 이들의 연구는 약물사용에 미치는 사회적 영향을 차단하고 인지행동적 변화 전략을 강화하는 교육과정에 초점을 두고 있다.

대부분의 예방 프로그램이 부모의 협조 없이 심각한 행동을 예방할 수 있다고 가정하는데, 이는 주목할 만한 사회학적 주장이다. 약물사용, 폭력 그리고 불안전한 성적행위에 대한 자세하고 강력한 내용을 담은 학교-중심의 교육과정을 개발하게 되면 부모에게 이런 문제에 더 이상 신경 쓸 필요가 없다는 메시지를 전달할 수 있다.

가족자원센터 모델을 시범적으로 실행한 초기경험에 의해 부모의 참여를 유도하려면 가족자원센터가 아닌 학교로 찾아가야 함을 알게 되었다. 그 중요한 이유는 교실 활동을 통해 부모에게 가족관리에 대한 중요한 정보를 전달할 수 있기 때문이다. 게다가 문헌에 의하면 부모에게 숙제를 할당하는 예방프로그램이 중학교 및 상급학교에서 흡연(Telch, Killen, McAlister, Perry, & Maccoby, 1982) 및 약물사용(Pentz et al., 1989)의 감소에 탁월한 효과가 있다.

SHAPe 교육과정을 실행할 때 가족자원센터 직원이 참여함으로써 세 가지 기능이 달성된다. 첫째, 학급활동시간이나 보건 시간에 경험적으로 입증된 개입방법을 실행하도록 교사를 독려할 수 있다. 둘째, 예방, 청소년 건강 그리고 부모 참여라는 주제에 대해 교사와 그 밖의 학교 여러 전문직이 상호작용한다. 셋째, 학교 사회 내에서 부모역할 훈련의 강점과 자원을 만든다.

학교 활동에 부모를 참여시키기 위해서는 교실 활동까지 전적으로 관여할 필요가 있으며, 대다수 부모를 참여하게 하려면 현재 하고 있는 부모역할 훈련의 강점에 초점을 맞추어 청소년의 성공과 안녕감을 증진하는 유능성과 긍정적인 기준을 도출해 낼 부모-자녀 활동을 계획하여야 한다.

SHAPe 교육과정에는 6주 동안 긍정적인 부모역할 훈련 연습에 적극적인 참여를 유도하는 과제가 있다. 예를 들어, 학업성취 및 숙제완성이라는 주제를 정하고 각 가족에게 숙제를 하게 만드는 효과적인 격려 방법, 평균적인 학습시간 동안 숙제를 읽고 수행하는 데 소요된 시간 그리고 어떤 보상이 숙제를 하도록 격려하는 데 사용되었는가를 보고하게 한다. 가족자원센터 직원은 이런 보고를 간단한 신문의 형태로 요약하여 모든 부모에게 발송한다. 만약 전체 학년과 함께 작업한다면 결과는 학년별로 요약되며, 부모는 부모역할 훈련을 해 나가면서 효과적으로 자녀의 변화에 필요한 정보를 얻는다. 부모와 교사가 각기 보유한 학업적 성취와 학습에 관한 부모역할 훈련 정보를 공유한다. SHAPe 신문의 말미에는 가족자원센터 치료자의 이름과 연락처를 기입한다. 각 교육과정 주제에 대해 더 상세한 정보를 원하는 부모가 이용가능한 자료와 비디오테이프 목록도 수록한다.

교육과정의 주제와 그에 수반된 부모-자녀 활동(Kavanagh, Dishion, Winter, & Burraston, 2000)은 다음과 같다.

1주차: 학교에서의 성공

- 교실 수업: 학교 생활을 잘 해내기 위한 목표를 정하고 숙제에 드는 시간과 장소 및 중요한 보상을 구조화한다.
- 가정 내 가족활동: 숙제의 완성을 독려하고 보상을 활용한 성공사례를 함께 나눈다.

2주차: 건강에 관한 결정

- 교실 수업: 건강한 행동을 정의하기; 식생활, 수면, 운동 그리고 약물사용에 대한 규칙 정하기; 건강을 중요시하는 또래나 성인과의 교류를 도모한다.
- 가정 내 가족활동: 약물사용 규칙과 10대 흡연 문제를 해결할 수 있는 단서(약물사용에 대한 한계 정하기)에 대한 대화를 연습한다.

3주차: 긍정적인 또래 집단 형성

▶▶교실 수업: 건강한 또래와 건강하지 못한 또래를 구별하기; 성공, 건강 그리고 안녕감을 증진하는 각각의 또래 활동과 친교의 질을 평가하기; 또래에 저항하는 기술을 배운다.

▶▶가정 내 가족활동: 위험한 또래 활동 및 지역사회 내 위험지대에의 접근을 제한하는 부모 전략에 관해 정보를 공유하고 논의하며, 하교 후 감독하에 이루어지는 활동의 기회를 분담한다(감독하기와 관계의 질).

4주차: 존중의 순환고리

▶▶교실 수업: 존중의 순환고리를 확인하고 무시와 갈등이 일어날 만한 위험 환경인 미성년자 제한 구역을 논의하기; 미성년자 제한 구역을 다룰 전략을 찾는다.

▶▶가정 내 가족활동: 존중감을 높이고 가족 간의 무시(환경을 제한하기, 강압)를 다룰 수 있는 전략을 공유하고 논의한다.

5주차: 스트레스와 분노에 대처하기

▶▶교실 수업: 분노를 경고하는 신호와 분노를 건설적으로 다룰 수 있는 전략을 논의한다.

▶▶가정 내 가족활동: 가족 간 분노(환경 제한, 강압)를 다루기 위한 긍정적 전략을 공유하고 논의한다.

6주차: 평화롭게 문제를 해결하기

▶▶교실 수업: 갈등을 다루기 위한 건설적 방법을 논의해야 하는데, 중립적으로 문제를 가져오기, 다른 사람의 관점을 점검하

기, 기술을 경청하기의 3단계다.

▶▶가정 내 가족활동: 갈등을 다루기 위한 가족 전략을 공유하고 논의하기; 가족끼리 경청훈련을 실시한다(문제 해결과 경청).

실행에 관한 쟁점

이 6주 교육과정은 기술과 전략을 개관한 것으로 심각한 행동문제나 정서문제의 개입방법은 아니다. Botvin과 그 동료(1990)의 연구결과처럼 연령이 높고 성공적인 학생을 활용하여 논의를 촉진하고 역할 연습의 시범을 보여 줄 것을 권한다. 고등학교 학생들이 동의서에 서명하고 활동을 시작하기 전 이 사항을 잘 조직한다. 대학생 또한 초기 청소년과 성인 간의 간격을 충분히 잘 메울 수 있고 학생과 교사 모두에게 신뢰를 받을 수 있는 자원이다.

우리는 교실 활동에 참여하고 부모와 함께 가정 내 활동을 완수하기 위해 집단적인 보상을 사용한다. 보상에는 참여 성적과 교실 파티용 음식(예, 피자)이 있다. 보상은 학급 크기, 자원, 행동문제를 일으킬 가능성이 있는 학생 수에 따라 다르게 선택한다. 행동 관리에 대한 구체적인 권고사항은 SHAPe 지도자 요람(Kavanagh, Dishion et al., 2000)에 수록되어 있다.

SHAPe가 중학교 교육과정에 활용되는 경우, 보상은 학생이 숙제를 완성했을 때에만 기본 점수를 주는 것이다. 숙제가 많아지면서 학생들은 건강 교육과정을 통과하기 위해 주별로 제시된 SHAPe 주제에 따라 주당 15~30분 정도 부모의 개입을 기다린다.

교육과정은 6주 동안 실행되며 40~60분 동안 실시된다. 보통은 가족자원센터 직원이 SHAPe 수업을 지도한다. 가족자원센터 직원이 어느 정도 수준의 훈련과 지원을 해 준다면 학급 교사가 지도할 수도 있다. 수업의 원활한 진행을 위해 토론과 학생 활동의 촉진이 필요하다. 가정과 교직원에게 준비한 신문을 전달하기 위해 동료 상담자와 부모 자원봉사자의 도움을 받는다. 부모에게 정보를 제공하고 참여를 유도하기 위해 학기 초에 SHAPe 수업을 실행하는 것이 좋다.

SHAPe 교육과정은 가족자원센터의 주요 활동이며 보편적 수준의 다른 전략도 부모훈련의 지지하는 목표에 중요하다.

매체의 사용

부모역할 훈련에 대한 정보는 비디오테이프나 다른 매체를 통해 효과적으로 전달된다. 공중파 텔레비전을 이용하여 SHAPe 수업에 참여하는 부모에게 직접적인 모델링을 제공할 수 있다. 공중파 텔레비전 방송국에는 녹음 스튜디오가 있기 때문에 가족자원센터 직원은 가족활동에 참여하는 가족의 일주일을 촬영할 수 있다. 녹화된 가족활동의 나레이션을 가족자원센터 직원, 교장, 때로는 학생들이 할 수 있다. 각 지역사회를 대표하는 성공적인 학생과 가족이 이 대중매체 활동을 위해 선발되기도 한다.

지역사회의 문화적 다양성을 드러낼 수 있는 가족을 참여시키는 것이 중요하다. 그러면 매주, 가족은 텔레비전을 켜고 그 지역사회에 속한 가족이 어떻게 활동을 완수해 내는지 볼 수 있다. 동시에 활동에 참여할 수도 있고 6개 활동에 순차적으로 참여할 수도 있다. SHAPe 교육과정은 주별로 제시되는 교육과정의 틀이 된다. 이에 더하여 가족활동의 수행에서 가족은 감독, 숙제하기 활동 그리고 기타 부모역할에 관한 주제별로 '지역 기준'을 만들 수 있는데, 그 내용은 6주 말쯤에 제작된 신문에 보도된다.

중요한 예방 원칙은 아이디어를 개발하고 전략을 발전시켜 나가는 데 지역사회가 주인의식을 갖는 것이다(Kelly, 1988). 학교 체계에서 활동하게 되면 부모, 교사 또는 다른 지역사회 지도자를 파악하고 그들의 참여와 생각을 이끌어 내는 것이 필수적이다. 청소년의 절제된 생활과 부모의 참여에 지대한 영향력을 미치는 사람들과 함께 각 지역사회 내의 특색 있고 관련이 있는 매체를 개발하여 창의적인 전략을 만들어 낼 수도 있다. 학교안내 모임과 부모-사정 또한 지역 방송을 통해 방영된다.

오리엔테이션

대부분의 학교는 학기 초에 부모를 위한 오리엔테이션 모임을 가지며 출석률도 높은 편이다. 가족자원센터 직원은 부모에게 가족자원센터의 자원과 목표를 능동적으로 홍보해야 한다. 가족자원센터와 제공되는 서비스에 대해 1년 내내 부모에게 구체적으로 안내할 수도 있다.

부모에게 가족자원센터를 홍보하면서 가족에게 자기사정을 실시할 수 있다. 자기사정은 변화에 대한 동기를 유발하는 데 필수적이다. 부모는 사춘기 자녀의 문제행동이 나열되어 있는 10대 자녀의 부모훈련(Parenting in the Teenage Years, Dishion, Kavanagh, & Christianson, 1995) 비디오테이프를 시청한다. 부모안내 모임에서 가족자원센터의 자원에 흥미를 갖게 만들 비디오테이프를 보는 동안 부모에게 간단한 검사를 실시한다.

부모 조언

가족자원센터 직원은 가족과 관련된 문제에 대한 예고 없는 조언 요청에도 응할 수 있어야 한다. 부모와 교사 모두가 자원을 활용하기 위해 정기적인 시간을 정한다. 학교 자체의 문화와 의뢰방식에 따라 전혀 다른 활동이 된다. 숙제를 매번 순순히 마치게 만드는 것처럼 단순한 문제일 수도 있고 좀 더 심각한 임상 문제에 대한 조언이 필요할 수 있다.

때로 학생들이 가족자원센터 직원에게 조언을 요청할 수 있다. 예를 들면 여러 명의 소녀들이 친구가 너무 적게 먹어 걱정된다며 친구를 데려온다. 이때 조언은 가족-중심 해결의 독려가 목적이 된다. 대개의 경우 학생의 문제해결은 학교 상담자에 의한다 생각하고 그렇게 권한다. 그것이 바로 학교 상담자의 역할이라고 생각하기 때문이다. 학생이 의뢰된다면 학생으로 하여금 부모의 허락을 받아오게 한 후, 학교 상담자에게 알려서 협조적인 학교 관계를 유지한다. 물론 학생이 긴급한 위험상태에 있다면 보호자인 부모와의 연락은 의무적이며, 학생들에게도 부모에게 알렸다는 사실을 통보해야 한다. 문제해결에 부모가 참여하게 하는 것이 학생에게 가장 도움이 되는 일이라는 점을 명심해야 한다. 가족문제를 건설적으로 해결하는 데 학생들이 관심을 갖도록 격려하려면 학생들이 흥미 있어 할 비디오테이프나 자료를 갖추는 것이 도움이 된다.

가족의 이혼, 재혼, 생활환경의 변화와 죽음은 우리가 만나는 가족 모두의 공통 관심사다. 많은 가족에게 이혼과 양부모가 되는 일은 효과적으로 대처해야 하는 주요한 가족 스트레스원이다. 따라서 이런 과도기에는 많은 조언과 지지가 필요하다. 전체 가족의 50%가

이혼을 경험하고 있으며, 재혼가정의 상당수가 다시 하위 가족으로 나누어진다는 점을 고려할 때 이런 문제에 초점을 맞춘 비디오테이프, 도서 그리고 부모의 야간 시간에 이루어지는 모임은 필수적이다. 스트레스를 겪는 시기에는 적은 지원도 학생과 가족에게 도움이 된다. 가족자원센터의 책꽂이에서 새부모 되기와 이혼 스트레스를 처리하는 주제를 다룬 비디오테이프와 서적을 쉽게 접할 수 있도록 한다.

많은 가족이 부모나 자녀가 집을 떠난 이후 부모-자녀 관계를 다시 좋게 만드는 방법을 알고 싶어 한다. 우리는 현재 이런 전환기를 다룰 자료를 개발하고 있다. 아주 위험한 도시 환경에 속해 있는 수많은 학생과 가족집단—이들은 폭력의 결과로 생긴 손해를 감수해야 하는데—을 대상으로 한 많은 도서와 지역사회 자원이 있다. 덧붙여 말하면 좋은 지역 사회자원은 가족 중 한 명과의 사별을 경험한 가족에게도 도움이 된다. 우리의 경험에 따르면 가족은 평균 두 번 정도 조언을 받을 것이다. 첫째로 가족은 여러 가족 문제 및 청소년 문제로 찾아오며, 자발적이건 의뢰에 의해서건 간에 가족자원센터 자원을 다양하게 활용하고 있다. 두 번째로 가장 흔한 관심사는 행동관리, 의사소통 그리고 부모-청소년 관계다. 학교에서의 또래 갈등과 감독(무감독 상황에서 이루어지는 또래와의 시간) 또한 공통적인 주제다. 가족은 광범위한 문제를 가지고 스스럼없이 가족자원센터에 오는 것처럼 보이지만 부모의 관심사가 모이면 특정 문제 또는 학교 문제 상황에 대해 '부모의 밤'을 개최할 수 있을 정도가 된다.

'부모의 밤'이 잘 수행되면 좋은 정보가 교환되고 부모 간 협조체계와 연결망이 만들어진다. 우리는 또래의 감독과 숙제라는 주제로

'부모의 밤' 을 개최하였고 교직원과의 협력이 잘 이루어져 출석률이 아주 높았다. 어떤 중학교에서는 부모가 또래 활동에 대한 정보를 교환하기 위해 정기 모임을 만들자고 제의하였고 교직원은 이 부모를 매우 긍정적으로 평가하였다. 생태학적 모델에 따르면 감독에 대한 논의에는 그 지역의 '위험지대' 에 대한 목록 작성도 포함된다. 위험지대란 부모, 경찰 그리고 교직원이 문제 학생이 모이는 장소로 파악한 지역이다. '부모의 밤' 은 이후의 약속과 가족 점검표를 유도할 수 있다.

양육을 위한 유관계약

잘 조직된 학교 생태 안에 가족자원센터가 설립되면 부모 협조와 참여를 위해 학교 중심의 연계를 제공한다. 교직원은 학생의 문제행동을 감소시키기 위해 종종 정학, 제적, 방과 후 수업, 나머지 공부와 같은 비효과적인 수단을 사용한다. 어린 학생을 공립 학교에서 추방하여 대안 학교로 보내면 결국 문제행동이 악화될 수 있다(Dishion, McCord, & Poulin, 1999 참조). 만약 부모가 학교에서 가족자원센터 서비스에 참여한다면 정학과 제적이 철회될 수도 있다.

이런 이유로 가족자원센터 자원에 부모를 참여시키기 위한 학교 중심 연계가 중요하다. 지역사회 강화와 일관된 방법으로 개입이 필요한 가족은 혼돈 속에 있고 양가적인 동기가 있기 때문에 이들이 참여하도록 보상을 제공하는 것이 좋다(Azrin, 1970). 가족자원센터 직원—가족 점검표와 경험을 토대로 한 기타 개입 서비스를 포함하여—에게 자문함으로써 학교 체제 내에서 어떻게 보상받을 수 있는지를 [그림 9-3]에 정리하였다.

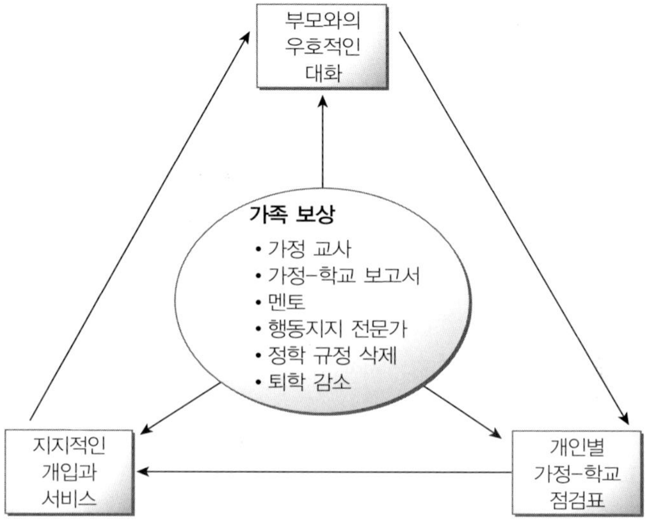

[그림 9-3] 일반적 개입: 가족자원센터

모든 학교에는 학생 행동, 동기와 시민의식에 대한 정보가 수록된 '보고 카드' 가 있다. 처음에는 교사가 시민의식이 낮다고 평가하여 훈련을 의뢰하거나 학교에서 발생한 다른 구체적인 행동 때문에 가족자원센터와 접하게 된다. 예를 들면, 모든 중학교에는 학부모-교사 위원회가 있다. 교사가 시민의식이 낮다고 평가한 학생의 경우 학부모 위원회 시간에 교사와 가족자원센터 직원 모두와 만날 것을 부모에게 통보한다. 개별 학생에 대한 성취 계획이 실현 가능한지 부모와 상의하게 되면 학생, 부모, 교사 그리고 다른 교직원의 헌신적인 참여가 필요하다. 가족점검을 토대로 평가 및 협조 방식이 마련되고 이는 계획의 기반이 된다. 수준에 따라 여러 계획이 수립될 수 있다. 수준 1은 학생의 출석, 행동 그리고 숙제 수행 여부에 대한 구조화된 주별 보고를 말한다. 수준 2에는 이들 차원에 따라 부모에게 매일 또는 매주 보고가 추가된다. 때로는 가족이나 학교의 특별한 관심사에 대한 보고가 포함된다.

개별화된 계획과 부모의 참여가 있다면 [그림 9-3]처럼 필요에 따라 준비된 자원을 제공할 수 있다. 예를 들어, 어린 청소년에게는 멘토가 좋다. 오리건 지역사회에서 새롭게 행동지지 전문가를 도입하였는데, 원래 이 멘토는 친사회적 행동을 강화하는 개별화된 계획으로 고위험 집단의 청소년과 작업하도록 훈련된 대학생이다. 멘토는 긍정적인 활동이 계속 증가하도록 격려하는 기술을 발전시켜 나가며, 학교 단위 숙제의 지지, 개별적 지지, 여가 활동에 대한 장학금 그리고 다른 지역사회를 토대로 한 유인가는 검증된 지지 서비스에 참여하고자 하는 고위험 집단 부모의 동기를 높인다.

[그림 9-3]에서처럼 대부분의 진보적인 학교는 개별화된 서비스가 실행되는 한 학생을 정학 또는 제적하지 않는다고 보증하는 계약을 부모와 체결할 것을 고려한다. 행동문제는 발생하겠지만 학교 차원의 개입이 제공된다면 이런 문제는 좀 더 좋은 방향으로 전환될 수 있다. 학교에서 학생의 문제행동을 기능적으로 평가하는 것이 문제행동에 대한 효과적인 반응을 탐색하는 가장 중요한 전략이다.

여름 방학 점검사항

6~9월까지는 가정에서 여름 방학 점검사항을 마무리하기 가장 좋은 시간이기 때문에 교직원과 학생에게 여름은 가장 편한 시간이지만 부모는 감독과 시간 관리로 어려움을 겪는다. 이때 부모와 함께 자녀를 점검하고 여가 자원을 감독할 정보를 제공한다면 부모에게 매우 도움이 된다. 최근 일명 '내년 계획' 이라는 여름 자문 전략

을 개발하였고, 이 서비스가 모든 부모에게 매우 유용함을 알게 되었다. 가족점검표나 가족자원센터 서비스에서 점차 탈락하는 부모도 '내년 계획' 에는 참여한다.

부록 B에는 '내년 계획' 에 초점을 맞춘 '여름 방학 점검용 체크리스트' 를 제시한다. 부모는 가족자원센터 직원과 협력하여 전년도를 평가하고, 다가오는 새 학기의 변화에 초점을 맞춘다. 이런 단기의 개입에 부모의 참여도가 높다면 부모와 라포를 형성하고, 중 · 고등학생의 목표와 이에 따르는 고려사항을 점검할 아주 좋은 기회가 된다.

요 약

이 장에서는 보편적 수준의 가족자원센터 목표와 활동을 논의하였다. 또한 일반 중학교에서 가족자원센터를 설립하는 데 따른 몇 가지 문제와 가능한 해결책을 논하였다.

가족자원센터의 목표가 모호하기는 하지만, 중학교 환경에서는 한 명의 전임 치료자가 부모역할 훈련에 의미 있는 영향을 끼칠 수 있다. 석사 이상의 상담자가 부모 및 교직원과 협조적으로 그리고 효율적으로 작업하도록 훈련을 받는다면 한 명의 전임 치료자로도 가능하다. SHAPe 교육과정, 부모의 밤, 부모 오리엔테이션 모임, 공중파 텔레비전 그리고 부모에게 보내는 신문과 같이 비용을 절감하는 보편적인 개입방법을 활용하여 일반적인 수준에서 영향력을 최대화한다. 청소년-부모 간의 대화 및 협력, 문제의 확인과 의뢰를 증가시키려면 교직원을 위한 훈련이 필요하다.

제10장

청소년 전환기 프로그램의 경험적 증거

이 장에서는 청소년 전환기 프로그램의 수준별 요소의 효과에 대해 논의한다.

여기에 기술된 결과를 개별적으로 고려해서는 안 된다. 세계적으로 10개의 연구집단이 활발히 활동하고 있으며, 가족-중심 개입방법과 예방전략을 개발하고 그 효과를 검증한다. 『Prevention Science』(Spoth, Kavanagh, & Dishion, 2002)의 최근호는 서부 지역의 가족-중심 예방전략을 중심으로 구성되었다(Fisher & Ball, 2002; Kumpfer, Alvarado, Smith, & Bellamy, 2002; Olds, 2002; Sanders, Turner, & Markie-Dadds, 2002; Spoth et al., 2002).

경험적 증거는 초기 아동기(예, Webster-Stratton, 1990), 중기 아동기(예, Patterson, 1974) 그리고 청소년기(예, Alexander & Parsons, 1973;

Henggeler, 1998; Liddle, 1999; Szapocznik & Kurtines, 1989)의 문제행동을 감소시키는 가족-중심 개입을 뒷받침한다.

청소년 전환기 프로그램 현장 실험

청소년 전환기 프로그램에 대한 초기의 내용 분석(Dishion et al., 1988)에서 두 가지 인지행동적 교육과정—하나는 어린 청소년을 대상으로 한 자기 조절, 다른 하나는 부모를 대상으로 한 가족관리—으로 구성된 다요소 개입방법을 검토하였다. 두 개입방법 모두 12주 이상의 집단에 실시하며, 반구조화 형식을 이용한다. 120명의 고위험 가족을 여러 개입 방식, 즉 첫째, 부모만, 둘째, 10대만, 셋째, 부모와 청소년, 넷째, 자기 주도적 변화에 무선 할당하였다.

어린 청소년의 위험도를 줄이는 데 개입방법이 어떤 영향을 미치는지에 대한 우리의 가정은 [그림 10-1]과 같다. 간단히 말하면 청

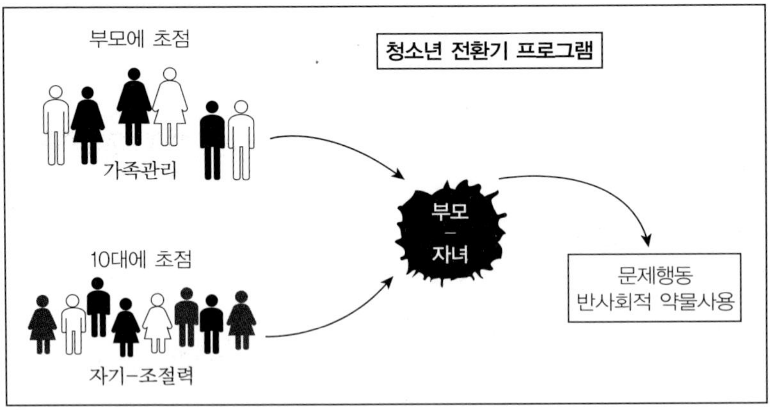

[그림 10-1] 가설: 어린 청소년의 위험도를 감소시키는 치료효과의 정도

소년의 자기 조절력과 부모의 가족관리 능력이 증가하면 가족 간에 강압적으로 상호작용하는 수준이 낮아지며 결과적으로 반사회적 행동과 약물사용이 점점 줄어들 것이라고 예측하였다. 또한 자기 조절과 가족관리 집단 개입에 할당된 가족의 경우 부모-자녀 간의 강압과 이후의 문제행동이 가장 많이 감소할 것으로 예측하였다. 이러한 가설은 오리건 청소년 연구(Oregon Youth Study) (Dishion et al., 1988) 모델과 초기 연구결과를 근거로 세운 것이다.

초기의 가설이 기각될 가능성이 높다는 점 때문에 개입의 성과 연구는 매우 위험 부담이 크다(Meehl, 1978). 역설적이게도 개입 성과 연구에서 효과가 없다거나 부정적인 효과를 나타냈다고 보고하는 경우는 거의 없다. 기대하지 않은 결과가 나타나거나 효과가 없는 것으로 나타났을 때 연구자들은 종종 측정도구의 결함(그러므로 불일치한 자료를 만든 측정치를 소홀히 한다)이나 수행과정상의 결함을 든다. 이는 '서류철 문제(file drawer problem)' 라 불리는 주제의 변형이다. 효과 없거나 부정적인 결과는 파일함에 없다(Dawes, 1994; Landman & Dawes, 1982). 부정적 결과나 효과 없다는 결과물이 감춰지거나 연구보고에서 삭제되는 경우 이 분야의 연구는 느리게 성장할 수밖에 없다.

긍정적 결과, 무효한 결과, 부정적 결과가 이 책에 서술된 청소년 전환기 프로그램을 구성하고 있기 때문에 이 장에서는 모든 형태의 결과물을 밝히려고 노력하였다. 이 논의는 세 영역으로 구분한다. 첫째, 측정 문제, 즉 청소년과 그 가족 간의 변화 측정에 따른 복잡성을 기술하였다. 둘째, 부정적 결과, 즉 예상과 반대로 나온 결과도 상세히 기술하였다. 셋째, 즉 긍정적 결과, 예상대로 나온 결과 자료를 요약하였다.

측정 문제

여러 요소에 대한 초기 연구의 실증적인 결과를 보고하기에 앞서 두 가지를 고려할 필요가 있다. 첫째, 부모의 문제행동의 보고는 매우 반응적이다. 아동행동평가척도와 부모일일보고서를 사용하여 청소년 문제행동을 측정하였다(Chamberlain & Reid, 1987). 고위험 가족집단을 충원하기 위해 지역사회에 광고하였고 부모가 연구소에 전화해 줄 것을 호소하였다. 그러고 나서 전화를 통해 표집을 검토하였다. 이때 Bry(1982)가 만든 10개의 위험 요소 리스트를 활용하여 청소년이 실제로 여러 가지 약물을 사용하고 있는지를 판별하였다. '위험 상태에 있는 청소년' 표집이지 '치료를 요하는 청소년 표집' 이 아니라는 점을 증명하기 위해 체포된 적이 없는 어린 청소년이어야 한다고 규정하였다.

부모가 개입연구에 참여하기 위해 접수면접시 자녀의 행동문제를 다르게 보고한다는 몇 가지 증거가 있다. 기저선부터 종결까지의 아동행동평가척도와 부모일일보고서에는 청소년 문제행동이 크게 감소한 것으로 부모 모두 일관되게 보고하였다(Dishion & Andrews, 1995). 예를 들면 집단 개입방법은 초기에 발생한 좀 더 심각한 비행에는 비교적 효과가 적다고(Bank et al., 1991) 확신하였기 때문에 체포된 경력이 있는 12세 아동은 제외하였다. 청소년의 기록을 실제로 검토해 본 바에 따르면 부모는 모두 체포된 적이 없다고 보고하였지만 무려 28%가 전과 기록을 갖고 있었다.

여러 개입이 토대로 한 모델들은 다특성(multitrait), 다방법(multimethod) 측정 전략을 사용한다(Campbell & Fiske, 1959; Dwyer, 1983). 수동적 종단자료(passive longitudinal data)에 이 전략을 적용

했을 때 각 측정치의 변화를 염려하지는 않았지만 Eddy와 Dishion 그리고 Stoolmiller(1998)는 다특성, 다방법 자료를 분석할 때 나타난 예상치 못한 문제를 보고하였다. 간단히 말하면 각 개인과 각 측정치가 개입연구의 요구에 따라 독특하게 반응하고 있음이 드러났다. 예를 들면 기저선부터 종결까지의 변화에 대한 부모, 청소년 그리고 교직원의 보고 간에는 실제적으로 상관관계가 없는 것으로 나타났다.

둘째, 변화 점수 간에 상관관계가 없다는 것과 더불어 시간의 경과에 따른 문제행동의 변화에도 다른 복잡성이 나타났다. 청소년기의 문제행동은 종종 일차원적 증상으로 다루어진다. 이런 모델은 한 시점에서 모은 자료를 분석하는 데는 적합하지만 변화하는 자료를 분석하는 데는 별로 적합하지 않았다. 아동행동평가척도의 외현화 척도에서 개별 문항의 결과를 요인분석한 결과 반사회적 행동을 반영하는 행동과 청소년 문제행동을 반영하는 행동의 두 요인으로 구분되었다. 전자는 연령이 높아지면서 감소하였으나, 후자는 연령에 따라 증가하였다(Eddy et al., 1998). 두 요인으로 분석된 척도는 Achenbach(1992)의 공격성 척도, 비행 척도와 일치한다. 이 두 척도를 구분함으로써 우리의 두 가지 개입 요소가 청소년에게 다른 영향을 미친다는 사실이 나타났다.

부정적 결과

결과 자료의 분석이 시작된 초기에는 무작위로 할당된 어린 청소년은 통제 집단에 비해 어떤 종류의 문제행동(예, 흡연에 대한 자기 보고, 비행에 대한 교사 보고)에서 증가를 나타냈다(Dishion & Andrews,

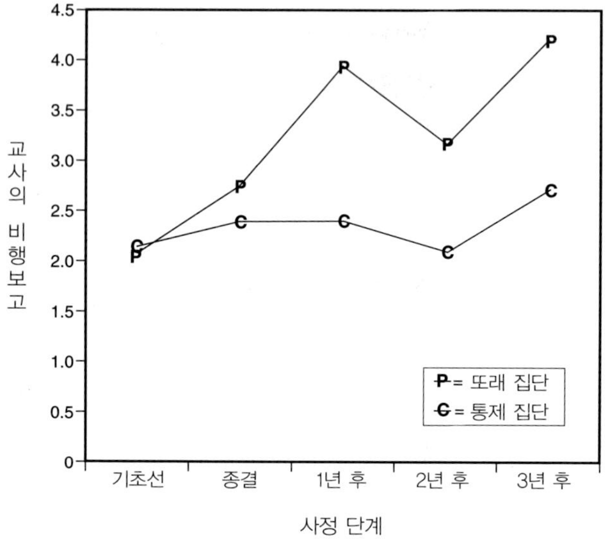

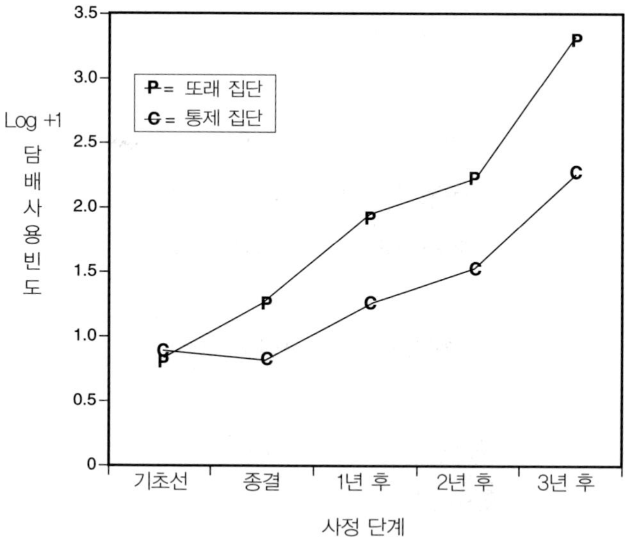

[그림 10-2] 학교에서의 비행과 흡연행동에서의 치료에 따른 성장의 두 집단 분석

1995; Dishion, Andrew, et al., 1996). 단기간 동안만 이런 결과가 나타나기를 기대했지만 그렇지 않았다. 3개월의 개입이 끝나고 나서 3년 뒤에도 흡연에 대한 자기 보고와 비행에 대한 교사 보고가 증가하는 경향성이 일관되게 나타났다.

Poulin 등(2001)은 흡연과 비행의 증가가 집단 개입과 통계적으로 관련이 있는지 밝히기 위해 후속적으로 성장 모델링을 활용하였다. [그림 10-2]에 나타났듯이 실험 집단과 통제 집단 청소년 간의 차이는 종결 즉시 시작되어 3년에 걸쳐 지속되었다.

치료에 따른 부정적 효과는 종종 치료병(iatrogenic)으로 불린다. 초기에 우리는 치료병이 우리 연구에서만 독특하게 나타난 것으로 생각했으며 부정적 결과를 보고할 책임이 없다고 생각하였다. 하지만 다른 개입연구도 비슷한 결과를 보고함을 알게 되었다. 예를 들어 Lipsey(1992)는 모든 비행자 개입 연구의 29%가 어느 정도 부정적인 결과가 나타난다고 하였다. 그러나 어느 수준의 고위험 청소년을 대상으로 연구했는지는 분명하지 않다.

Cambridge-Somerville 청소년을 대상으로 한 Joan McCord의 연구(McCord, 1978, 1981, 1992)는 주목할 만하다. 이 연구는 고위험 청소년의 비행을 예방하기 위해 유사 실험을 실시하였다. 개입이 시작되기 전 다양한 인구학적 요인, 행동적 요인 그리고 물리적 요인에 따라 400명이 넘는 청소년을 쌍으로 묶었다. 두 명 중 한 명의 청소년은 무작위로 통제 집단에 배정하고, 다른 청소년은 실험 집단에 배정하였다. 개입 팀들은 실험 집단에게 그 당시 가장 좋은 형태의 사회사업 서비스에 청소년과 그 가족을 4년 동안 참여하게 하였고, 실험은 미국이 제2차 세계대전에 참전하면서 종결되었다.

30년 후 나타난 결과는 약간 부정적이었다. 대규모 사회사업 개입에 참여했던 청소년이 통제 집단에 속한 청소년보다 더 나빠졌다. 범죄학 분야에서 이 결과들은 고전이 되었고, 심리학 분야에서는 사실상 무시되었다(McCord, 1978).

청소년 전환기 프로그램의 청소년 집단에서 치료병 효과를 발견하였을 때 우리는 Cambridge-Somerville 청소년 연구에서 관찰된 치료병 효과 또한 청소년을 모아놓았기 때문에 나타난 것이 아닌지 검증하기 위해 McCord와 함께 재분석하였다. 그 결과 두 번 이상 여름 캠프에 참가한 청소년이 부정적 효과의 상당 부분을 설명하고 있음을 알게 되었다(McCord, 1997). 통제 집단과 비교했을 때 10 : 1 이라는 비율로 부정적인 인생 결과를 경험하고 있었다. 공동 보고서(Dishion, McCord, & Poulin, 1999)에 기술한 자료는 [그림 10-3]에 요약되어 있다.

치료병 효과 분석의 마지막 단계는 집단의 어떤 측면이 부정적 효

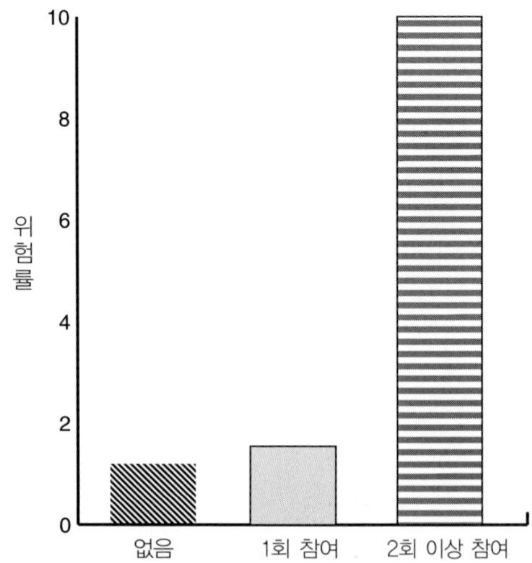

[그림 10-3] 여름 캠프 참석에 따른 부정적 결과

과와 연관되었는지를 알아보는 것이다. 우리는 청소년이 참여한 집단 전회기를 촬영하였다. 7장에 제시한 것처럼 촬영된 비디오테이프는 슈퍼비전을 실시하고 개입 효과를 분석하는 데 유익하다(Hogansen & Dishion, 2001). [그림 10-4]에 결과가 요약되어 있다.

근본적으로 각 집단에서 실시한 일탈에 대한 훈련 방식은 교내 흡연 및 문제행동의 부정적 증가와 어느 정도 연관되어 있었다. 또래로 하여금 집단에서의 일탈적인 대화 수준을 줄이고 친사회적 행동 및 인지행동적 교육과정을 더 많이 지지하게끔 집단 회기를 운영했기 때문에 이 사실은 놀라웠다. 그러나 비디오테이프를 자세하게 살펴보니 집단 회기 동안 청소년 간에 은밀한 상호작용이 일어나고 있었으며, 비구조화된 시간 동안(집단 회기 전후와 휴식시간 동안) 일탈적인 대화를 미묘하게 지지하고 있음을 알 수 있었다.

긍정적인 면을 보자면 집단에 교육과정을 전달하는 데 도움을 주고 친사회적 기술을 보여 주기 위하여 고등학교 상급 학생을 선발하였고, 집단에서 또래 상담자와의 긍정적 상호작용은 문제행동의 발생을 감소시켰다.

우리의 결론은(우리의 연구결과, Cambridge-Somerville 청소년 연구결과, Dishion, McCord et al., 1999의 연구를 토대로 한) 청소년을 집단으로 모으면 문제행동이 잠재적으로 악화된다는 것이다. 처음에는 고위험 청소년을 모으는 것이 중요하다고 가정하였다. 그러나 이제 일탈행동으로 모인 청소년에 초점을 맞추거나 관계를 발전시키려는 집단 처치가 결국 부정적 효과를 만드는 건 아닌지 의구심이 든다.

비디오테이프를 조사해 보면 치료 순간에도, 즉 어린 청소년이 약물사용의 중단이나 바람직한 행동을 증가시키는 문제를 이야기하는 시간에서조차 일탈을 가르치는 중요한 요소를 포함하고 있었다

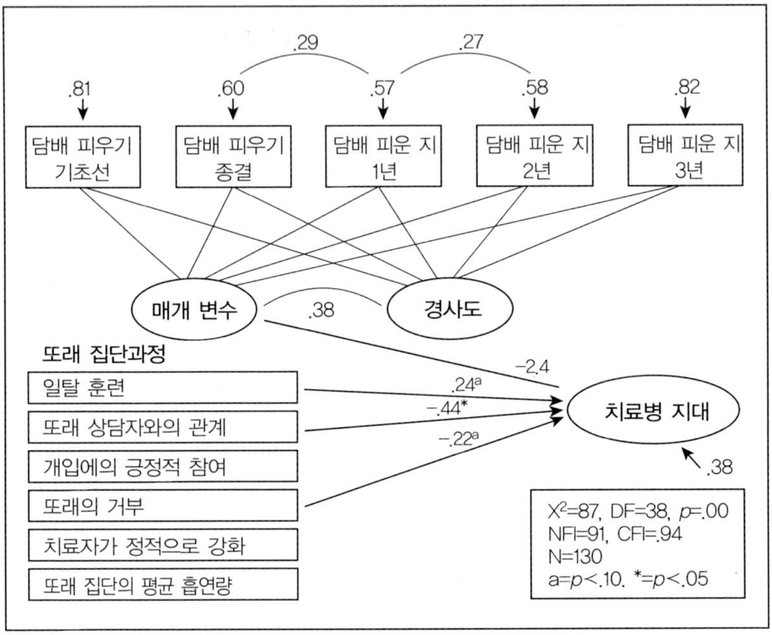

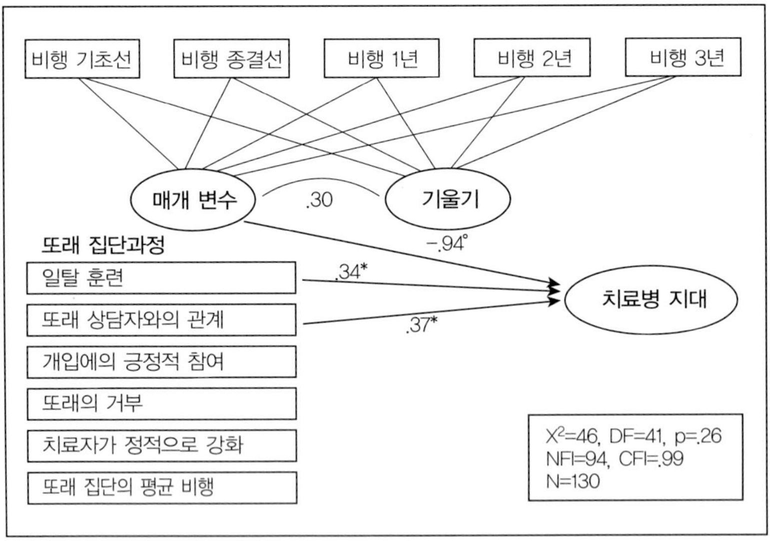

[그림 10-4] 또래 집단과정의 관찰치로 흡연에 대한 자기 보고 및 비행에 대한 교사 보고상의 치료병의 성장 예측

(Dishion et al, 1997; Dishion, Andrew, et al, 1996: Dishion, Spracklen, et al., 1996). 고위험군이든 저위험군이든 간에 이런 주제는 모든 집단원의 주목을 받으며 흥미를 끈다. 문제행동은 주목을 받으면 강력하게 강화되는 효과가 있다.

주지한 대로 문제를 가진 청소년을 대상으로 하는 많은 개입방법은 집단모임과 느슨한 감독으로 진행된다. 기관을 대상으로 한 관찰 연구에 따르면 친사회적 행동을 강화하는 데 있어서 사실상 성인은 또래와 대적할 수 없음을 보여 준다. Buehler와 Patterson(1966)은 학교에서 성인이 한 가지 긍정적 행동을 강화하는 동안 또래는 아홉 가지의 일탈행동을 강화한다는 사실을 발견하였다. 확실히 청소년 또래 집단의 독특성과 기관 환경의 역동성은 전문적인 중범죄자나 약물사용자를 만드는 완벽한 훈련 조건을 제공하는 것 같다.

긍정적 결과

유사 실험 첫 단계에서 가장 중요한 결과는 예상치 못한 치료병 효과였지만 기대했던 긍정적 효과 또한 유익했다. 다른 많은 연구자처럼 가족관리에 초점을 맞춘 개입방법은 나이가 어린 고위험 청소년의 문제행동 증가를 억제하는 가장 효과적인 전략이며, 몇몇 연구에서는 청소년에 대해서도 효과를 나타냈다.

가장 믿을 만한 임상결과는 부모-자녀 상호작용에 대한 직접 관찰이다. 이 연구에서 여러 가족 연구자(Forgatch, 1989; Robin & Foster, 1989)가 사용한 절차에 따라 모든 청소년과 부모에게 일상생활 문제에 대해 대화를 나누게 하고 이를 비디오로 촬영하였다. 그러고 나서 가족상호작용코드(Family Process Code: FPC: Dishion,

Gardner, Patterson, Reid, & Thibodeaux, 1983)에 따라 비디오테이프를 코딩하였다. 현재도 마찬가지지만 과거의 강압적 상호작용 빈도가 초점이었다. 15분간의 문제 해결과정을 녹화한 테이프를 통해서 매 1분마다 부정적 의사교환이 나타난 비율을 반영하여 부정적 행동개입점수를 내고 부모-청소년 간의 강압적 상호작용을 수치화하였다.

자기 규제와 가족관리 교육과정 모두 부모-자녀 간의 강압적 상호작용 감소와 관련이 있었다. 부정적 행동의 평균 수준은 〈표 10-1〉

표 10-1 가족 문제 해결과정에서 나타난 부모와 자녀 간의 부정적 개입 관찰치: 개입 조건 및 단계별 결과치

개입 조건	기초선			종결		
	n	*M*	*(SD)*	*n*	*M*	*(SD)*
어머니						
부모만	24	0.63	(0.63)	23	0.39	(0.44)[a]
10대 자녀만	31	0.67	(0.85)	31	0.52	(0.59)[a]
부모와 10대 자녀	31	0.56	(0.81)	29	0.46	(0.47)[a]
자기 주도	27	0.49	(0.51)	25	0.56	(0.84)
통제	39	0.62	(0.54)	35	0.90	(0.89)
자녀						
부모만	26	1.27	(1.33)	24	0.81	(0.88)[a]
10대 자녀만	32	1.09	(1.28)	32	0.80	(0.89)[b]
부모와 10대 자녀	31	1.33	(1.58)	31	0.93	(1.09)[a]
자기 주도	27	0.78	(0.78)	25	1.06	(1.31)
통제	39	1.22	(1.22)	35	1.36	(1.53)

주: 이 점수들은 분 단위로 관찰된 행동의 측정치를 의미한다.
a-통제집단과는 대조적으로 마지막 시점에서 통계적으로 유의한 긍정적인 중재의 효과가 있다는 것을 의미한다.
b-통제집단과는 대조적으로 통계적으로 허용적인 ($p < .10$) 유의수준에서 중재의 효과가 있다는 것을 의미한다.

에 요약되어 있다. 이 자료들은 개입 성과의 측면에서 흥미로울 뿐 아니라 기술적으로도 흥미를 끈다. 1분 간격의 비율 점수는 행동으로 쉽게 번역될 수 있다. 1분당 비율인 .5는 2분마다 가족 중 한 명이 부정적 행동을 한 번 하였음을 보여 준다. 부정적 행동에는 비평(부정적 수준, 언어적 공격)이 가장 많았고, 이보다는 덜하지만 강압적인 위협이나 부정적 신체 공격도 나타났다.

교사는 가족관리 교육과정에 무작위로 할당된 청소년의 반사회적 행동을 덜 보고하는 경향이 있다. 6장에 논의된 것처럼 강압적 상호작용의 변화는 [그림 10-1]에 제시되었듯이 반사회적 행동에 대한 교사 평가의 감소와 연관된다. 이런 결과는 처음 출판한 우리의 연구결과에 자세히 기술하였다(Dishion & Andrews, 1995).

지속적인 약물사용에 대한 가족개입의 영향도 검토하였다. 개입 첫 해 동안 부모만 투입된 조건에서 부모 및 청소년 모두 흡연이 거의 줄어들었다고 보고했다. 통계적으로 신뢰할 수는 없지만 알코올과 마리화나의 사용도 감소하였다는 점에서 그 결과는 유사했다(Dishion, Spracklen, et al., 1996). 그러나 안타깝게도 약물사용에서의 부모 개입 효과는 1년 후에 그리고 그 이후에도 감소하였다.

Irvine, Biglan, Metzler, Smolkowski 그리고 Ary(1999)는 부모대상 가족관리 교육과정의 개입 효과를 반복 연구하였다. 이들은 시골에 거주하는 고위험 가족을 무선적으로 통제 집단과 가족관리 교육과정인 실험 집단에 배정하였다. 가족관리 교육과정은 자녀양육 활동의 증가와(O' Leary, 1995) 청소년의 문제행동 감소에 관련이 있었지만 통제 집단 설계인 까닭에 장기적인 효과는 검증하지 못하였다.

결 론

청소년 문제행동에 대한 발달 모델을 검증하는 개입 연구를 할 때 개입 연구의 첫 단계는 매우 중요한 교훈을 준다(Dishion & Patterson, 1999). 변화의 측정이 무척 복잡했는데 이는 보고원의 독특한 관점이 개입 실험에 차별적으로 반응하는 것처럼 보였기 때문이다. 물론 이런 문제는 심리학 실험에 대한 기본 교과서에 자세하게 논의되어 있다(Campbell & Stanley, 1963; Cook & Campbell, 1979). 후속적인 개입 연구는 평가에 대한 반응과 측정 효과를 신중하게 구분해야 한다.

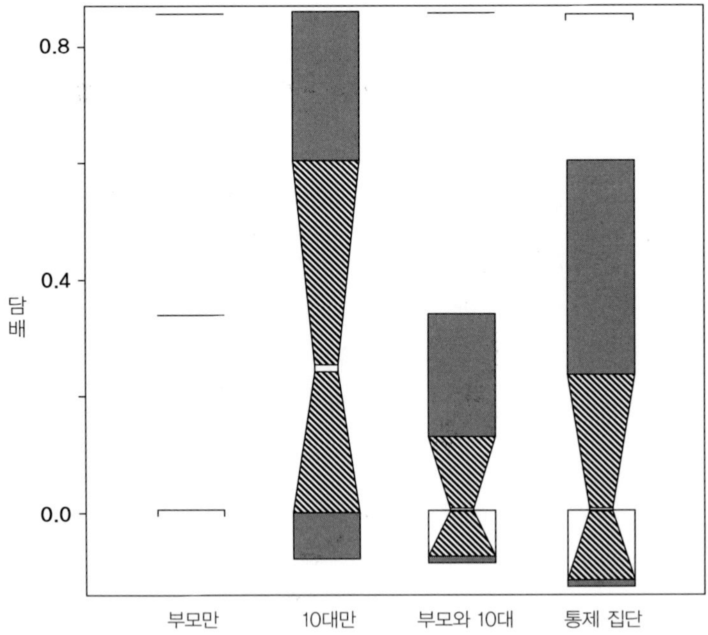

[그림 10-5] 개입 조건별 월별 흡연량

[그림 10-5]에 요약한 것처럼 문제행동의 예방을 위해 청소년과 부모집단을 대상으로 개입하는 것이 유용한지에 대한 결론도 내렸다.

자료와 아동 및 청소년 문제행동에 대한 많은 문헌은 또래를 집단화하는 개입방법은 결국 해가 되거나 비효과적인 반면 부모훈련에 초점을 맞춘 개입은 유익하다는 점을 보여 준다. 특히 고위험군 가족에게 부모훈련은 더 유익하다. 청소년 가족과 작업할 때 개입 효과를 1년간 유지하기 위해서는 초기부터 중기 청소년기까지 또래의 영향력이 커지지 못하도록 청소년 시기 동안 개입을 위한 회기를 갖고 지속적인 지지를 해야 할 것이다(Chassin, Presson, & Sherman, 1990; Dishion, Andrews, et al., 1996).

공립학교 통합

배 경

임상 연구자가 대학과 연구소에서 개입 전략을 검증할 때 나타나는 단점을 증명하였다. 연구 환경에서 설계된 개입은 중간 정도의 효과를 나타내지만 지역사회 환경에서 실시된 개입의 효과 크기는 0으로 떨어진다(Weiss, Catrone, Harris, & Phung, 1999; Weisz, Weiss, Hahn, Granger, & Morten, 1995).

이런 문제를 염두에 두고, 학교에서 실시되는 청소년 전환기 프로그램의 효과성 검토를 시작하였다. 예비 연구에서 학교나 연구소의 청소년 전환기 프로그램에 60가족을 무선 배당하였다. 불행하게도 치료병 효과를 발견한 초기의 연구결과자료를 확인하기 전에 이 연구를 계획하였다. 결국 부모집단 개입과 청소년집단 개입이 함께 진행되었는데, 청소년집단 개입을 포함시킴으로써 부모 개입의 효과가 훼손되었으며, 이는 초기 청소년기에 보이는 또래집단의 영향력을 증명해 주었다.

그러나 학교 개입은 연구소에서 실시한 청소년 전환기 프로그램보다 조금 더 나은 성과를 보였다(Dishion, Andrews, et al., 1996). 학교에서 실시하였을 때 치료병 효과가 덜 나타났다. 부정적 효과가 이렇게 감소한 것은 청소년 집단에 친밀한 또래를 포함했기 때문이거나 3개월 후 낮은 위험도의 청소년과 높은 위험도의 청소년을 다시 집단화했기 때문인 것으로 보인다. 이 자료들은 학교에서 가족-중심 개입을 통합하려는 우리의 노력이 긍정적인 방향으로 가고 있음을 보여 준다.

프로젝트 연합

1994년, 공립학교에 청소년 전환기 프로그램을 완전히 통합할 가능성이 있는지 탐색하였다. 연구자들은 공립 중학교의 가족자원센터에서 매주 활동하였고 교직원 모임에 매주 참석하였으며, 상담자와 교감이 추천한 가족과 함께 활동하였다. 3년 후 초등학교, 중학교 그리고 고등학교 가족자원센터에서 몇 명의 졸업생을 검토하였다. 이 경험은 2장에 기술된 개입 모델과 9장에 기술된 학교 생태 내에서의 활동이라는 생각을 발전시키는 계기가 되었다.

1996년, 국립 약해연구소(National Institute on Drug Abuse: NIDA)는 우리 가설을 검증하기 위해 프로젝트 연합(Project Alliance)에서 재정을 지원하였다. 이 연구는 중학교에서 가족의 경험을 강화하는 활동에 6학년생 또래를 두 집단에 무선 할당하였다. 프로젝트는 포틀랜드 공립학교(오리건)의 협조를 받아 실시되었고 세 중학교가 프로젝트 연합에 동의하여 참가하였다.

학교 당국은 학급 활동시간을 이용하여 개입실험 집단과 통제 집단을 무작위 할당하는 데 동의하였다. 첫 번째 또래 집단은 1997년에 시작하였으며, 두 번째 또래 집단은 1999년에 시작하였다. 전체적으로 999 가족과 그들의 6학년 자녀들이 학교-중심 사정작업에 동의하고 참여하였다. 두 번째 또래 집단은 9학년을 방금 마쳤기 때문에 약물사용에 대한 가족-중심 개입의 장기적 영향력을 평가하기에는 한계가 있었다.

초기-약물 사용에 대한 효과

청소년 약물 사용에 관한 청소년 전환기 프로그램의 다수준 모델 효과를 프로젝트 연합의 첫 번째 또래 집단(n=672)을 대상으로 검토하였다. 표집의 인구학적 특성은 〈표 10-2〉에 요약하였다.

초기의 효과 분석은 6, 7, 8, 9학년의 약물 사용에 대한 청소년의 자기 보고에 초점을 맞추었다. 청소년에게 지난 1개월간 담배, 알코올, 마리화나 그리고 기타 불법 약물을 사용한 횟수를 보고하게 하였다. 비교를 위해 6학년부터(중학교 첫해) 9학년(고등학교 첫해)까지의 현재 위험 상태에 있는 청소년과 평범한 청소년의 약물 사용을 요약하였다. [그림 10-6]에서 알 수 있듯이 중학교 시기의 약물사용에 관한 자기 보고는 정상 분포곡선을 그리지 않았다. 일반 학생의 경우에는 더욱 그러하다.

[그림 10-6] 그래프를 살펴보면 청소년 전환기 프로그램의 개입

표 10-2 성과 인종의 집단별 구성

자기가 판별한 인종 집단	여성				남성			
	ATP		통제 집단		ATP		통제 집단	
	n	(%)	n	(%)	n	(%)	n	(%)
유럽계 미국인	65	(40.9)	58	(35.8)	71	(41.3)	84	(46.9)
아프리카계 미국인	53	(33.3)	53	(32.7)	60	(34.9)	51	(28.5)
미국계 인디언	3	(1.9)	4	(2.5)	5	(2.9)	3	(1.7)
히스패닉계 미국인	10	(6.3)	15	(9.3)	13	(7.6)	11	(6.1)
아시안계 미국인	12	(7.5)	10	(6.2)	7	(4.1)	8	(4.5)
태평양의 섬 주민	1	(0.6)	2	(1.2)	0	(0.0)	1	(0.6)
유럽 아프리카계 미국인	8	(5.0)	17	(10.5)	9	(5.2)	11	(6.1)
기타	7	(4.4)	3	(1.8)	7	(4.1)	10	(5.6)

효과는 고등학교 첫해에 가장 컸다. 로지스틱 회귀 분석은 이를 확인해 준다. 6, 7, 8학년의 약물사용을 통제한 후 9학년의 약물사용을 예측하였을 때 개입 조건하에서 일반 학생과 고위험 학생 모두 확실히 감소하였다. 이런 자료는 가족점검과 다수의 가족관리 개입이 주로 고위험 가족에게 실시한 결과이므로 일반 고등학교 학생의 초기 약물 사용의 예방에도 이 일반적 요소가 효과적임을 시사한다. 이 결과는 Dishion, Kavanagh 등(2002)에 자세히 기술되어 있다.

약물 사용에 대한 자기보고에서 보면 다수준, 가족-중심 개입이 예방에 효과가 있으며, 고위험 청소년에게 가장 효과적으로 나타나 있다. 개입효과는 인종(아프리카계 미국인 대 유럽계 미국인) 또는 성별에 따라 의미 있는 변화를 나타내지 않았다. 중학교 기간 동안 가족과 접촉한 양을 고려하였을 때 이 자료는 매우 흥미롭다(〈표 10-3〉에 요약된 자료 참조).

전문가와의 평균 접촉횟수(전화통화를 포함해서)는 고위험 학생이

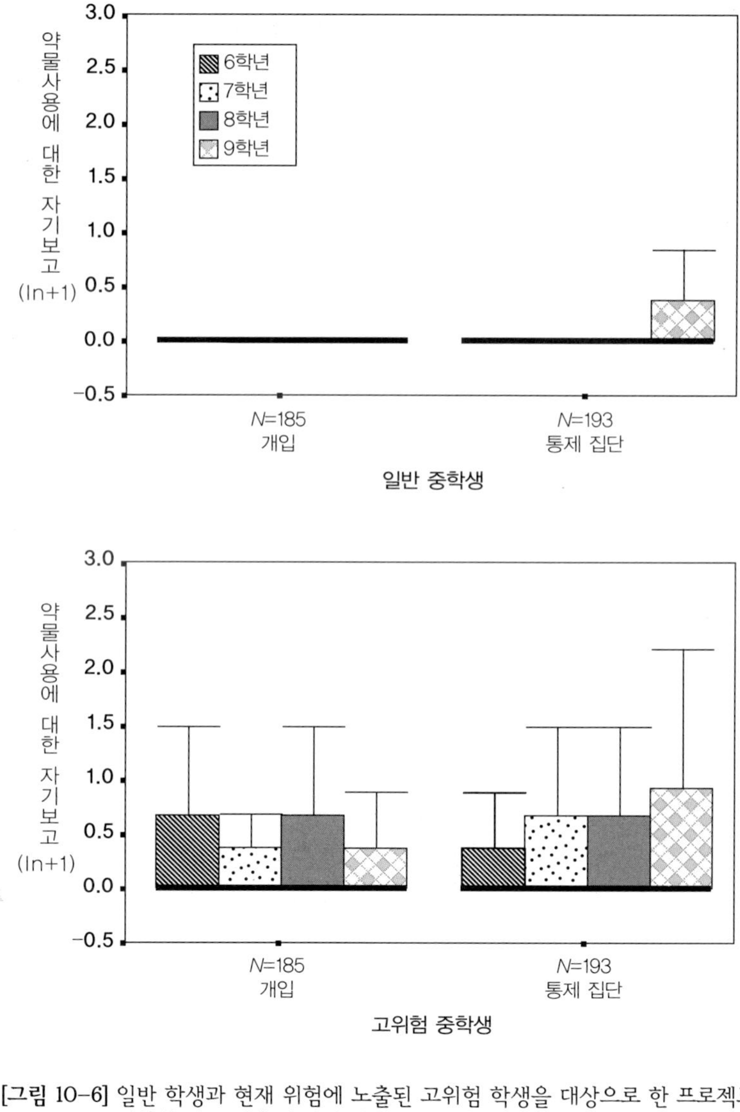

[그림 10-6] 일반 학생과 현재 위험에 노출된 고위험 학생을 대상으로 한 프로젝트 연합의 약물 사용에 대한 자기 보고

13번, 일반 학생이 7번이었다. 학생과의 직접 접촉 시간을 보면 고위험 학생과는 5.6시간이었고, 일반 학생과는 3.1시간이었다. 대부분 전화로 접촉하였는데, 현재 고위험 청소년 가족은 전체적으로 약 2시간 동안 전화 접촉이 있었고, 대조적으로 일반 가족은 45분 동안 전화 접촉이 있었다. 다른 처치 및 예방 프로그램과 비교해 보았을 때 청소년 전환기 프로그램 모델은 전반적으로 전문가의 시간 및 노력의 양적 측면에서 좀 더 합리적이었다.

과거 10년 동안 공립학교에서 가족과 작업하는 문제에 대해 많은 자료를 검증하게 되었다. 현재의 서비스 전달체계 안에서 실증적 자료에 근거한 개입을 실시하기에는 여러 체계적인 장애물이 있었다(Hoagwood & Koretz, 1996). 우선 공립학교 체제 내의 교직원과 부모에게 익숙하도록 새로운 서비스를 구성하기 위해서는 시간이 필요하다. 둘째, 개인을 무작위 할당을 했을 때 부모와 교직원의 협조에 필수적인 학교 차원의 의사소통이 사실상 저해된다. 셋째, 고위험 청소년을 구별하기 위한 다중 차단(multiple-gating) 전략은 가족

표 10-3 교사 보고에 의한 개입 효과-인종 및 보고를 중심으로

	표준화되지 않은 계수		표준화된 계수		
	β	SE	β	t	p
(상수)	2.95	0.18	–	16.23	0.00
유럽계 미국 소녀	−0.33	0.13	−0.12	−2.52	0.01
유럽계 미국 소년	−0.34	0.12	−0.13	−2.89	0.00
아프리카계 미국 소녀	−1.34	0.13	−0.05	−1.07	0.29
일탈 또래의 자기 보고	2.01	0.01	0.08	2.25	0.03
일탈 또래의 또래 보고	6.01	0.01	0.32	8.29	0.00
평점	−0.48	0.05	−0.36	−9.05	0.00

과 학교를 하나의 지역사회로 만드는 데 이득보다 해악이 더 클 것이며, 특히 소수 민족의 경우에는 더욱 심각하다. 마지막으로 학생들은 전학을 다닌다. 북아메리카에서 학교 프로그램이 일관되려면 해당 학교에 남아 있는 소수 청소년의 욕구를 충족시켜야만 한다. 이제 문제 각각을 상세하게 다루고 잠재적인 해결책까지 논의하도록 한다.

몇 가지 주의사항

시간과 평판

공립학교를 대상으로 한 초기 연구를 통해 가족자원센터가 다양하게 활용될 수 있다는 점을 확인하게 되었다. 새로운 프로그램을 도입할 때 가족-중심 관점을 학교 행동관리 활동으로 전환시키는 교직원의 능력에 의해 가족자원센터로의 의뢰가 결정된다. 예를 들어, 예비 연구에서는 첫 번째 가족자원센터를 성공적으로 설립하기 위해 2년 동안 부모 자문위원으로 자원 봉사하였으며, 매주 행동 관리 교직원 회의에 참석하였다. 2년 후 거의 모든 훈육을 위한 사안은 가족자원센터에 의뢰되었다. 그러나 다른 중학교의 가족자원센터는 부모를 거의 의뢰받지 못하였다. 가족자원센터 위원이 학생 개개인과 만날 때를 제외하고는 거의 방에서만 근무할 뿐 할 일이 거의 없었다. 이 학교의 교장은 부모와 매우 친밀한 분위기를 만들었지만 부모를 가족자원센터에 의뢰하기를 꺼려 했다.

부모는 개입 자원과 친밀해져야 참여한다. 예를 들어, 첫 번째 또래 집단에서는 평가에 참여한 가족의 30%만이 가족점검 모델을 통한 사정에 관심을 나타냈다. 그러나 두 번째 또래 집단에서는 70%의 가족이 사정결과를 보고받는 데 동의하였다. 이런 차이를 설명할 수 있는 두 요인을 가정하여 보면, 첫째, 두 번째 또래 집단을 연구하는 시기가 되어서야 프로젝트 연합이라는 이름과 가족자원센터의 서비스에 대해 친숙해졌으며, 둘째, 두 번째 또래 집단에서는 여름 방학 끝 무렵 우리를 소개하고 가족자원센터 서비스 홍보를 위해 가족을 방문하기 시작하였다는 것이다.

과학 문제

또 하나의 문제는 과학의 요구와 서비스 전달 체제 내의 작업을 통해 드러난 요구를 통합하는 일이다. 실험 설계에서 가장 중요한 기준은 어떻게 개인을 무작위로 개입실험 집단과 통제 집단에 할당하느냐는 것이다. 특히 대단위 표집의 경우 이런 무작위 할당은 개인의 차원에서 이루어진다. 만약 개입이 도전해야 할 여러 요인이 있다면, 개입실험 집단과 통제 집단 간의 차이에서 설명할 수 있을 것이다.

통제된 환경에서라면 이는 매우 바람직할 수 있다. 그러나 무작위 할당을 통하여 프로젝트를 연합하게 되면 가족자원센터 직원이 다양한 활동을 하지 못하게 되고 결국 부모 참여를 끌어내기 힘들게 된다. 부모 참여 활동에는 첫째, 부모가 많이 모이는 학교 전체의 모임에 출석하고 참여하기, 둘째, 학교 신문에 가족자원센터를 반복적으로 홍보하기, 셋째, 해당 지역 중학교의 가족을 연결하는 수단으로 텔레비전을 활용하기가 있다.

유진(오리건)에서 실시되는 우리의 현재 프로젝트, 즉 '다음 세대(Next Generation)'는 중학교와 고등학교를 함께 짝 짓는 유사 실험 설계를 활용한다. 각 쌍 중 한 학교에는 가족자원센터가 있어 가족자원센터 활동에 부모를 더 많이 참여시키려는 학교 차원의 노력이 가능하다. 또한 상승 과정의 초기단계에 있는 부모와 우호적으로 협력하려는 학교 전체의 훈육 계획과 연계할 수도 있다.

다중 차단

1980년대에는 다중 차단 절차를 고안하여 고위험 학생의 판별 비용을 절감하려 하였다. 다단계 선발 지침에 따라(Cronbach & Glesar, 1965 참조) 그리고 각 '차단장치'의 예언 타당도나 선발 절차를 고려하여 두 단계의 절차를 만들었다.

우리의 선발 절차는 교사평가로 시작하여 부모평가를 거쳐 마지막으로 가족 기능을 평가하여 선발한다(Loeber & Dishion, 1987; Loeber et al., 1984). 최근에는 두 번의 차단 절차도 세 번의 차단 절차만큼 효과적임을 발견하였다(Dishion & Patterson, 1993).

프로젝트 연합과 함께 교사의 평가를 좋은 선발도구로 사용할 때 예언타당도 외에 기타 고려해야 할 사항이 드러났다. Kavanagh, Burraston 등(2000)은 위험에 대한 교사의 평가와 문제행동에 대한 학교 기록, 또래 평가 그리고 자기 보고와 같은 기타 측정치 간의 관계를 체계적으로 분석하였다. 불행하게도 서로 엇갈리는 결과가 나타났다. 학생의 문제행동에 대한 다른 정보원을 모두 통제하였더니 교사평가의 고유변량을 '인종'이 설명해 주었다. 기본적으로 교사는 아프리카계 미국인이나 유색인종의 소년이 문제행동의 위험성이 더 높다고 약간의 편견이 담긴 평가를 하였으며, 이는 통계적으로 신뢰할 만한 경향성으로 나타났다. 위험 감소를 위해 협력하도록 청소년의 부모에게 접근하는 것이 부모에게는 모욕적인 경험이 된다는 사실에 유의하여야 한다. 이 자료들은 〈표 10-4〉에 요약되어 있다.

이 단계에서 선발 척도에서 교사평가를 배제하였다. 하지만 두 가지 다른 제안을 하겠다. 첫째, 가족자원센터를 처음 만들 때 학교 체계 안에 가족자원센터를 어떻게 맞출 것인지를 부모와 학교 위원회가 함께 모여서 결정하여야 한다. 모든 학교의 성적 처리절차 및 정책이 제각각이다. 부모는 성적에 대한 더욱 구체적인 정보(예, 숙제 완성 비율, 출석률, 지각률 등)와 구체적 행동에 대한 평가(예, 교실에서 과제 수행하는 것과 학교 규칙을 준수하는 것)정보를 원한다. 다음으로 낮은 성적과 마찬가지로 낮은 시민의식 또한 부모-교사 모임에서 우호적으로 논의될 수 있으며 이때 가족자원센터가 자원을 제공할 수 있다. '위험'과 '문제행동'의 정의를 좀 더 구체적인 행동 용어로 진술하고, 이 정의에 따라 부모를 처음부터 참여시킨다면 교사 행동 평가의 편견을 감소시킬 수 있다.

표 10-4 위험 상태에 따른 개입 수준

	가족 유형				
	보통 청소년 (*n*=222)		위험 상태에 있는 청소년 (n=60)		*F*
접촉 방법	M	*(SD)*	M	*(SD)*	(1,280)
접촉 빈도	6.70	(8.40)	13.10	(16.90)	16.48
전체 면대 면 접촉(시간)	3.12	(5.26)	5.60	(9.09)	6.46
전체 전화 시간(분)	48.30	(60.80)	108.16	(162.17)	19.99

미국인의 이동

연구 초기에는 대부분의 학생이 가족자원센터와 연계된 중학교에 다니고 싶어 할 것이라고 가정하였지만 8학년까지 50% 이상의 학생이 타지로 이동하였고 예상한 대로 가장 높은 수준의 문제행동을 보인 8학년 학생들이 가장 많이 이사했다.

확실히 학교에 정착한 예방 프로그램을 평가하는 데 이동은 문제가 된다. 그러나 일반 청소년에 대한 좀 더 확장된 함의가 더 중요하다. 만약 어린 청소년이 이동을 많이 한다면 학교가 학생의 학업 적응 및 행동 적응에 근본적이고 장기적으로 영향을 미칠 능력이 제한된다. 특히 우리는 이사가 사회적 연결망, 사회적 지지 그리고 학업적 진보에 파괴적인 영향을 주기 때문에 진전을 어렵게 할 것이라고 생각한다. 특히 경미한 문제행동을 보인 학생들이 위험도가 높은 청소년이 모여 있는 학교로 이동하는 경향에 주목한다. 과도하게 부담을 느끼던 교직원에게는 즉각적인 해결책이 될 수 있겠지만 사실상 청소년의 문제행동을 상승시키는 유형을 만든다. 우리는 이동이라는 구조적 문제를 해결해야 할 중요한 후속 문제로 간주하고, 학업적 유능감과 사회적 유능감 증진을 통해 어린 청소년의 문제행동을 예방하려 노력하고 있다.

요 약

이 장에서는 이 책에 서술된 청소년 전환기 프로그램이 현재의 모습을 갖게 된 경위를 개관하였다. 초기의 연구결과 고위험군 청소년을 집단으로 모으면 금연 및 학교 내 문제행동에 악영향을 준다는 사실을 알게 되었다. 집단으로 모였던 청소년이 더 문제아가 되었다. 긍정적인 면을 본다면 부모-청소년 간의 강압적 상호작용, 반사회적 행동에 대한 교사 보고 그리고 어린 청소년의 약물사용 시도를 감소시키는 데 가족-중심 개입이 가장 효과적이었다.

대도시 지역에서 중학교 시기(6~9학년까지)의 여러 인종 청소년 600명 이상에게 청소년 전환기 프로그램 모델의 영향을 연구하였는데, 약물사용을 분석한 결과 현재 고위험 상태의 청소년과 일반 청소년을 가족자원센터의 서비스를 받게 하면 고등학교 1학년까지는 약물을 적게 사용하는 것으로 나타났다.

제11장

변화의 도구로서의 과학

과학은 때로 전문가만의 활동으로 인식된다. 우리가 과학자처럼 보이려면 수천만 원의 돈과 통계학자, 석·박사과정 같은 연구를 위한 훈련기간이 필요할 것 같은 시기에 살고 있다.

이 장의 목적은 일상의 전문적인 활동 속에 과학을 변화의 도구로 활용하는 방법을 논의하는 것이다. 우리는 A라는 처치법을 사용해야 하는가 아니면 B라는 처치법을 사용해야 하는가? 이 질문은 누구라도 올바른 자료만 가지고 있다면 답할 수 있다.

이 질문에 답하고 싶은 건 당연하다. 연구자들은 개입 효과에 대한 가장 최근의 연구결과를 접목시킨 서비스 프로그램이 필요하고 자기 프로그램의 유용성을 입증할 필요도 있다. 사실상 경험적으로 타당하다고 밝혀진 프로그램을 지역사회에서 활용하려면 반드시 조정이 필요하다. 실증적으로 타당성이 입증된 프로그램을 지역사회에서 실행하고 평가한 연구에 의하면 효과 크기는 0으로 떨어졌다(Kazdin & Weisz, 1998; Weiss et al., 1999). 과학자 집단은 반드시 피드백이 필요하다. 우리 연구의 결과를 활용하는 전문가 집단과 가족이 이 프로그램으로 효과를 보는지의 여부를 확인할 필요가 있다. 이 책의 결론을 맺기 위해서 이 장에서는 이 책에 서술된 다양한 서비스의 효과성을 평가하는 여러 전략을 간단히 개관한다.

개입 평가상의 실용주의

2장에 논의된 생태학적 주사위를 고려하여, 첫째, 개별 청소년과 가족에 대한 임상적 개입, 둘째, 학교에서의 개입, 셋째, 지역사회 수준에서의 개입이라는 세 가지 수준의 서비스를 평가할 수 있다. 다음에서 차례대로 논의한다.

가족 개입

가족에 대한 개입의 영향을 평가하기 위해 두 가지 기본 전략이 활용된다. 첫 번째는 주기적인 자료수집을 통해 처치기간 동안의 문제행동을 도표로 그리는 것이다. 두 번째는 사전, 사후 설계인데 개별 가족에 대한 치료나 프로그램 설명 또는 평가를 위해 개입 전략의 효과성을 검증하는 데 유용하다.

첫 번째 전략에서는 짧은 시간 동안 주요한 가족역동과 문제행동을 확인할 수 있는 도구가 필요하며, 이 도구를 사용하여 문제의 증감을 평가한다. 표준화된 평정 양식이 유용하지 않을 때가 가끔 발생하는데, 왜냐하면 이 양식에는 2~6개월까지의 기간이 필요하기 때문이다. 우리는 하루에서 1주일 정도의 시간이 소요되는 양식을 더 선호한다(Eddy et al., 1998).

가족에 대한 개입 프로그램의 영향 평가시 사용할 도구로서 아동일일보고서와 부모일일보고서가 있다. 어린 청소년이 있는 보통의 가족과 고위험 가족에 대한 규준을 갖춘 이 측정도구는 3장에 설명되어 있다. 전화를 이용한 보고는 수집에 비교적 적은 비용이 드는 비용 절감적인 평가 도구다. Chamberlain과 Reid(1987)는 부모일일보고서가 변화를 재는 유용한 도구며, 특히 부모의 임상적 관심사가 문제행동 목록에 포함되어 있어 변화를 추적할 수 있다고 보고하였다.

10장에서 논의된 것처럼, 부모일일보고서를 신뢰하기에는 모순적인 측면이 있다. 때로 부모가 증가 정도를 과장해서 보고할 수 있기 때문이다(Dishion & Andrews, 1995). 그러나 부모가 초기에 문제행동을 높은 수준으로 보고한 후에 치료 서비스의 질을 보증하라고 요구하지만 않는다면 이는 사소한 문제일 수도 있다. 외부의 재정 지원을 받지 않는 서비스 환경에서는 부모일일보고서를 통해 '목표' 가 되는 행동문제를 매주 또는 격주로 평가하는 것이 매우 유용한 전략이 된다.

우리는 보호구역에 사는 인디언 청소년 4명의 문제행동을 검토하였는데([그림 11-1] 참조), 이 중 4명의 청소년과 가족은 보호구역에 있는 인디언 보건국을 통해 의뢰되었다. 각 가족과 작업하면서, 인디언 가족의 역사적 상처를 다루기 위하여(Duran & Duran, 1995) 인디언 '가족 안녕' 개입(Indian Family Wellness Intervention, Dionne,

1997)과 가족점검을 실시하였다. 3회기 동안의 개입은 청소년 2명의 문제행동 감소에 큰 영향을 미쳤다. 1명은 가정에서 약간의 문제행동을 보였지만 다른 1명의 문제행동은 단기간의 개입으로 인해 약간 상승한 것으로 나타났다.

부모일일보고서 자료를 보면, 문제가 증가한 가족의 경우에는 자

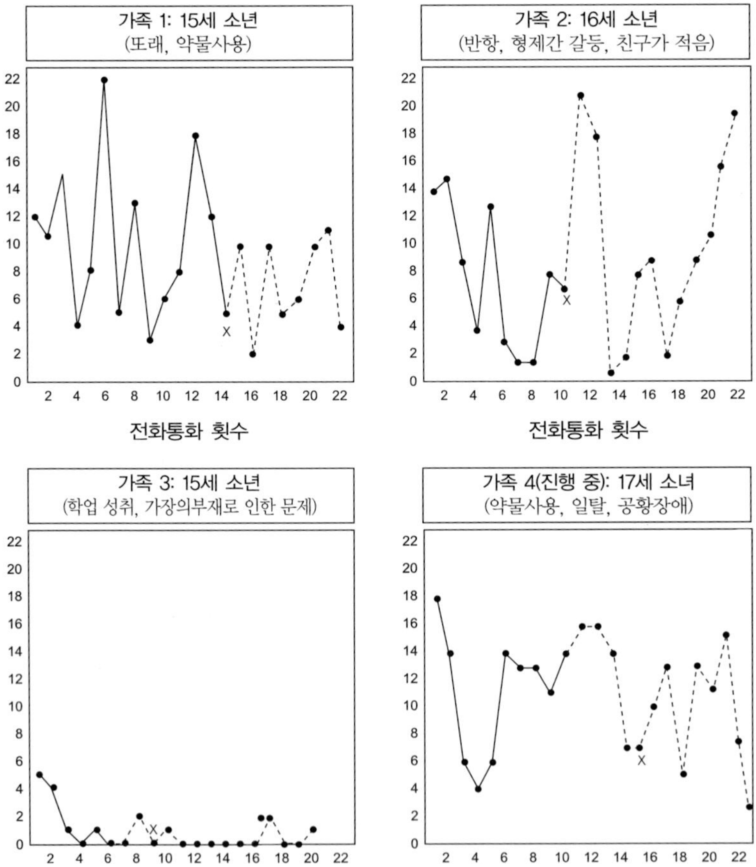

[그림 11-1] 가족 개입의 네 가지 사례

주: X= 가족검점을 적용한 인디언 가족의 '가족안녕' 개입

료의 재검토 및 좀 더 집중적인 가족지원이 필요함을 알 수 있다. 특히 아버지에게 심각한 알코올 문제가 있었지만 가족 개입에 참여하기를 거부하였다.

두 번째 연구전략은 각 가족에 대한 성과를 사전과 사후에 측정하는 것이다. 이를 위해서 치료에 맞추어 시간 구조를 조정해 간다면 여러 가지의 유용한 임상 결과가 나타날 수 있다. 가족 상호작용 유형을 변화시키려면 가족-중심 개입의 효과성 평가를 위한 관찰을 권한다. 우선 가족 문제해결 과업을 관찰하였고, 자세한 내용은 3장에 서술하였다. 프로그램 평가에서 가족 상호작용 유형상의 변화는 반사회적 행동에 대한 좀 더 거시적 변화와 관련이 있다(Dishion et al., 1992).

가족 상호작용상의 강압을 측정하는 것은 생각만큼 어렵지 않다. 우리는 상호작용관계 코드(Relationship Process Code: RPC, Dishion, Rivera, Jones, Verberkmoes, & Patras, 2002)라 명명한 접근법을 개발하였는데, 이 도구는 가족 강압과 긍정적 부모훈련을 측정하는 간단하고 경제적이며 시간단위로 실시되는 표집법이다. 상호작용관계코드의 사용법은 훈련이 비교적 쉽고, 대개의 임상 장면에서 활용이 가능하다.

변화의 검토 시 각 사례의 변화수준을 양적으로 측정하는 것이 가능하며 이로써 어떤 가족이 통계적으로 신뢰할 만한 변화, 임상적으로 의미 있는 변화 또는 이 두 측면에서 모두 변화되었는지 알 수 있다(Jacobsen & Truax, 1991). 개별 가족에서 관찰된 변화가 통계적으로 신뢰할 만한지를 검토하기 위하여 사전, 사후 검사결과를 비교하여 표준 오차로 나누었다. ±2.00이라는 t점수는 통계적으로 신뢰할 만한 변화를 반영한다. 임상적으로 의미 있는 변화란 참여자가 기능상 고통받는 범주에서 정상 범주로 옮겨 갔음을 나타낸다. 임상적으로 의미 있는 변화를 계산하기 위해 '고통받는'(또는 위험도가 높은) 가족과 '평범한' 가족에 대한 평균과 표준 편차를 측정하였다(상세한 내용은 Jacobsen & Truax, 1991 참조). 3장에서 설명한 자료는 청소년 전환기 프로그램을 적용한 가족의 임상적 변화를 확인할 때 사용될 수 있다.

학교 개입

청소년 전환기 프로그램 연구 초기에는 개입을 평가하려면 상호작용 관계를 직접 관찰해야 한다고 생각하였다. 이런 가정 때문에 좀 더 큰 체계와 대중에게 영향을 미칠 목적으로 계획된 개입은 평가하기 어려웠다. 그러나 개입 프로그램의 효과성을 평가하는 좀 더 저렴하고 타당한 전략이 있다. 예를 들어, 약물사용 예방을 연구하는 과학자는 프로그램의 긍정적인 영향을 재는 도구로 청소년의 자기 보고식 설문지를 사용한다. 약물사용 예방 연구에서는 청소년의 자기 보고식 설문지를 사용하여 무작위로 할당된 청소년의 담배, 알코올, 마리화나 사용의 감소를 측정할 수 있었다(예, Botvin et al., 1990). 10장에서 논의한 것처럼 이런 약물사용에 대한 청소년의 보고는 가족-중심 개입의 긍정적 효과를 나타내고 있다(Dishion et al., 2003). Metzler, Biglan, Rusby와 Sprague(2001)는 교사와 학생 간의 상호작용에 긍정적이고 '효과적인 행동 지지'(Effective Behavior Support: EBS) 프로그램에 대한 학교 전체의 평가에서 안정적으로 나타난 학생들이 설문지에 자신의 정보를 잘 반영하고 있다고 한다.

학교에서 적은 비용으로 학생들을 평가하려면, 학교 설문 조사를 활용하는 것이 이상적이다. 그러나 해결해야 할 하나의 문제가 있다면 학생 조사가 호손 효과[1]에 영향을 받는 것이다. 즉, 학생이 보고한 개입과 예방의 효과가 평가의 기대를 반영하는 것이다. Campbell과 Stanley(1963)는 평가와 개입 간의 상호작용 그리고 평가 연구의 내적 타당도를 심각하게 저해하는 요소로 호손 효과를 들었다.

생태학적 타당도가 높은 다른 방법은 학교에서 수집한 자료를 활용하는 것이다(예, 출석, 훈육을 위한 접촉, 의뢰, 성적). 이런 자료는 수집도 쉽고 비용도 적게 든다. Sugai와 그 동료들(1999)은 효과적인 행동 지지 프로그램의 개발 과정에 이 전략을 사용하였다. Metzler 등(2001)도 이 접근법을 사용하여 실험대상 학교의 효과적인 행동 지지 효과를 비교하였다. 개입 효과에 대한 학교 기록자료의 단점이 있다면 학교가 기록보존에 그다지 신경 쓰지 않는다는 점이다. 9장에 논의된 것처럼 출석과 행동 의뢰 자료를 수집하는 표준체계를 만드는 것은 변화과정의 중요한 첫 단계다.

지역사회 개입

Biglan과 그 동료들은 행동 과학자가 자기 연구를 지역사회의 변화로 확장시키려는 좀 더 거시적인 사고를 해야 한다고 주장했다(Biglan, 1995; Biglan, Glasgow, & Singer, 1990). 모든 평가 연구에서처럼 과학의 타당도는 도구와 연구설계가 설명 가능한 예외(예, 대안적 설명)를 얼마나 감소시키는가에 달려 있다.

지역사회의 변화를 검토할 때 측정의 문제는 특히 어렵다.

---

1) Hawthorne effect: 주목받고 있다는 사실 때문에 나타나는 업적의 상승 효과.

Biglan(1995)은 청소년 문제행동에 대한 유병률 및 발병률 자료를 체계적으로 수집하는 데 정책이 영향을 미친다고 주장한다. 국립약해연구소의 재정지원을 받은 'Monitor the Future'는 미국 고등학교 학생들의 약물사용에 대한 정책 영향 평가의 필수 도구다(예, O'Malley, Bachman, & Johnston, 1988). 비록 이런 광범위한 자료도 유용하지만 특정 지역사회를 제한적으로 조사하는 편이 더 유용한 경우도 많다. 지역 신문에 제시된 청소년 문제행동의 연도별(또는 월별) 보고가 지역사회의 변화와 건전한 예방 전략 사용을 촉진시키는 역할을 한다.

전체 지역사회에 대한 개입을 평가하는 문제에 이르면 설계 문제는 매우 복잡해진다. 이때에는 유사 실험 설계가 사용되며 예방 프로그램이 지역사회 전체에 미칠 영향과 변화를 강력하게 입증하지만(예, Johnson et al., 1990; Pentz et al., 1989), 이런 연구는 비용이 많이 들고 대부분의 지역사회, 즉 주 또는 소도시에서는 접근하기 힘들다. 최근 Biglan과 Taypor(2000)는 중다 기저선 설계(multiple baseline disign)를 사용하여 지역사회 변화를 평가하고자 하였다. 이 설계는 부모일일보고서에 나타난 반복 측정 설계를 활용하여 좀 더 큰 사회 단위를 연구할 수 있는 장점을 통합하고 있다. 4개 지역사회에 대한 효과를 비교한 [그림 11-2]는 8년에 걸친 정신건강 서비스의 변화와 어떻게 활용되었는지를 개략적으로 보여 준다.

자원은 사회적 변화와 속도를 맞추어야 하기 때문에 중다 기저선 설계는 사회 정책의 평가에 특히 적합해 보인다. 예를 들어 가족-중심 전략으로 정책을 바꾸고자 하는 4개의 지역사회에서 무작위로 배정할 수 있다. 청소년 전환기 프로그램의 포괄적 설명을 수용하는 첫 번째 지역사회 1은 가족자원센터를 발전시키는 모든 중·고등학

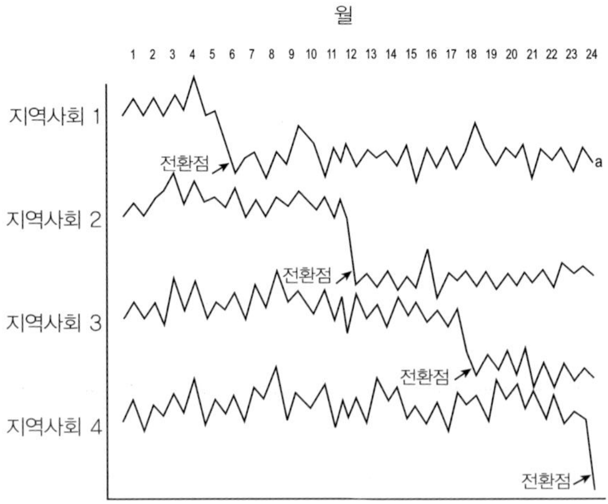

[그림 11-2] 지역사회 수준에서의 변화 평가

주: a–문제행동의 수준, 주기적이고 무작위적인 조사로 평가됨.

교에 자금을 지원하고 토대를 제공한다. 치료자를 가족자원센터의 직원으로 훈련시켜 개입을 진행하지만 한 학교에 적어도 2년의 시간이 소요되므로, 2~3년 동안은 효과가 나타나지 않을 수 있다.

4개 지역사회에서 무작위로 표집된 학생 및 가족에게 가족일일보고서와 부모일일보고서를 매달 보고하도록 한다. 이때 폭력, 약물 사용 그리고 경미한 우울의 유병률이 측정될 수도 있다. 지역사회 1에서 효과가 관찰되면 개입은 지역사회 2로 자원을 옮겨 가며 같은 과정을 반복한다. 지역사회 2에서 시간에 따른 효과가 관찰되면 효과를 다시 검증할 필요는 없다. 이 모델은 아마 지역사회 3과 지역사회 4에서도 실행 가능할 것이다. 체계적인 지역사회 변화와 정책 수행은 서로에게 유익하고 지역사회, 아동 그리고 가족에게 이득이 되는 행동을 추구하는 학문이며, 궁극적으로는 지도력의 성과 또는 실패를 설명한다.

Fisher와 Ball(2002)은 3개의 미국 원주민 지역사회에서 활용된 방법을 서술하였다. 이 보고서는 연구 과정 및 개입 설계 두 측면에서 나타난 민족의 주인 의식과 참여과정을 보여 준다. 이 지역사회를 고통받게 하는 역사적 상처를 지속시키지 않기 위해(Duran & Duran, 1995) 지역사회의 건강한 변화 원칙(Kelly, 1988)에 민감할 때, 지역사회에 속한 가족과 민족의 지도층 모두 높은 수준으로 참여하고 협력한다. 중다 기저선 설계는 지역사회의 기질적 특성을 발현시킴과 동시에 변화하려는 노력의 효과를 평가하는 유용하고도 윤리적인 준거를 제공하는 장점이 있다. 치료의 부가적 효과가 있다면 이를 통해서도 개입을 변화시킬 수 있으며, 의도하지 않은 해악을 미칠 수 있는 전략이 보급되지 않도록 차단해야 한다는 점에 주목하라.

결 론

이 책의 목적은 15년간에 걸쳐 축적된 연구결과를 활용하여 고통받는 청소년을 위한 효과적이고 인도적인 개입을 설계하되 이에 과학적 방법을 적용하려는 것이다. 개인적이고 전문적인 경험에 따르면 10대의 문제행동은 성인을 단기간 동안 괴롭히는 것 이상이며 이런 문제는 청소년의 삶 전체를 파괴할 수도 있다. 현재 위험상태에 있는 청소년 대부분에게 미칠 수 있는 이런 부정적 결과를 예방하는 데 과학이 도움을 줄 수 있다는 주장은 주목할 만하다(Patterson et al., 1992).

아마도 상식에 해답이 있을 것이다. 성인은 청소년의 성장 시기 내내 청소년과 또래의 관계를 지도해야 한다. 상식에 정답이 있으므로 첫 번째 단계에서는 과학이 필요 없다고 주장할지도 모르겠다.

이 중대한 시기에 과학이 어떻게 청소년의 긍정적 적응을 지속시키고 해악을 줄이는 데 도움이 될지를 강조하는 것이 적합할 것이다. 10대 청소년 문제행동을 '인과적으로' 설명하는 데 여러 번의 변화 과정이 있었으며, 그동안은 단순한 생물학적 요인(예, 다루기 힘든 기질)과 환경적 요인(예, 잘못된 부모훈련)에 기인하는 것으로 설명했다. 익히 보아 왔듯이 진리가 결코 만족스러운 것은 아니다. 잘못된 부모훈련과 또래 환경에 더 쉽게 영향을 받을 수 있는 기질을 타고난 청소년도 있다.

비록 위의 주장을 받아들이거나 관찰자의 '인과적 예측이 가능하다.' 는 주장을 받아들였을 때 간과된 중요한 몇 가지 사항을 과학이 제공한다. 첫째, 잘 발달된 측정 전략을 갖춘 신중한 관찰 절차를 사용하여야 청소년의 어려운 삶 속에 내재된 상호작용과정을 연구할 수 있다. 측정과 발달적 역동을 명료화한 일련의 연구를 통해 축적된 지식이 있으므로, 실험 현장 상황에서 개입 서비스를 검증하고 엄격하게 평가할 수 있다(Dishion & Patterson, 1999).

둘째, 개입 서비스 설계에 청소년 문제행동의 발달모델을 적용하면 성공할 거라는 가정이 잘못된 것임을 알게 되었다. 사회적 발달 속에 내재된 인간역동에 서비스 체계가 주의를 기울이지 않는다면 행동을 변화시키지 못할 것이며, 더 나쁜 경우 고위험 청소년을 대상으로 집단 개입을 통해 궁극적으로 감소되기를 원했던 바로 그 행동이 증가해 버리는 것과 같은 해악이 나타날 수도 있다. 이는 우리가 생각한 상식이 아니었다. 분명 고위험 청소년을 집단화하여 개입하는 것은 이 책에서 서술한 대로 실제 모든 서비스 환경(예, 학교, 정신 건강, 청소년 선도 체제)에서 필요한 것처럼 보였기 때문이다.

우리의 전문적 서비스 모두는 우리가 만나는 청소년과 가족의 관점에서 진솔하게 바라보아야 한다. 판단에서 편견을 없애기 위해 전문가와 서비스의 유용성을 자기 편향적으로 보고 있는지 과학을 활용하여 점검해 보아야 한다(Dawes, 1994). 이 연구는 불분명한 정의를 가진 경계 지역까지 우리를 이끌어 왔다. 우리가 훈련받은 분야 중 하나는 개인의 '발달적 경로' 에 대한 정보를 제공하고, 다른 분야, 즉 '가족체계' 라는 학문은 정신건강 서비스에 대한 작용과 반작용의 관점에서 조직의 역동을 보여 준다. 청소년 문제행동의 예방과 감소 및 정신건강의 증진이 지속적으로 발달하려면 체계에 적용되는 과학이 개인에게도 적용되어야 한다.

부 록

■ 부록 A 가족점검 보고 작성을 위한 지침

■ 부록 B 차년도 계획 및 여름 점검

부록A

가족점검 보고 작성을 위한 지침

가족점검 보고(FCU)의 목적은 가족변화를 지지하고 부모로 하여금 변화의 대행자이자 의사결정자로서 중심적인 역할을 하도록 정보를 제공하는 것이다. 이를 위해서는 사정 자료의 명확한 보고와 실제적인 지식에 근거한 추론과 제안 그리고 지역사회에 현실적이고 적절한 개입이 필요하다.

자발적으로 도움을 요청하는 가족을 위해 보고서는 부모가 이해할 수 있도록 구성되어야 하며 모멸감을 느끼거나 당황하는 일이 없어야 한다. 부모를 소비자로 간주하라는 것이 아니라 전문적인 작업과 신중한 판단을 활용하게 될 다른 전문가를 고려해서 작성되어야 한다.

구성된 목록은 다음과 같다. 보고서는 다음의 과정을 따른다. 가족 맥락과 당면하고 있는 문제 부분은 초기 면담 후 작성한다. 가족

사정과 제안 부분은 사정과 피드백 회기 다음에 작성한다. 마지막으로 피드백 회기에는 앞으로의 개입 활동에 대해 치료자와 부모 사이에 전달된 정보와 공유된 이해를 제시한다.

가족맥락

가족맥락은 당면 문제와는 구별된다. 다음과 같은 몇 가지 방법이 있다.

1 문화적 맥락은 그 어떤 것이라도 가족의 문화적 배경을 이해하는 데 도움을 주는 정보가 된다. 가족의 문화에 대한 두드러진 특성을 파악하라. 유럽계 미국인, 스페인계, 아프리카계 미국인, 최근 이민 온 러시아 가족 등의 용어를 사용해서 인종적 맥락을 가능한 한 구체적으로 묘사하라. 가족생활의 지리적 · 정치적 배경은 가족의 교육적 그리고 직업적 경력을 이해하는 데 매우 중요하다.

2 가족 구성과 내력은 가족의 역사적 구조를 나타내며 이는 부모나 양육자의 수, 형제관계와 나이, 결혼상의 변화, 가족 내에서 대상 아동의 지위, 아동의 발달과 행동상의 문제, 학교와 법적 전력 그리고 부모의 법적전력, 약물사용, 건강, 직업 경력이 포함된다.

3 현재 가족 기능은 현재 학교, 법적 문제, 약물사용, 건강 그리고 취업에 대한 정보가 포함된다.

당면 문제

이 부분은 특별히 양육자와 가족이 의뢰한 청소년의 주요 관심사에 초점을 둔다. 부모의 전체적인 보고와 함께 행동상의 구체적인 서술을 통합하여 의뢰된 문제를 서술하는 것으로 시작한다. 예를 들면 다음과 같다.

> "Smith 씨는 지난 두 달 동안 John의 행동에 대해 걱정이 많았으며, 다른 10대도 다 그런지 궁금해했다. 구체적으로 질문했을 때 Smith 씨는 John이 거짓말을 하고 말대꾸를 하며 학업과 행동 면에서 학교에서 문제를 자주 일으킨다고 보고했다."

이 부분의 나머지 부분에는 당면하고 있는 문제와 관련된 정보를 제공한다. 제시된 문제와 관련이 있는 대상 아동이나 가족 혹은 둘 다에 대한 역사적인 정보(예, 발달사)를 고려해야 한다. 이 부분을 당면하고 있는 문제와 관련이 있는 임상적인 부분에 대한 예비점검으로 생각하고, 변화에 대한 장애 및 자원을 둘러싼 더 큰 문제에 대한 감각을 제공하라.

비록 초기 보고서가 당면한 문제와 맥락에 대한 서술 정도로 끝나더라도 당면하고 있는 문제를 말하고자 하는 가족의 노력을 지지하는 다음 단계에서, 어떤 전문가가 보더라도 도움이 되도록 작성되어야 한다.

가족 사정

보통의 가족은 가족 사정의 전반적인 것에 익숙하지 않을 것이라는 점을 기억하라. 따라서 개관이 도움이 될 것이다.

> "Smith 씨 부부는 가족 사정에 참여하기로 동의했다. 이번 사정에는 부모, 교사, John이 작성해야 하는 종합적인 질문지와 구조화된 가족 상호작용 과제를 다룬다. 가정에서 45분간 행해질 가족 상호작용 과제에는 연구될 여러 과제가 포함되어 있으며 녹화된다."

도구

가족 사정에 사용되는 도구는 다음과 같다.

- 또래와 사회기술에 대한 교사 평정(TPRSK)
- 또래와 사회기술에 대한 부모 평정(PPRSK)
- 또래와 사회기술에 대한 자녀 평정(CPRSK)
- 녹화된 가족 상호작용 과제(FIT)
- 학점과 규율에 대한 학교 기록
- 아동행동평가척도(CBCL): 부모용, 청소년용, 교사용
- 학교에서의 관찰
- 가족 이벤트 점검표(FMEVE, 스트레스)
- 쌍방 적응 척도(DAS, 결혼상)

많은 심리학적 보고서는 경험적으로 입증되지 않은 비구조화된

인터뷰나 검사 및 사정 절차에 전적으로 의존한다. 가족 사정이 중요하고 집합적인 작업이며 정신건강 서비스를 전달하는 데 최선의 실제를 반영한다는 것을 독자가 이해하는 것이 중요하다. 당신 보고서에 기록되는 내용이 철저한 사정 실제에 의해 도출된 가족과의 개인적 경험에 기초한다는 점을 분명히 해야 한다.

피드백 회기

부모는 가족 사정에 대한 피드백을 받기 위해 또 다른 회기에 참여해야 한다는 것을 이해해야 한다. 부모는 변화 과정에 헌신하고 있으며, 만일 사정을 취소하거나 완료하는 과정에서 문제가 생긴다면 이 또한 변화 과정에서 고려해야 할 요소로 다루어야 한다.

사정 결과를 모두 보고해야 하는 부담을 줄이기 위해 가족 피드백을 어떻게 요약하는지 설명한다. 혹시 부모가 이 부분을 읽더라도 놀라지 않도록 강점과 약점 모두에 대해 피드백하는 것이 좋다. 다음과 같이 시작하면 된다.

> "Betty와 Pete Smith 부부는 90분간의 피드백 회기에 참석했다. 이때 사정의 주요 결과뿐 아니라 당면한 문제와 관련된 여러 가지가 논의되었다."

이제 세 단락에 걸쳐 다양하게 사정된 영역에 대해 다룬다. 가정과 학교에서 자녀의 행동, 가족 관리, 상호작용 과정과 맥락 그리고 또래 관계다.

"가정과 학교에서 John의 행동을 아동행동평가척도를 사용하여 평가하였다. 가정에서, 아버지는 공격적이고 비행적인 자녀의 행동이 임상적인 범주에 속한다고 보고했다. 어머니는 이 부분에 대한 염려를 나타내긴 했지만 정상적인 수준이라고 보고했다. John 스스로는 비행 행동이 임상적인 범주에서 속한다고 답했다. John의 생활지도 교사는 특별한 행동문제를 보고하지 않았다."

보고서 작성 시에 아마도 강점에 대한 요약으로 시작하고 염려되는 부분으로 마치는 것이 쉬울 것이다. 다음과 같은 말로 시작하라.

"이런 강점에도 불구하고, 가족 사정에서 몇 가지 염려거리가 나타났다."

제 안

보고서는 두세 문장의 사례 개념화로 끝내고 거기에다 중재적 제안을 덧붙인다. 이 부분에는 변화를 위해 요구되는 역동 및 현실적으로 요구될 가능성이 있는 지지의 종류에 대한 당신의 전문가적인 판단이 필요하다.

"이 가족은 부모와 여섯 명의 자녀로 구성된 가족이며, 부모는 이혼 후 1년 뒤 다시 재결합하였다. 부모는 모든 자녀, 특히 중학교에 다니는 두 아들의 안녕감과 행동을 염려하고 있다. 학교와 부모 사정에서 임상적으로 중요한 행동적 그리고 학업적 문제가 드러났고 부모의 염려가 확인되었다."

"다양한 행동 방침이 Smith 씨 부부와 의논되었다. 여러 가지 가족 스트레스와 현재 결혼상태로의 전환, 그리고 여섯 자녀의 요구 때문에 좀 더 포괄적인 가족 서비스가 요구된다는 데에 동의했다. 포괄적인 가족 서비스에는 Smith 씨 부인의 취업지원, 어린 자녀의 조기 중재와 일상생활 속에서의 자녀양육을 위한 사례 관리가 포함된다…."

보고서는 사례에 따라 더 진행된다. 만약 이 보고서가 전문성을 가진 잘 작성된 보고서라면 그 제안은 현저한 효과를 가진다. 학교와 몇몇 지역사회 정신건강 대행자는 이런 보고서를 신중하게 받아들인다. 자료를 받아들이는 사람의 태도가 수용적이라면 보고서에 더 세부적인 분석을 포함할 필요가 있다. 예를 들면 다음과 같다.

Smith 씨 부부는 학교에서 John의 행동을 향상시키고자 했던 부모의 여러 노력이 별 성과가 없었음을 알았다. 이는 어머니에게 John의 과제와 교실에서의 행동 그리고 출석 여부에 대한 정보를 제공함과 동시에, Hope 중학교의 특수한 교육서비스와 연계해서 계획을 세우는 데 있어 중요한 사안이다. 우리는 부모가 하루를 잘 보낸 자녀에게 보상(인센티브)을 제시하여 학교의 문제는 학교에서만 제한되도록 한 가지 제안을 했다.

이런 가설적인 상황에서 학교에 있는 가족 상담자는 학교의 특수교육 교사가 John에게 요구되는 서비스, 즉 일상적인 감독과 보상을 조화시키기에 가장 적절한 위치에 있다고 생각한다. 한편 학교에서는 학교에서의 역할과 행동적인 계획에 대한 능력을 근거로 학교 심리학자, 상담자 혹은 교감이 담당할 수 있다. 제안된 서비스를 실행하게 될 사람들과의 비공식적인 논의는 제안이 현실적이고 수용가능한 것인지를 결정하는 데 도움을 준다.

마지막으로 보고서가 신중하게 통합되어야 할 것은 말할 것도 없다. 잘 작성된 어떤 보고서라도 적어도 한 번은 수정되듯이 말이다. 철자와 문법을 확인하고 모호한 진술이나 치료적인 은어('이 내담자는 미해결된 문제다' 혹은 '표현되지 않는 분노') 등은 피하는 것이 좋다. 은어가 포함된 보고서는 잘 작성된 것이 아니고 비전문적이며 거의 무시될 가능성이 높다. 하루 종일 아동과 가족과 작업하는 전문가에게 그런 보고서는 일상의 어려움을 참는 것보다 힘든 일이다. 가족점검 보고서의 목적은 가족 변화를 위한 잠재력을 극대화하고 양육자와 학교 임원 그리고 다른 전문가와의 협력을 이루어 내는 것이다.

부록B

차년도 계획 및 여름 점검

____________ 학년 점검

	좋음	만족스러움	향상이 요구됨
학점	____________	____________	____________
출석	____________	____________	____________
또래	____________	____________	____________
행동	____________	____________	____________
흡연 및 다른 약물	____________	____________	____________

________ 학년의 목표/기대(구체적으로)

❑ 학점 ______________________________

____

____

❑ 출석 ______________________________

____

____

❑ 또래 ______________________________

____

____

❑ 행동 ______________________________

____

____

❑ 약물 ______________________________

____

____

교실 정보

❑ 내 아이의 좌석위치와 분위기는 어떤가?

❑ 과제를 제출하는 방법은 무엇인가?

❑ 내 아이가 받아 적지 못한 과제에 대한 정보는 어디서 알 수 있나?

❑ 과제는 어떻게 그리고 언제 제출하는가?

❑ 과제를 늦게 제출해도 무방한가? 이는 채점에 어떻게 반영되는가?

❑ 수업 전이나 후에 교사의 도움을 받을 수 있는가?

❑ 교사는 학생의 진전에 대해 부모와 어떻게 의사소통하는가?

❑ 부모가 교사를 방문하거나 전화를 하기에 적절한 시간은 언제인가?

❑ 교실에서 어떻게 행동하기를 바라는가?

성공적인 학교생활을 위한 가정에서의 지지

❑ 함께 식사를 하는가?

❑ 아이의 수면 시간이 적어도 8시간은 되는가?

❑ 매일 학교생활과 친구에 대해 검토하는가?

❑ 수업의 중요성을 강조하는가?

어떻게? ______________________________

❑ 교사와 동료 학생에 대한 존중의 중요성을 조장하는가?

어떻게? ______________________________

❑ 긍정적인 아동의 행동/흥미를 조장하는가?

무엇을? ______________________________

❑ 스트레스를 다루는 긍정적인 방법을 조장하는가?

어떻게? ______________________________

학점과 학업 기술 점검

아래의 각 기술에 대해, 현재 잘 하고 있으면 '+', 괜찮은 정도면 '○', 주의가 요구되는 기술이나 행동이면 '−'를 표시하시오.

자녀

_______ 과제를 집으로 가져온다.

_______ 과제를 제출한다.

_______ 장기간의 과제를 위해 시간표를 만든다.

_______ 수업에 필요한 자료를 준비해서 가져간다.

_______ 시험에 대비해 공부한다.

_______ 시험을 잘 친다.

_______ 건전한 동기를 가진다.

_______ 직업에 대비하는 수업에 출석한다.

부모

_______ 교사를 만나 기대에 대해 의논한다.

_______ 매일 공부한다.

_______ 공부할 조용한 장소가 있다.

_______ 과제를 하는 동안 함께 있다.

_______ 수업에 대한 최신 정보를 갖고 있다.

총계:	+	○	−
	_______	_______	_______

출석 체크

아래의 각 기술에 대해 현재의 강점이면 '+', 괜찮은 정도면 '○', 주의가 요구되는 기술이나 행동이면 '−'를 표시하시오.

자녀

_______ 규칙적으로 학교에 간다.

_______ 아침에 쉽게 일어난다.

_______ (시)에 자러 가고 (시)에 일어난다.

_______ 수업에 빠지지 않는다.

_______ 수업 중에 학교를 빠져나가지 않는다.

_______ 학교를 빠지는 친구들과 어울리지 않는다.

부모

_______ 자녀가 자러 간 뒤에 잔다.

_______ 정해진 시간까지 자녀가 잠자리에 들도록 한다.

_______ 등교시간에 맞게 일어나도록 한다.

총계:	+	○	−
	_______	_______	_______

행동 점검

아래의 각 기술에 대해 현재의 강점이면 '+', 괜찮은 정도면 '○', 주의가 요구되는 기술이나 행동이면 '−'를 표시하시오.

자녀

_______ 싸움에 끼어들지 않는다.

_______ 다른 학생과의 갈등에 관여하지 않는다.

_______ 학교 규칙을 따른다.

_______ 학교에서 교사와 다른 성인을 존중한다.

_______ 다른 학생을 존중한다.

_______ 수업 중에 돌아다니지 않는다.

_______ 수업 지침에 따른다.

_______ 수업 중에 제 자리에 앉아 있는다.

_______ 성인과 쉽게 갈등을 겪는다.

부모

_______ 어떤 문제 행동이든 학교에 이야기한다.

_______ 자녀와 학교에서 일어난 일에 대해 의논한다.

_______ 앞으로의 문제를 다루기 위한 전략을 제시한다.

총계:	+	○	−
	_______	_______	_______

또래 점검표

아래의 각 기술에 대해 현재의 강점이면 '+', 괜찮은 정도면 '○', 주의가 요구되는 기술이나 행동이면 '–' 를 표시하시오.

자녀

______ 수업시간에 친구와 잡담하지 않는다.
______ 모르는 친구와 어울리지 않는다.
______ 학교에 친한 친구가 있다.
______ 수업을 중요하게 생각하는 친구들과 어울린다.
______ 문제를 일으키는 친구들과 어울리지 않는다.
______ 어른이 부재중인 친구의 집에서 시간을 보내지 않는다.
______ 불량서클의 일원으로 보이려고 노력하지 않는다.

부모

______ 자녀의 모든 친구를 안다.
______ 또래와의 활동이나 갈등에 대해 정기적으로 얘기한다.
______ 자녀의 친구를 모른다.

총계:	+	○	–
	______	______	______

약물 점검표

아래의 각 기술에 대해 현재의 강점이면 '+', 괜찮은 정도면 '○', 주의가 요구되는 기술이나 행동이면 '–'를 표시하시오.

자녀

_______ 담배를 피우지 않는다.
_______ 술을 마시지 않는다.
_______ 다른 약물을 사용하지 않는다.
_______ 담배를 피우거나 술을 마시거나 다른 약물을 사용하는 또래와 어울리지 않는다.
_______ 또래가 약물을 권할 때 거절할 수 있다.

부모

_______ 담배를 피우지 않는다.
_______ 술을 마시지 않는다.
_______ 다른 약물을 사용하지 않는다.
_______ 약물 사용에 대한 명확한 규칙/기대를 가지고 있다.
_______ 사회활동을 하고 있는 부모와 대화한다.
_______ 어려운 상황을 다루는 전략을 제시한다.

총계:	+	○	–
	_______	_______	_______

________학년 계획

우리가 향상시키거나 유지하기 원하는 부분은 ________ 이다.

[1] 자녀

일상적으로 매일 할 수 있는 일 한두 가지를 고르시오.

1.

2.

[2] 당신이 할 구체적인 한두 가지 일을 확인하시오. 현재 염려되는 부분이 없다면, 당신의 자녀를 안전한 환경에 두기 위해 당신이 매일 할 수 있는 예방적인 실제를 한두 가지 생각하시오.

최소한 부모-자녀 간의 시간을 15분씩은 가지도록 노력하시오.

1.

2.

[3] 가족 자원 전문가

나는 다음을 할 것이다.

1.

2.

________	________	________
자녀	부모	가족 자원 전문가
________	________	________
날짜	날짜	날짜

참고문헌

Achenbach, T. M. (1992). New developments in multiaxial empirically based assessment of child and adolescent psychopathology. In J. C. Rosen & P. McReyolds (Eds.), *Recent advances in psychological assessment* (Vol. 8., pp. 75-102). New York: Plenum Press.

Alexander, J. F., & Parsons, B. V. (1973). Short-term behavioral intervention with delinquent families: Impact on family process and recidivism. *Journal of Abnormal Child Psychology, 81*, 219-225.

Andrews, D. W., Soberman, L. H., & Dishion, T. J. (1995). The Adolescent Transitions Program: A school-based program for high-risk teens and their parents. *Education and Treatment of Children, 18*, 478-484.

Arnold, J., Levin, A., & Patterson, G. R. (1975). Changes in sibling behavior following family intervention. *Journal of Consulting and*

Clinical Psychology, 43, 683-688.

Azrin, N. H. (1970). Punishment of elicited aggression. *Journal of Experimental Anaysis of Behavior, 14*, 7-10

Bandura, A. (1997). *Self-efficacy. The exersise of control.* New York: Freeman.

Bank, L., Marlow, J. H., Reid, J. B., Patterson, G. R., & Weinrott, M. R. (1991). A comparative evaluation of parent training for families of chronic delinquents. *Journal of Abnormal Child Psychology, 19*, 15-33.

Barkley, R. A., Edwards, G., Laneri, M., Fletcher, K., & Metevia, L. (2001). The efficacy of problem-solving communication training alone, behavior management training alone, and the combination for parent-adolescent conflict in teenagers with ADHD and ODD. *Journal of Consulting and Clinical Psychology, 69*, 926-941.

Barriga, A. Q. (1997). Preliminary evaluation of a social-cognitive model of adolescent problem behaviors. *Dissertation Abstracts International: Section B: The Science and Engineering, 57*, 4739.

Baumrind, D. (1985). Family antecedents of adolescent drug use: A developmental perspective. In C. L. Jones & R. J. Battjes (Eds.), *Etiology of drug abuse: Implication for prevention* (Research Monograph No. 56, pp. 13-44). Washington, DC: U.S. Government Printing Office.

Bierman, K. L. (1990). Improving the peer relationship of rejected children. In B. B. Lahey & A. E. Kazdin (Eds.), *Advances in clinical child psychology* (pp.131-149). New York: Plenum Press.

Biglan, A. (1992). Family practices and the larger social context. *New Zealand Journal of Psychology, 21*, 37-43.

Biglan, A (1995). *Changing cultural practices: A contextualist framework for intervention research*. Reno, NV: Context Press.

Biglan, A., Glasgow, R. E., & Singer, G. (1990). The need for a science of larger social units: A contextual approach. *Behavior Therapy, 21,* 195-215.

Biglan, A., Lewin, L., & Hops, H. (1990). A contextual approach to the problem of aversive practices in families. In G. R. Patterson (Ed.), *Depression and aggression: Two facts of famaily interactions* (pp. 103-129). New York: Erlbaum.

Biglan, A., & Tayler, T. K. (2000). Increasing the use of science to improve childrearing. *Journal of Primary Prevention, 21,* 207-226.

Bolstad, O. D., & Johnson, S. M. (1972). Self-regulation in the modification of disruptive classroom behavior. *Journal of Applied behavior Analysis, 5*(4), 443-454.

Botvin, G. J., Baker, E., Dusenbury, L., Tortu, S., & Botvin, E. M. (1990). Preventing adolescent drug abuse through a multimodal cognitive-behavioral approach: Results of a 3-year study. *Journal of Consulting and Clinical Psychology, 58,* 437-446.

Botvin, G. J., Griffin, K. W., Diaz, T., Scheier, L. M., Williams, C., & Epstein, J. A (2000). Preventing illicit drug use in adolescents: Long-term follow-up data from a randomized control trial of a school population. *Addictive Behavior, 25,* 769-774.

Brown, J. M., & Miller, W. R. (1993). Impact of motivational interviewing on participation and outcome in residential alcoholism treatment. *Addictive Behaviors, 7,* 211-218.

Bry, B. H. (1982). Reducing the incidence of adolescent problems through preventive intervention: One- and five-year follow-up. *American Journal of Community Psychology, 10*(3), 265-276.

Bry, B. H., & Canby, C. (1986). Decreasing adolescent drug use and school failure: Long-term effects of targeted family problem-solving training. *Child and Family Behavior Therapy, 8*, 43-59.

Bry, B. H., McKeon, P., & Pardina, R. J. (1982). Extent of drug use as a function of number of risk factors. *Journal of Abnormal Psychology*, 91, 273-279.

Buchanan, C. M., Maccoby, E. E., & Dornbusch, S. M. (1991). Caught between parents: Adolescents' experience in divorced homes. *Child Development, 62*, 1008-1029.

Budney, A. J., Higgins, S. T., Delaney, D. D., Kent, L., & Bikel, W. K. (1991). Contingent reinforcement of abstinence with individuals abusing cocaine and marijuana. *Journal of Applied Behavior Analysis, 24*, 657-665.

Buehler, R. E., & Patterson, G. R. (1966). The reinforcement of behavior in institutional settings. *Behavior Research and Therapy, 4*, 157-167.

Bullock, B. M., & Dishion, T. J. (2002). Sibling collusion and problem behavior in early adolescence: Toward a process model for family mutuality. *Journal of Abnormal Child Psychology, 30*, 143-153.

Bullock, B. M., & Dishion, T. J. (2003). Conduct disorder. In J. J. Ponzetti (Ed.), *The international encyclopedia of marriage and family relationships* (2nd ed., Vol. 1, pp. 349-354). New York: MacMillian Reference USA.

Cairns, R. B., & Cairns, B. D. (1984). Predicting aggressive patterns in girls and boys: A developmental study. *Aggressive Behavior, 10*, 227-242.

Cairns, R. B., Cairns, B. D., Neckerman, H. J., Ferguson, L. L., & Gariepy, J. L. (1989). Growth and aggression: 1. Childhood to early adolescence. *Developmental Psychology*, *25*, 1-30.

Carins, R. B., Perrin, J. E., & Cairns, B. D. (1985). Social structure and social cognition in early adolescence: Affiliative patterns. *Journal of Early Adolescence, 5*, 339-355.

Campbell, S. B. (1994). Hard-to-manage preschool boys: Externalizing behavior, social competence, and family context at 2-year follow-up. *Journal of Abnormal Child Psychology, 22*, 147-166.

Campbell, D. T., & Fiske, D. W. (1959). Conversant and discriminant validation of the multitrait and multimethod matrix. *Psychological Bulletin, 56*, 81-105.

Campbell, D. T., & Stanley, J. C. (1963). Experimental and quasi-experimental designs for research on teaching. In N. L. Gage (Ed.), *Handbook of research teaching* (pp. 171-246). Chicago: Rand McNally.

Capaldi, D. M., Chamberlain, P., Fetrow, & Wilson, J. E. (1997). Conducting ecology valid prevention research: Recruiting and retraining a "whole village" in multimethod, multiagent studies. *American Journal of Community Psychology, 25*(4), 471-492.

Capaldi, D. M., Crosby, L., & Stoolmiller, M. (1996). Predicting the timing of first sexual intercourse for at-risk adolescent males. *Child Development, 67*, 344-359.

Capaldi, D., & Patterson, G. R. (1991). The relation of parental transitions to boys' adjustment problems: Ⅰ. A test of liner hypothesis. Ⅱ. Mothers at risk for transitions and unskilled parenting. *Development and Psychopathology, 3*, 277-300.

Chamberlain, P. (1994). *Family connections: Treatment foster care for adolescents with delinquency*. Eugene, OR: Castalia.

Chamberlain, P., Patterson, G. R., Reid, J., & Kavanagh, K. (1984). Observation of client resistance. *Behavior Therapy, 15*, 144-155.

Chamberlain, P., & Reid, J. B. (1987). Parent observation and report of child symptoms. *Behavioral Assessment, 9*, 97-109.

Chamberlain, P., & Reid, J. B. (1998). Comparison of two community alternatives to incarceration for chronic juvenile offenders. *Journal of Consulting and Clinical Psychology, 6*, 624-633.

Chase-Lansdale, P. L., Brooks-Gunn, J., & Zamsky, E. S. (1994). Young African-American multigenerational families in poverty: Quality of mothering and grandmothering. *Child Development. 65*(2), 373-393.

Chassin, L., Presson, C. C., & Sherman, S. J. (1990). Social psychological contributions to the understanding and prevention of adolescent cigarette smoking. *Personality and Social Psychology Bulletin, 16*, 133-151.

Chassin, L., Presson, C. C., Sherman, S. J. Montello, D., & McGrew, J. (1986). Changes in peer and parent influence during adolescnece: Longitudinal versus cross-sectional perspectives on smoking initiation. *Developmental Psychology, 22*, 327-334.

Chilcoat, H. D., & Breslau, N. (1999). Pathways from ADHD to early drug use. *Journal of American Academy of Child and Adolescent Psychiatry, 38*, 1347-1354.

Christensen, A., & Jacobson, N, S, (1994). Who (or what) can do psychotherapy: The status and challenge of nonprofessional therapies. *Psychological Science, 5*, 8-14.

Coastworth, J. D., Szapocznik, J., Kurtines, W., & Santisteban, D. A. (1997). Culturally competent psychosocial interventions with antisocial problem behavior in Hispanic youth. In D. M. Stoff, J. Breiling, & J. D. Maser (eds.), *Handbook of antisocial behavior* (pp.103-114). New York: Wiley.

Coie, J. D., Dodge, K. A., & Coppotelli, H. (1982). Dimensions and types of social status: A cross-age perspective. *Developmental Psychology, 18*, 557-570.

Conger, R. D., Conger, K. J., Elder, G. H., Jr., Lorenz, F. O., Simons, R. L., & Whitbeck, L. B. (1992). A family process model of economic hardship and adjustment of early adolescent boys. *Child Development, 63*, 526-541.

Cook, T. D., & Campbell, D. T. (1979). *Quasi-experimentation: Design and analysis issue for field setting.* Boston: Houghton Mifflin.

Crick, N. R. (1996). The role of overt aggression, relational aggression, and prosocial behavior and the prediction of children' s future social adjustment. *Child Development, 67*(5), 2317-2327.

Cronbach, L. J., & Glesar, G. C. (1965). *Psychological tests and personnel decisions.* Urban: University of Illinois Press.

Dadds, M. R., Spence, S. H., Holland, D. E., Barrett, P. M., & Lacrens, K. R. (1997). Prevention and early intervention for anxiety disorders: A controlled trial. *Journal of Consulting and Clinical Psychology, 65*, 627-635.

Dawes, M. A., Dorn, L. D., Moss, H. B., Yao, J. K., Kirisci, L., Ammerman, R. T., & Tarter, R. E. (1999). Hormonal and behavioral homeostasis in boys at risk for substance abuse. *Drug and Alcohol Dependence, 55*, 165-176.

Dawes, R. M. (1994). *House of cards: Psychology and psychotherapy built on myth.* New York: Free Press.

Dawes, R. M., & Corrigan, B. (1974). Linear models in decision-making. *Psychological Bulletin, 81*, 95-106.

Dionne, R. (1997). *Indian family wellness intervention.* Unpublished manuscript. (Available from Child and Family Center, 195 West 12th Avenue, Eugene, OR 97401-3408.)

Dishion, T. J. (1998). *Advances in family-based interventions to adolescent drug abuse prevention*. Washington, DC: National Institute on Drug Abuse.

Dishion, T. J. (2000). Cross-setting consistency in early adolescent psychopathology: Deviant friendships and problem behavior sequelae. *Journal of Personality, 68*(6), 1109-1126.

Dishion, T. J., & Andrews, D. W. (1995). Preventing escalation in problem behaviors with high-risk young adolescents: Immediate and 1-year outcomes. *Journal of Consulting and Clinical Psychology, 63*, 538-548.

Dishion, T. J., Andrews, D. W., Kavanagh, K., & Soberman, L. H. (1996). Preventive interventions for high-risk youth: The Adolescent Transitions Program. In B. McMahon & R. D. Peters (Eds.), *Conduct disorders, substance abuse and delinquency: Prevention and early intervention approaches* (pp. 184-214). Newbury Park, CA: Sage.

Dishion, T. J., & Bullock, B. (2001). Parenting and adolescent problem behavior: An ecological analysis of the nurturance hypothesis. In J. G. Borkowski, S. Ramey, & M, Bristol-Power (Eds.), *Parenting and the child' s world: Influences on intellectual, academic, and social-emotional development* (pp. 231-249). Mahwah, NJ: Erlbaum.

Dishion, T. J., Bullock, B. M., & Granic, I. (2002). Pragmatism in modeling peer An influence: Dynamics, outcomes, and change processes. In D. Cicchetti & S. Hinshaw (Eds.), How prevention intervention studies in the field of developmental psychopathology can inform development theories and models [Special Issue]. *Development and Psychopathology, 14*(4), 995-1009.

Dishion, T. J., Bullock, B. M., & Owen, L. D. (2003). *Middle childhood parenting and early adolescent deviant friendship process.* Manuscript submitted for publication.

Dishion, T, J., Burraston, B., & Li, F. (2002). A multimethod and multitrait analysis of family management practices: Convergent and predictive validity. In W. Bukoski & Z. Amsel (Eds.), *Handbook for drug abuse prevention theory, science, and practice* (pp. 587-607). New York: Plenum Press.

Dishion, T. J., Capaldi, D., Spracklen, K. M., & Li, F. (1995). Peer ecology of male adolescent drug use. *Development and Psychopathology, 7*, 803-824.

Dishion, T. J., Capaldi, D. M., & Yoerger, K. (1999). Middle childhood antecedents to progression in male adolescent substance use: An ecological analysis of risk and protection. *Journal of Adolescent Research, 14*, 175-206.

Dishion, T. J., Duncan, T. E., Eddy, J. M., Fagot, B. I., & Fetrow, R. A. (1994). The world of parents and peers: Coercive exchanges and children' s social adaption. *Social Development, 3*, 255-268.

Dishion, T. J., Eddy, J. M., Haas, E., Li, F., & Spracklen, K. (1997). Friendship and violent behavior during adolescence. *Social Development, 6*, 207-223.

Dishion, T. J., French, D. C., & Patterson, G. R. (1995). The development and ecology of antisocial behavior. In D. Cicchetti & D. J. Cohen (Eds.), *Developmental psychopathology: Vol. 2. Risk, disorder, and adaptation* (pp. 421-471). New York: Wiley.

Dishion, T. J., Gardner, K., Patterson, G. R., Reid, J. B., & Thibodeaux, S. (1983). *The Family Process Code: A multidimensional system for observing family interaction.* Unpublished coding manual.

(Available from Oregon Social Learning Center, 160 East 4th Avenue, Eugene, OR 97401-2426.)

Dishion, T. J., & Kavanagh, K. (2002). The Adolescent Transitions Program: A family-centered prevention strategy for schools. In J. B. Reid, J. J. Snyder, & G. R. Patterson (Eds.), *The Oregon model: Understanding and altering the delinquency trajectory* (pp. 257-272). Washington, DC: American Psychological Association.

Dishion, T. J., Kavanagh, K., & Christianson, S. (1995). *Parenting in the teenage years.* (Video available from InterVision, 261 East 12th Avenue, Eugene, OR 97401 or 800-678-3455.)

Dishion, T. J., Kavanagh, K., Schneiger, A., Nelson, S., & Kaufman, N. (2002). Preventing early adolescent substance use: A family-centered strategy for the public middle-school ecology. In R. L. Spoth, K. Kavanagh, & T. J. Dishion (Eds.), Universal family-centered prevention strategies: Current finding and critical issues for public health impact [Special Issue]. *Prevention Science, 3,* 191-201.

Dishion, T. J., Kavanagh, K., Veltman, M., McCartney, T., Soberman, L., & Stormshake, E. A. (2003). *Family Management Curriculum V.20: Leader's guide.* Eugene, OR: Child and Family Center Publications (http://cfc.uoregon.edu).

Dishion, T. J., & Loeber, R. (1985). Male adolescent marijuana and alcohol use: The role of parents and peers revisited. *American Jornal of Drug and Alcohol Abuse, 11,* 11-25.

Dishion, T. J., McCord, J., & Loeber, R., Stouthamer-Loeber, M., & Patterson, G. R. (1984). Skill deficits and male adolescent delinquency. *Journal of Abnormal Child Psychology, 12,* 37-54.

Dishion, T. J., & Poulin, F. (1999). When interventions harm: Peer groups and problem behavior. *American Psychologist, 54*, 1-10.

Dishion, T. J., & McMahon, R. J. (1998). Parental monitoring and the prevention of child and adolescent problem behavior: A conceptual and empirical formulation. *Clinical Child and Family Psychology Reveiw, 1*, 61-75.

Dishion, T. J., Moore, K. J., Prescott, A. & Kanavagh, K. (1989). *Teen Foucus: A behavior change curriculum for young adolescents* [Videotape]. (Available from InterVision, 261 East 12th Avenue, Suite 100, Eugene, OR 97401.)

Dishion, T. J., & Owen, L. D. (2002). A longitudinal analysis of friendships and substance use: Bi-directional influence from adolescence to adulthood. *Developmental Psychology, 38*(4), 480-491.

Dishion, T. J., & Patterson, G. R. (1992). Age effects in parent training outcome. *Behavior Therapy, 23*, 719-729.

Dishion, T. J., & Patterson, G. R. (1993). Antisocial behavior: Using a multiple gating strategy. In M. I. Singer, L. T. Singer, & T. M. Anglin (Eds.), *Handbook for screening adolescents at psychosocial risk* (pp. 375-399). New York: Lexington.

Dishion, T. J., & Patterson, G. R. (1997). The timing and severity of antisocial behavior: Three hypotheses within an ecological framework. In D. Stoff, J. Brieling, & J. Maser (Eds.), *Handbook of antisocial behavior* (pp. 205-217). New York: Wiley.

Dishion, T. J., & Patterson, G. R. (1999). Model-building in developmental psychopathology: A pragmatic approach to understanding and intervention. *Journal of Clinical Child Psychology, 28*, 502-512.

Dishion, T. J., Patterson, G. R., & Kavanagh, K. (1992). An experimental test of the coercion model: Linking theory, measurement, and intervention. In J. McCord & R. E. Tremblay (Eds.), *The interaction of theory and practice: Experimental studies of interventions* (pp. 253-282). New York: Guilford Press.

Dishion, T. J., Patterson, G. R., Stoolmiller, M., & Skinner, M. (1991). Family, school, and behavioral antecedents to early adolescent involvement with antisocial peers. *Developmental Psychology, 27*, 172-180.

Dishion, T. J., Poulin, F., & Medici Skaggs, N. (2000). The ecology of premature autonomy in adolescence: Biological and social influences. In K. A. Kerns, J. M. Contreras, & A. M. Neal-Barnett (Eds.), *Family and peers: Linking two social worlds* (pp. 27-45). Westport, CT: Praeger.

Dishion, T. J., Reid, J. B., & Patterson, G. R. (1998). Empirical guidelines for a family intervention for adolescent drug use. *Journal of Chemical Dependency Treatment, 1*, 189-222.

Dishion, T. J., Rivera, E. K., Jones, L., Verberkmoes, S., & Patras, J. (2002). *Relationship Process Code.* Unpublished coding manual. (Available from Child and Family Center, University of Oregon, 195 West 12th Avenue, Eugene, OR 97401-3408.)

Dishion, T. J., Spracklen, K. M., Andrews, D. M., & Patterson, G. R. (1996). Deviancy training in male adolescent friendships. *Behavior Therapy, 27*(1), 373-390.

Dishion, T. J., & Stormshake, E. (in press). *An ecological approach to child clinical and counseling psychology*. Washington, DC: APA Books.

Dodge, K. A. (1991). The structure and function of proactive and reactive aggression. In D. J. Pepler & K. H. Rubin (Eds.), *The development and treatment of childhood aggression* (pp. 201-218). Hillsdale, NJ: Erlbaum.

Dodge, K. A. (1993). The future of research and the treatment of conduct disorder. *Development and Psychopathology, 5*, 311-319.

Dodge, K. A., & Coie, J. D. (1987). Social-information-processing factors in reactive and proactive aggression in children' s peer groups. *Journal of Personality and Social Psychology, 53*, 1146-1158.

Donovan, J. E., Jessor, R., & Costa, F. M. (1993). Structure of health-enhancing behavior in adolescents: A latent-variable approach. *Journal of Health and Social Behavior, 34*, 346-362.

Dumas, J. E. (1989). Treating antisocial behavior in children: Child and family approaches, *Clinical Psychology Review, 9*, 197-222.

Duncan, O. D., Ohlin, L. E., Reiss, A. J., & Stanton, H. R. (1953). Formal devices for making selection decisions. *American Journal of Sociology, 58*, 573-584.

Duran, E., & Duran, B. (1995). *Native American postcolonial psychology.* Albany: State University of New York Press.

Dwyer, J. H. (1983). *Statistical models for the social and behavior sciences.* New York: Oxford University Press.

Eccles, J. S., Lord, S. E., & Roeser, R. W. (1995). Round holes, square pegs, rocky roads, and sore feet: The impact of stage-enviroment fit on young adolescents' experiences in schools and families. In D. Cicchetti & S. Toth (Eds.), *Rochester Symposium on Developmental Psychopathology: Vol. 7: Adolescence: Opportunities and challenges* (pp. 47-92). Rochester, NY: University of Rochester Press.

Eccles, J. S., Midgley, C., Wigfield, A., Buchanan, C. M., Reuman, D.,

Flanagan, C., & MacIver, D. (1993). Development during adolescence: The impact of stage-environment fit on adolescents' experience in school and families. *American Psychologist, 48*, 90-101.

Eddy, J. M., Dishion, T. J., & Stoolmiller, M, (1998). The analysis of change in children and families: Methodological and conceptual issues embedded in intervention studies. *Journal of Abnormal Child Psychology, 26*, 53-69.

Egeland, B., & Susman-Stillman, A. (1996). Dissociation as a mediator of child abuse across generations. *Child Abuse and Neglect, 20*, 1123-1132.

Eisenberg, N., Carlo, G., Murphy, B., & Van Court, P. (1995). Prosocial development in late adolescence: A longitudinal study. *Child Development, 66*, 1179-1197.

Elder, G. H., Van Nguyen, T., & Caspi, A. (1985). Linking family hardship to children' s lives. *Child Development, 56*, 361-375.

Elliott, D. S., & Voss, H. L. (1974). *Delinquency and dropout.* Lexington, MA: Lexington.

Farrington, D. P. (1991). Childhood aggression and adult violence: Early precursors and later life outcomes. In D. J. Pepler & K. H. Rubin (Eds.), *The development and treatment of childhood aggression* (pp. 5-30). Hillsdale, NJ: Erlbaum.

Fergusson, D. M., & Horwood, L. J. (2002). Male and female offending trajectories. *Development and Psychopathology, 14*, 159-177.

Fisher, P. A., & Ball, T. J. (2002). The Indian Family Wellness Project: An application of the Tribal Participatory Research model. In R. L. Spoth, K. Kavanagh, & T. J. Dishion (Eds.), Universal family-centered prevention strategies: Current fidings and critical issues for public health impact [Special Issue]. *Prevention Science, 3*, 235-240.

Fisher, P. A., Fagot, B. I., & Leve, C. S. (1998). Assessment of family stress across low-, medium-, and high-risk samples using the family events checklist. *Family Relations, 47*, 1-5.

Fleischman, M. (1979). Using parenting salaries to control attrition and cooperation in therapy. *Behavior Therapy, 10*, 111-116.

Fogel, B. S. (1996). A neuropsychiatric approach to impairment of goal-directed behavior. American Psychiatric Press Review of Psychiatry, 15, 163-173.

Forgatch, M. S. (1989). Patterns and outcome in family problem solving: The disrupting effect of negative emotion. *Journal of Marriage and Family, 51*, 115-124.

Forgatch, M. S. (1991). The clinical science vortex: Developing a theory for antisocial behavior. In D. Pepler (Ed.), *The development and treatment of childhood aggression* (pp. 291-315). Hillsdale, NJ: Erlbaum.

Forgatch, M. S., Fetrow, B., & Lathrop, M. (1985). *Solving problem in family interactions*. Unpublished training manual. (Available from Oregon Social Learning Center, 160 East 4th Avenue, Eugene, OR 97401-2426.)

Forgatch, M. S., & Patterson, G. R. (1989). *Parents and adolescents living together: II. Family problem-solving*. Eugene, OR: Castalia.

Forgatch, M. S., Patterson, G. R., & Skinner, M. L. (1988). A mediational model for the effect of divorce on antisocial behavior in boys. In E. M. Hetherington & J. D. Aresteh (Eds.), *Impact of divorce, single parenting, and stepparenting on children* (pp. 135-154). Hillsdale, NJ: Erlbaum.

Forgatch, M. S., & Stoolmiller, M. (1994). Emotions as contexts for adolescent delinquency. *Journal of Research on Adolescence, 4*, 601-614.

Friedman, A. S. (1989). Family therapy versus parent groups: Effects on adolescent drug abusers. *American Journal of Family Therapy, 17*, 335-347.

French, D. C., & Weih, S. (1990). *House rules: A measure of parental monitoring*. Unpublished manuscript.

Gardner, F. E. M. (1992). Parent-child interaction and conduct disorders. *Educational Psychology Review, 4*, 135-163.

Gorman-Smith, D., & Tolan, P. (1998). The role of exposure to community violence and developmental problems among inner city youth. *Development and Psychopathology, 10*, 101-116.

Gottfredson, D. (1998). An evaluation of an organization development approach to reducing school disorder. *Evaluation Review, 11*, 739-763.

Gottman, J. M. (1979). *Marital interaction: Experimental investigations*. New York: Academic Press.

Gottman, J. M. (1998). Psychology and the study of marital process. *Annual Review of Psychology, 49*, 169-197.

Gottman, J. M., & Levenson, R. W. (1986). Assessing the role of emotion in marriage. *Behavioral Assessment, 8*, 31-48.

Granic, I., Dishion, T. J., & Hollenstein, T. (2003). The family ecology of adolescence: A dynamic systems perspective on normative development. In G. R. Adams & M. Berzonsky (Eds.), *The Blackwell handbook of adolescence* (pp. 60-91). Oxford, UK: Blackwell.

Granic, I., & Lamey, A. V. (2002), Combining dynamic systems and multivariate analyses to compare the mother-child interactions of externalizing subtypes. *Journal of Abnormal Child Psychology, 30,* 265-283.

Grotpeter, J. K., & Crick, N. R. (1996). Relational aggression, overt aggression, and friendship. *Child Development, 67,* 123-150.

Harris, J. R. (1995). Where is the child' s environment?: A group socialization theory of development. *Psychological Review, 102,* 458-489.

Hawkins, J. D., Catalano, R. F., & Miller, J. Y. (1992). Risk and protective factors for alcohol and other drug problems in adolescence and early adulthood: Implications for substance abuse prevention. *Psychological Bulletin, 112,* 64-105.

Hawkins, D. L., Pepler, D. J, & Craig, W. M. (2001). Naturalistic observations of peer interventions in bullying. *Social Development, 10*(4), 512-527.

Henggeler, S. W., Melton, G. B., & Smith, L. A. (1992). Family preservation using multisystemic treatment: An effective alternative to incarcerating serious juvenile offenders. *Journal of Consulting and Clinical Psychology, 60,* 953-961.

Henggeler, S. W., Rodnick, J. D., Borduin, C. M., Hanson, C, L., Watson, S. M., & Urey, J. R. (1986). Multisystemic treatment of juvenile offenders: Effects on adolescent behavior and family interaction. *Developmental Psychology, 22,* 132-141.

Henggeler, S. W., Schoenwald, S. K., Borduin, C. M., Rowland, M. D., & Cunningham, P. B. (1998). *Multisystemic treatment of antisocial behavior in children and adolescents.* New York: Guilford Press.

Hernstein, R. J. (1961). Relative and absolute strength of response as a function of frequency of reinforcement. *Journal of Experimental*

Analysis of Behavior, 4, 267-292.

Higgins, S. T., Budney, A. J., Bickel, W. K., Hughes, J. R., Foerg, F., & Badger, G. (1993). Achieving cocaine abstinence with a behavioral approach. *American Journal of Psychiatry, 150*, 763-769.

Hinshaw, S. P. (1987). On the distinction between attention deficits/hyperactivity and conduct problems/aggression in child psychopathology. *Psychological Bulletin, 101*, 443-463.

Hoagwood, K., & Koretz, D. (1996). Embedding prevention services within systems of care: Strengthening the nexus for children. *Applied and Prevention Psychology, 5*, 225-234.

Hogansen, J., & Dishion, T. J. (2001, June). *Promoting change in parent group interventions for adolescent problem behavior.* Poster presented at the 10th Scientific Meeting of the International Society for Research in Child and Adolescent Psychopathology, Vancouver, BC, Canada.

Holmes, T. H., & Rahe, R. H. (1967). The social readjustment rating scale. *Journal of Psychosomatic Research, 11*, 213-218.

Hops, H., Sherman, L., & Biglan, A. (1990). Maternal depression, marital discord, and children's behavior: A developmental perspective. In G. R. Patterson (Ed.), *Depression and aggression in family interaction* (pp. 185-308). Hillsdale, NJ: Erlbaum.

Horner, R. H., Day, H. M., & Day, J. R. (1997). Using neuralized routines to reduce problem behavior. *Journal of Applied Behavior Analysis, 30*, 601-614.

Huey, S. J., Henggeler, S. W., Brondino, M. J., & Pickrel, S. G. (2000). Mechanisms of change in mutisystemic therapy: Reducing delinquent behavior through therapist adherence and improved family and peer functioning. *Journal of Clinical Child Psychology*,

68, 451-467.

Huston, T. L., & Vangelisti, A. L. (1991). Socioemotional behavior and satisfaction in marital relationship: A longitudinal study. *Journal of Personality and Social Psychology, 61*, 721-733.

Irvine, A. B., Biglan, A., Metzler, C. W., Smolkowski, K., & Ary, D. V. (1999). The effectiveness of a parenting skills program for parents of middle school students in small communities. *Journal of Consulting and Clinical Psychology, 67*, 811-825.

Izard, C. E., & Harris, P. (1995). Emotional development and developmental psychopathology. In D. Cicchetti & D. J. Cohen (Eds.), *Developmental psychopathology: Vol. 2. Risk, disorder, and adaptation* (pp. 467-503). New York: Wiley.

Jocobsen, N. S., & Truax, P. (1991). Clinical significance: A statistical approach to defining meaningful change in psychotherapy research. *Journal of Consulting and Clinical Psyhology, 59*, 12-19.

Jessor, R., & Jessor, S. L (1997). *Problem behavior and psychosocial development*. New York: Academic Press.

Johnson, S. M., & Christensen, A. (1975). Multiple criteria follow-up of behavior modification. *Journal of Abnormal Child Psychology, 3*, 135-154.

Johnson, C. A., Pentz, M. A., Weber, M. D., Dwyer, J. H., MacKinnan, D. P., Flay, B. R., Baer, N. A., & Hansen, W. B. (1990). The relative effectiveness of comprehensive community programming for drug abuse prevention with risk and low risk adolescents. *Journal of Consulting and Clinical Psychology, 58*, 447-456.

Kandel, D. B., Davies, M., Karus, D., & Yamaguchi, K. (1986). The consequences in young adulthood of adolescent drug involvement. *Archives of General Psychiatry, 43*, 746-754.

Kavanagh, K., Burraston, B., Dishion, T, J., & Schneiger, A. (2000, March). *Identification of middle school students' risk behavior: Contexual influences of gender and ethnicity.* Poster presented at the Eighth Biennial Meeting of the Society for Research on adolescence, Chicago, IL.

Kavanagh, K., Dishion, T. J., Winter, C., & Burraston, B. (2000, June). *Processes of family and school engagement: Adolescent Transitions Program.* Paper presented at the Eighth Annual Meeting of the Society for Prevention Research, Montreal, Quebec, Canada.

Kavanagh, K., & Hops, H. (1994). Good girls? Bad boys?: Gender and development as contexts for diagnosis and treatment. In T. H. Ollendick & R. J. Prinz (Eds.), *Advances in clinical child psychology* (vol. 16, pp. 45-69). New York: Plenum Press.

Kazdin, A. E. (1993). Treatment of conduct disorder: Progress and directions in psychotherapy research. *Development and Psychopathology, 5*, 227-310.

Kazdin, A. E. (2002). Psychosocial treatments for conduct disorder in children and adolescents. In P. Nathan & J. Gorman (Eds.), *A guide to treatments that work* (2nd ed., pp. 57-85). London: Oxford University Press.

Kazdin, A. E., Siegel, T. C., & Bass, D. (1992). Cognitive problem solving skills training and parent management training in the treatment of antisocial behavior in children. *Journal of Consulting and Clinical Psychology, 60*, 733-747.

Kazdin, A. E., & Weisz, J. R. (1998). Identifying and developing empirically supported child and adolescent treatments, *Journal of Consulting and Clinical Psyhology, 66*, 19-36.

Kellam, S. G. (1990). Developmental epidemiological framework for family research on depression and aggression. In G. R. Patterson (Ed.), *Depression and aggression in family interaction* (pp. 11-48). Hillsdale, NJ: Erlbaum.

Kellam, S. G., Brown, C. H., Rubin, B. R., & Ensminger, M. E. (1983). Paths leading to teenage psychiatric symptoms and substance use: Developmental epidemiological studies in Woodlawn. In S. R. Guze, F, J. Earns, & J. E. Barrett (Eds.), *Childhood psychopathology and development* (pp. 17-51). New York: Raven Press.

Kelly, J. G. (1988). *A guide to conducting preventive research in the community: First steps*. New York: Haworth.

Kochanska, G. (1993). Toward a synthesis of parental socialization and child temperament in early development of conscience. *Child Development, 64*, 325-347.

Kumpfer, K. L., Alvarado, R., Smith, P., & Bellamy, N. (2002). Cultural sensitivity and adaptation in family-based prevention interventions. In R. L. Spoth, K. Kavanagh, & T. J. Dishion (Eds.), Universal family-centered prevention strategies: Current findings and critical issues for public health impact [Special Issue]. *Prevention Science, 3*, 241-246.

Kumpfer, K. L., Molgaard, V., & Spoth, R. (1996). The strengthening families program for the prevention of delinquency and drug abuse. In R. D. Peters & R. J. McMahon (Eds.), *Preventing childhood disorders, substance abuse, and delinquency* (pp. 241-267). Newbury, CA: Sage.

Landman, J. T., & Dawes, R. M. (1982). Psychotherapy outcome: Smith and Glass' conclusions stand up under scrutiny. *American*

Psychologist, 37(5), 504-516.

Lewisohan, P. M., & Clark, G. N. (1990). Cognitive-behavioral treatment for depressed adolescents. *Behavior Therapy, 19*, 385-401.

Lewis, M. D. (2000). The promise of dynamic systems approach an integrated account of human development. *Child Development, 71*, 36-43.

Lewis, R. A., Piercy, F. P., Sprendle, D. H., & Trepper, T. J. (1990). Family-based interventions for helping drug-using adolescents. *Journal of Adolescent Research, 5*, 82-95.

Liddle, H. A. (1999). Theory in a family-based therapy for adolescent drug abuse. *Journal of Clinical Child Psychology, 28*, 512-532.

Linehan, M. M. (1987). Dialectical behavior therapy for borderline personality disorder. *Bulletin of the Menninger Clinic, 51*, 261-276.

Lipsey, M. W. (1992). Juvenile delinquency treatment: A meta-analytic inquiry into the variability of effects. In T. D. Cook, H. Cooper, D. S. Cordray, H. Hartmann, L. V. Hedges, R. J. Light, T. A. Lewis, & F. Mosteller (Eds.), *Meta-analysis for explanation: A casebook* (pp. 83-125). New York: Russell Sage Foundation.

Lochman, J. E., Burch, P. R., Curry, J. F., & Lampron, L. B. (1984). Treatment and generalization effects of cognitive behavioral and goal-setting interventions with aggressive boys. *Journal of Consulting and Clinical Psychology, 52*, 915-916.

Lochman, J. E., & Wells, K. C. (1996). A social-cognitive intervention with aggressive children: Prevention effects and contextual implementation issues. In R. D. Peters & R. J. McMahon (Eds.), *Preventing childhood disorders, substance abuse, and delinquency* (pp. 111-143). Thousand Oaks, CA: Sage.

Lochman, J. E., White, K. J., Curry, J. F., & Rumer, R. R. (1992).

Antisocial behavior. In V. B. Van Hasselt & D. J. Kolko (Eds.), *Inpatient behavior therapy for children and adolescents* (pp. 277-312). New York: Plenum Press.

Loeber, R. (1982). The stability of antisocial and delinquent child behavior: A review. *Child Development, 53*(6), 1431-1466.

Loeber, R. (1988). Natural histories of conduct problem, delinquency, and associated substance use: Evidence for developmental progressions. In B. B. Lahey & A. E. Casdin (Eds.), *Advances in clinical child psychopathology* (Vol. 2, pp 73-124). New York: Plenum Press.

Loeber, R., & Dishion, T. J. (1983). Early predictors of male delinquency: A review. *Psychological Bulletin, 94*, 68-99.

Loeber, R., & Dishion, T. J. (1987). Antisocial and delinquent youth: Methods for their early identification. In J. D. Burchard & S. N. Burchard (Eds.), *Prevention of delinquent behavior* (Vol. 10, pp. 75-89). Newbury Park, CA: Sage.

Loeber, R., & Dishion, T. J., & Patterson, G. R. (1984). Multiple gating: A multistage assessment procedure for identifying youths at risk for delinquency. *Journal of Research in Crime and Delinquency, 21*, 7-32.

Loeber, R., & Schmaling, K. B. (1985). The utility of differentiating between mixed and pure forms of antisocial child behavior. *Journal of Abnormal Child Psychology, 13*, 315-336.

Maccoby, E. (1992). The role of parents in the socialization of children: An historical overview. *Developmental Psychology, 28*, 1006-1017.

Maccoby, E. E., Depner, C. E., & Mnookin, R. H. (1990). Co-parenting in the second year after divorce. *Journal of Marriage and the Family, 52*, 141-155.

Magnusson, D. (1998). Aggressive, hyperactivity, and autonomic activity/reactivity in the development of social maladjustment. In D. Magnusson (Ed.), *Paths through life: Individual development from an interactional perspective: A longitudinal study* (Vol. 1, pp. 153-175). Hillsdale, NJ: Erlbaum.

McCord, J. (1978). A third-year follow-up of treatment effects. *American Psychologist, 37*, 1447-1486.

McCord, J. (1979). Some child-rearing antecedents of criminal behavior in adult men. *Journal of Personality and Social Psychology, 37*, 1447-1486.

McCord, J. (1981). Consideration of some effects of a counseling program. In S. E. Martin, L. B. Sechrest, & R. Redner (Eds.), *New directions in the rehabilitation of criminal offenders* (pp. 349-405). Washington, DC: National Academy of Sciences.

McCord, J. (1992). The Cambridge-Somerville Study: A pioneering longitudinal-experimental study of delinquency prevention. In J. McCord & R. E. Tremblay (Eds.), *Preventing antisocial behavior: Interventions from birth through adolescentce* (pp. 196-206). New York: Guilford Press.

McCord, J. (1997, April). *Some unanticipated consequences of summer camps*. Paper presented at the Biennial Meeting of the Society for Research in Child Development, Washington, DC.

McDowell, J. J. (1988). Matching theory natural human environments. *Behavior Analyst, 11*, 95-109.

McLoyd, V. C. (1990). The impact of economic hardship on Black families and children: Psychological distress, parenting, and socioemotional development. *Child Development, 61*, 311-346.

McMahon, R. J., Tiedmann, G. L., Forehand, R., & Griest, D. L. (1993).

Parental satisfaction with parent training to modify child noncompliance. *Behavior Therapy, 15*, 295-303.

Meehl, P. E. (1978). Theoretical risks and tabular asterisks: Sir Karl, Sir Ronald, and the slow progress of soft psychology. *Journal of Consulting and Clinical Psychology, 46*, 806-834.

Meehl, P. E., & Rosen, A. (1955). Antecedent probability and the efficiency of psychometric signs, patterns, or cutting scores. *Psychological Bulletin, 52*, 194-216.

Metzler, C. W., Biglan, A., Rusby, J. C., & Sprague, J. R. (2001). Evaluation of a comprehensive behavior management program to improve school-wide positive behavior support. *Education and Treatment of Children, 24*, 448-479.

Metzler, C. W., Noell, J., & Biglan, A. (1992). The validation of a construct of high-risk sexual behavior in heterosexual adolescents. *Journal of Adolescent Research, 7*, 233-249.

Miller, W. R. (1987). Motivation and treatment goals. *Drugs and Society, 1*, 133-151.

Miller, W. R. (1989). Increasing motivations for change. In R. K. Hester & W. R. Miller (Eds.), *Handbook of alcoholism treatment approaches: Effective alternatives* (pp. 67-80). Elmsford, NY: Pergamon.

Miller, W. R., Benefield, R. G., & Tonigan, J. S. (2001). Enhancing motivation for change in problem drinking: A controlled comparison of two therapist styles. In C. E. Hill (Ed.), *Helping skills: The empirical foundation* (pp. 243-255). Washington, DC: American Psychological Association.

Miller, W. R., & Brown, J. M. (1991). Self-regulation as a conceptual basis for the prevention and treatment of addictive behaviors. In N.

Heather, W. R. Miller, & J. Greeley (Eds.), *Self-control and addictive behaviours* (pp. 3-82). Sydney, Australia: Maxwell MacMillan.

Miller, W. R., & Rollnick, S. (2002). *Motivational interviewing: Preparing people for change* (2nd ed.). New York: Guilford Press.

Miller, W. R., & Sovereign, R. G. (1989). The checkup: A model for early intervention in addictive behavior. In T. Loberg, W. R. Miller, P. E. Nathan, & G. A. Marlatt (Eds.), *Addictive behaviors: Prevention and early intervention* (pp. 219-231). Amsterdam: Swets & Zeitlinger.

Minkin, N., Braukman, C. J., Minkin, B. J., Timbers, G. D., Timbers, B. J., Fixsen, D. L., Phillips, E. L., & Wolf, M. M. (1976). The social validation and training of conversational skills. *Journal of Applied Behavior Analysis, 9*, 127-139.

Minuchin, S., & Fishman, H. C. (1981). *Family therapy techniques.* Cambridge, MA: Harvard University Press.

Moffitt, T. E. (1993). Adolescnece-limited and life course persistent antisocial behavior: Developmental taxonomy. *Psychological Review, 100*, 674-701.

Moffitt, T. E., Caspi, A., Rutter, M., & Silva, P. A. (2001). *Sex differences in antisocial behaviour: Conduct disorder, delinquency, and violence in the Dunedin Longitudinal Study*. New York: Cambridge University Press.

Moore, K. J., Osgood, W. D., Larzelere, R. E., & Chamberlain, P. (1994). Use of pooled time series in a study of naturally occurring clinical events and problem behavior in a forster care setting. *Journal of Consulting and Clinical Psycholigy, 62*, 718-728.

Morrill, W. H., Oetting, E. R., & Hurst, J. C. (1974). Dimensions of counselor functioning. *Personnel and Guidance Journal, 52*(6), 354-359.

Mrazek, P. J., & Haggerty, R. J. (1995). *Reducing risks for mental disorders: Frontiers for preventive intervention research.* Washington DC: National Academy Press.

Newcomb, M., & Bentler, P. (1988). *Consequences of adolescent drug use.* Newbury Park, CA: Sage.

O' Dell, S. L. (1982) Enhancing parent involvement training: A discussion. *Behavior Therapist, 5*(1), 9-13.

Olds, D. L. (2002). Parental and infancy home visiting by nurses: From randomized trials to community replication. In R. L. Spoth, K. Kavanagh, & T. J. Dishion (Eds.), Universal family-centered prevention strategies: Current fidings and critical issues for public health impact [Special Issue]. *Prevention Science, 3*, 153-172.

O' Leary, S. G. (1995). Parental discipline mistakes. *Current Directions in Psychological Science, 4*, 11-13.

Olweus, D. (1979). Stability of aggressive reaction patterns in males: A review. *Psychological Bulletin, 86*, 852-875.

Olweus, D. (1991). Bully/victim problems among school children: Basic facts and effects of a school based intervention program. In D. J. Pepler & K. H. Rubin (Eds.), *The Development and treatment of childhood aggression* (pp. 411-448). Hillsdale, NJ: Erlbaum.

O' Malley, P. M., Bachman, J. G., & Johaston, L. D. (1988). Period, age, and cohort effects on substance use among young Americans: A decade of change, 1976-86, *American Journal of Public Health, 78*(10), 1315-1321.

Patterson, G. R. (1974). Interventions for boys with conduct problems: Multiple settings, treatments, and criteria. *Journal of Consulting* and *Clinical Psychology, 42*, 471-481.

Patterson, G. R. (1982). *A social learning approach: III. Coercive family process.* Eugene, OR: Castalia.

Patterson, G. R. (1993). Orderly change in astable world: The antisocial trait as a chimera. *Journal of Consulting and Clinical Psychology, 61*, 911-919.

Patterson, G. R. (1997). Performance models for parenting: A social interactional perspective. In J. E. Grusec & L. Kuczynski (Eds.), *Parenting and children's internalization of values: A handbook of contemporary theory* (pp. 193-226). New York: Wiley.

Patterson, G. R., & Chamberlain, P. (1994). A functional analysis of resistance during parent training therapy. *Clinical Psychology: Science and Practice, 1*, 53-70.

Patterson, G. R., & Dishion, T. J. (1985). Contributions of families and peers to delinquency. *Criminology, 23*, 63-79.

Patterson, G. R., Dishion, T. J., & Chamberlain, P. (1993). Outcomes and methodological issues relating to treatment of antisocial children. In T. R. Giles (Ed.), *Effective psychotherapy: A handbook of comparative research* (pp. 43-88). New York: Plenum Press.

Patterson, G. R., & Forgatch, M. S. (1985). Therapist behavior as a determinant for client resistance: A paradox for the behavior modifier. *Journal of Consulting and Clinical Psychology, 53*(6), 846-851.

Patterson, G. R., & Forgatch, M. (1987). *Parents and adolescents living together: I. The basics.* Eugene, OR: Castalia.

Patterson, G. R., & Reid, J. B., & Dishion, T. J. (1992). *A social learning approach: IV. Antisocial boys.* Eugene, OR: Castalia.

Patterson, G. R., Reid, J. B., Jones, R. R., & Conger, R. E. (1975). A social learning approach to family intervention: Families with aggressive children (Vol. 1). Eugene, OR: Castalia.

Paul, G. L., & Menditto, A. A. (1992). Affectiveness of inpatient treatment programs for mentally ill adults in public psychiatric facilities. *Applied and Preventative Psychology, 1*, 41-63.

Peery, C. J. (1979). Popular, amiable, isolated, rejected: A reconceptualization of sociometric status in preschool children. *Child Development, 50*, 1231-1243.

Pentz, M. A., MacKinnon, D. P., Dwyer, J. H., Wang, E. Y. J., Hansen, W. B., Flay, B. R., & Johnson, C. A. (1989). Longitudinal effects of the Midwestern Prevention Project on regular and experimental smoking in adolescents. *Preventive Medicine, 18*, 304-321.

Poulin, F., & Boivin, M. (2000). The role of proactive and reactive aggression in the formation and the development of friendships in boys. *Developmental Psychology, 36*(2), 233-240.

Poulin, F., Dishion, T. J., & Burraston, B. (2001). Three-year iatrogenic effects associated with aggregating high-risk adolescent in preventive interventions. *Applied Developmental Science, 5*, 214-224.

Prinz, R. J., & Foster, S., Kent, R. N., & O' Leary, D. K. (1979). Multivariate assessment of conflict in distressed and nondistressed mother-adolescent dyads. *Journal of Applied Developmental Science, 5*, 214-224.

Prinz, R. J., & Miller, G. E. (1994). Family-based treatment for childhood antisocial behavior: Experimental influences on dropout and engagement. *Journal of Consulting and Clinical Psychology, 62*, 645-650.

Prochaska, J. O., & DiClemente, C. C. (1982). Transtheoreical therapy:

Toward a more integrated model of change. *Psychotherapy: Theory, Research, and Practice, 19*, 276-288.

Prochaska, J. O., & DiClemente, C. C. (1986). Toward a comprehensive model of change. In W. Miller & N. Heather (Eds.), *Treating addictive behaviors: Processes of change* (pp. 3-27). New York: Plenum Press.

Prochaska, J. O., Velicer, W. F., Guadagnoli, E., & Rossi, J. S. (1991). Patterns of change: Dynamic typology applied to smoking cessation. *Multivariate Behavioral Research, 26*, 83-107.

Pulkkinen, L. (1982). The search for alternatives to aggression. In A. P. Goldstein & M. Segall (Eds.), *Aggression in global perspective* (pp. 104-144). New York: Pergamon.

Pulkkinen, L. (1996). Proactive and reactive aggression in early adolescence as precursors to anti- and prosocial behavior in young adults. *Aggressive Behavior, 22*, 241-257.

Pulkkinen, L., & Ronka, A. (1994). Personal control over development, identity formation, and future orientation as components of life orientation: A developmental approach. *Developmental Psychology, 30*, 260-271.

Radloff, L. S. (1997). The CES-D scale: A self-report depression scale for research in the general population. *Applied Psychological Measurement, 1*, 385-401.

Rao, S. A. (1998). *The short-term impact of the Family Check-Up: A brief motivational intervention for at-risk families*. Unpublished doctoral dissertaion, University of Oregon, Eugene.

Rescorla, R. A. (1987). A Pavlovian analysis of goal-directed behavior. *American Psychologist, 42*, 119-129.

Rhee, S. H., & Waldman, I. D. (2002). Genetic and environmental influences on antisocial behavior: A meta-analysis of twin and adoption studies. *Psychological Bulletin, 128*, 490-529.

Robin, A. L., & Foster, S. L. (1989). *Negotiating parent-adolescent conflict: A behavioral-family systems approach*. New York: Guilford Press.

Robins, L. N., & Przybeck, T. R. (1985). Age of onset of drug use as a factor in drug and other disorders. In C. L. Jones & R. J. Battjes (Eds.), *Etiology of drug abuse: Implications for prevention* (Research Monogragh No. 56, pp. 178-193). Rockville, MD: National Institute on Drug Abuse.

Robins, M. S., Alexander, J. F., Newell, R. N., & Turner, C. W. (1996). The immediate effect of reframing on client attitude and family therapy. *Journal of Family Psychology, 10*, 28-34.

Rogers, C. R. (1940). The process of therapy. *Journal of Cousulting Psychology, 4*, 161-164.

Rogers, C. R. (1957). The necessary and sufficient conditions of therapeutic personality change. *Journal of Consulting Psychology, 21*, 95-103.

Rosenbaum, E., & Kandel, D. B. (1990). Early onset of adolescent sexual behavior and drug involvement. *Journal of Marriage and the Family, 52*, 783-798.

Rothbart, M. K., & Bates, J. E. (1998). Teperament. In W. Damon (Series Ed.) & N. Eisenberg (Vol. Ed.), *Handbook of child psychology: Vol. 3. Social, emotional, and personality development* (5th ed., pp. 105-176). New York: Wiley.

Rothbart, M. K., Posner, M. I., & Hershey, K. L. (1995). Temperament, attention, and developmental psychopathology. In D. Cicchetti & D. J. Cohen (Eds.), *Developmetal psychopathology: Vol. 1.*

Theory and methods (pp. 315-340). New York: Wiley.

Rutter, M. (1985). Family and school influences on behavioral development. *Journal of Child Psychology and Psychiatry and Allied Disciplines, 26*, 349-368.

Rutter, M. (1989, April). *Peer relations and developmental psychopathology*. Paper presented at the preconference on Research on Peer Relations, Biennial Meeting for the Society for Research in Child Development, Kansas City, MO.

Sackett, G. P. (1979). The lag sequential analysis of contingency and cyclicity in behavioral interaction and research. In J. D. Osofsky (Ed.), *Handbook of infant development* (pp. 623-649). New York: Wiley.

Sanders, M. R., & Lawton, J. M. (1993). Discussing assessment findings with families: A guided participation model of information transfer. *Child and Family Behavior Therapy, 15*, 5-33.

Sanders, M. R., Turner, K. M. T., & Markie-Dadds, C. (2002). The development and dissemination of the Triple P-Positive Parenting Program: A multilevel, evidence-based system of parenting and family support. In R. L. Spoth, K. Kavanagh, & T. J. Dishion (Eds.), Universal family-centered prevention strategies: Current findings and critical issues for public health impact [Special Issue]. *Prevention Science, 3*, 173-189.

Sarason, S. B. (1981). An asocial psychology and a misdirected clinical psychology. *American Psychologist, 36*(8), 827-836.

Schmidt, S. E., Liddle, H. A., & Dakof, G. A. (1996). Changes in parenting practices and adolescent drug abuse during multidimensional family therapy. *Journal of Family Psychology, 10*, 12-27.

Shaw, D. S., Owens, E. B, Vondra, J. I., Keenan, K., Winslow, E. B. (1996). Early risk factors and pathways in the development of early disruptive behavior problems. *Development and Psychopathology, 8*, 697-699.

Snyder, J., Edwards, P., McGraw, K., Kilgore, K., & Holton, A. (1994). Escalation and reinforcement in mother-child conflict: Social processes associated with the development of physical aggression. *Development and Psychopathology, 6*, 305-321.

Snyder, J., West, L., Stockemer, V., Givens, S., & Almquist-Parks, L. (1996). A social learning model of peer choice in the natural environment. *Journal of Applied Developmental Psychology, 17*, 215-237.

Spanier, G. B. (1976). Measuring dyadic adjustment: New scale for assessing the quality of marriage and similar dyads. *Journal of Marriage and the Family, 38*, 15-28.

Spear, L. P. (2000a). Neuroehavioral changes in adolescence. *Current Directions in Psychological Science, 9*, 111-114.

Spear, L. P. (2000b). The adolescent brain and age-related behavioral manifestations. *Neuroscience and Biobehavioral Review, 24*, 417-463.

Spoth, R. L., Kavanagh, K., & Dishion, T. J. (2002). Family-centered preventive intervention science: Toward benefits to larger populations of children, youth, and families. In R. L. Spoth, K. Kavanagh, & T. J. Dishion (Eds.), Universal family-centered prevention strategies: Current findings and critical issues for public health impact [Special Issue]. *Prevention Science, 3*, 145-152.

Spoth, R. L., & Redmind, C. (1993). Identifying program preferences through conjoint analysis: Illustrative results from a parent sample. *American Journal of Health Promotion, 8*, 124-133.

Spoth, R. L., & Redmond, C. (1996). Illustrating a framework for rural prevention research: Project family studies of rural family participation and outcomes. In R. D. Peters & R. J. McMahon (Eds.), *Preventing childhood disorders, substance abuse, and delinquency* (pp. 299-328). Newbury Park, CA: Sage.

Stattin, H., & Magnusson, D. (1991). Stabilty and change in criminal behaviour up to age 30. *British Journal of Criminiology, 31*, 327-346.

Steinburg, L. (1988). Reciprocal relation between parent-child distance and pubertal maturation. *Developmental Psychology, 24*, 122-128.

Stoolmiller, M. S. (1990). *Parent supervision, child unsupervised wandering, and child antisocial behavior: A latent growth curve analysis*. Unpublished doctoral dissertation, University of Oregon, Eugene.

Stoolmiller, M. S. (1994). Antisocial behavior, delinquent peer association and unsupervised wandering for boys: Growth and change from childhood to early adolescence. *Multivariate Behavioral Research, 29*, 263-288.

Stormshak, E. A., & Dishion, T. J. (2002). An ecological approach to child and family clinical and counseling psychology. *Clinical Child and Family Psychology Review, 5*(3), 197-215.

Stouthamer-Loeber, M., Loeber, R., Van Kammen, W. B., & Zhang, Q. (1995). Uninterrupted delinquent careers: The timing of parent help-seeking in juvenile court contract. *Studies on Crime and Crime Prevention, 4*, 236-251.

Sue, D. W., Bingham, R. P., Porche-Burke, L., & Vasquez, M. (1999). The diversification of psychology: A multicultural revolution. *American Psychologist, 54*(12), 1061-1069.

Sugai, G., Horner, R. H., & Sprague, J. R. (1999). Functional assessment-based behavior support planning: Research to practice to research. *Behavior Disorders, 24*, 253-257.

Sullivan, H. S. (1953). *The interpersonal theory of psychiatry*. New York: Norton.

Szapocznik, J., & Kurtines, W. M. (1989). *Breakthroughs In family therapy with drug-abusing and problem youth*. New York: Springer.

Szapocznik, J., Kurtines, W. M., & Fernandez, T. (1980). Bicultural involvement and adjustment in Hispanic American youths. *International Journal of Intercultural Relations, 4*, 353-366.

Szapocznik, J., Kurtines, W., Santisteban, D. A., Pantin, H., Scopetta, M., Mancilla, Y., Aisenburg, S., McIntosh, S., Perez-Vidal, A., & Coastworth, J. D. (1997). The evolution of structural ecosystemic thoery for working with Latino families. In J. G. Garcia & M. C. Zea (Eds), *Psychological intervention and research with Latino populations* (pp. 160-190). Needham Heights, MA: Allyn & Bacon.

Szapocznik, J., Perez-Vidal, A. Brickman, A. L., Foote, F. H., Santisteban, D., & Hervis, O. (1998). Engaging adolescent drug abusers and their families in treatment: A strategic structural systems approach. *Journal of Consulting and Clinical Psychology, 56*(4), 552-557.

Szapocznik, J., & Williams, R. A. (1998). Brief strategic family therapy: Twenty-five years of interplay among theory, research, and practice in adolescent behavior problems and drug abuse. *Clinical Child and Family Psychology Review, 3*, 117-134.

Tayler, T. K., & Biglan, A. (1998). Behavioral family interventions for improving child-rearing: A review of the literature for clinicians and policy makers. *Clinicial Child and Family Psychology Review,*

1, 41-60.

Telch, M. J., Killen, J. D., McAlister, A. L., Perry, C. L., & Maccoby, N. (1982). Long-term follow-up of a pilot project on smoking prevention with adolescents. *Journal of Behavior Medicine, 5*, 1-7.

Trickett, E. J., & Birman, D. (1989). Taking ecology seriously: A community development approach to individually based preventive interventions in schools: In L. A. Bond & B. E. Compas (Eds.), *Primary prevention and promotion in the schools: Primary prevention of psychopathology* (Vol. 12, pp. 361-390). Newbury Park, CA: Sage.

Visher, E. B., & Visher, J. S. (1979). *Stepfamilies: A guide to working with stepparents and stepchildren*. New York: Brunner/Mazel.

Vitro, F., Gendreau, P. L., Tremblay, R. E., & Oligny, P. (1998). Reactive and proactive aggression differentially predict later conduct problems. *Journal of Child Psychiatry and Psychology, 39*, 377-385.

Walker, H. M., Colvin, G., & Ramsey, E. (1995). *Antisocial behavior in school: Strategies and best practices*. Pacific Grove, CA: Brooks/Cole.

Walker, H. M., & Severson, H. H. (1991). *Systematic screening for behavior disorders: Training manual*. Longmont, CO: Sopris West.

Walsh, S. M. (1999). *Gender differences in the protective effects of planning orientation on the sexual activity and deviant peer influence of at-risk adolescents*. Unpublished doctoral dissertation, University of Oregon, Eugene.

Weber, F. D. (1998). *The dose-effect relationship in family therapy for conduct disordered youth*. Unpublished doctoral dissertation, University of Oregon, Eugene.

Webster-Stratton, C. (1984). Randomized trial of two parent-training programs for families with conduct-disordered children. *Journal of Consulting and Clinical Psychology, 52*, 666- 678.

Webster-Stratton, C. (1990). Long-term follow-up of families with young conduct problem children: From preschool to grade school. *Journal of Clinical Child Psychology, 19*, 144-149.

Webster-Stratton, C. (1992). Individually administered videotape parent training: "Who benefits?" *Cognitive Therapy and Research, 16*, 31-52.

Webster-Stratton, C., & Herbert, M. (1993). "What really happens in parent training?" *Behavior Modification, 17*(4), 407-456.

Webster-Stratton, C., Kolpacoff, M., & Hollingsworth, T. (1988). Self-administered videotape therapy for families with conduct-problem children: Comparison with two cost-effective treatments and a control group. *Journal of Consulting and Clinical Psychotherapy, 56*, 558-566.

Weiss, B., Carton, T., Harris, V., & Phung, T. M. (1999). The effectiveness of traditional child psychotherapy. *Journal of Consulting and Clinical Psychology, 68*(6), 1094-1101.

Weiss, R. L., Halford, W. K., & Kim. W. (1996). Managing marital therapy: Helping partners change. In V. B. van Hasslet & M. Hersen (Eds.), *Sourcebook of psychological treatment manuals for adult disorders* (pp. 489-537). New York: Plenum Press.

Weisz, J. R., Weiss, B., Hahn, S. S., Granger, D. A., & Morten, D. (1995). Effects of psychotherapy with children and adolescents revisited: A meta-analysis of treatment outcome studies. *Psychological Bulletin, 117*, 450-468.

Wills, T. A., Sandy, J. M., & Shiner, O. (1999). Cloninger' s constructs related to substance use level and problems in late adolescence: A mediational model on self-control and coping motives. *Experimental and Clinical Psychopharmacology, 7*(2), 122-134.

Wills, T. A., Vaccaro, D., & McNamara, G. (1992). The role of life events, family support, and competence in adolescent substance use: A test of vulnerability and protective factors. *American Journal of Community Psychology, 20*, 349-374.

Wilson, D. W. (1980). *The natural selection of populations and communities.* Menlo Park, CA: Benjamin/Cummings.

Yamaguchi, K., & Kandel, D. B. (1985). On resolution of role incompatibility: A life event history analysis of family roles and marijuana use. *American Journal of Sociology, 90*, 1284-1325.

찾아보기

저자 소개

토머스 J. 디션(Thomas J. Dishion) 오리건-유진 대학교의 아동가족센터(Child and Family Center)의 설립자이자 연구 책임자며, 임상심리학과 교수다. 관심분야는 행동문제와 청소년 문제행동의 원인과 예방이다. 아동과 청소년 문제행동의 검사, 발달, 치료와 예방에 관한 70편 이상의 경험 연구 논문을 발표했으며, 최근 청소년에게 영향을 미치는 사회정책에 기여한 연구로 청소년 연구협회(Society for Research on Adolescence)에서 상을 받았다.

케이트 카바나(Kate Kavanagh) 오리건-포틀랜드 대학교의 아동가족센터의 연구원이자 포틀랜드 공립 학구의 예방 사무소 관리자다. 관심분야는 발달의 연속선상에서 아동과 청소년을 가족 속에서 친사회적으로 발달시키기 위한 효율적인 개입과 예방 방법의 이해다. 학문적 보고서를 다수 발표하였으며, 미국 전역의 협의회와 훈련에도 참석한 경력을 가지고 있다.

역자 소개

양명숙 독일 Heinrich-Heine Düsseldörf 대학교에서 철학박사(발달 및 가족심리학 전공) 학위를 취득하였고 현재 한남대학교 일반대학원 상담학과, 사회문화대학교 상담심리학과, 학우 아동복지학과 교수로 재직 중이다. 관심분야는 아동 · 청소년을 비롯한 가족상담, 집단상담 그리고 초월영성상담이다.

배선희 경희대학교에서 박사(가족학 전공) 학위를 취득하였고 현재 한국가족상담교육연구소 책임연구원이며 성균관대학교와 경기대학교에 출강 중이다. 관심분야는 가족으로, 가족상담에 주력하고 있다.

손은령 서울대학교에서 교육학 박사(교육상담 전공) 학위를 취득하였고 현재 충남대학교 인문대학 교육학과 교수로 재직 중이다. 관심분야는 진로상담, 학교상담, 집단이다.

이지민 텍사스 테크 대학교에서 철학박사(인간발달 및 가족학 전공) 학위를 취득하였고 현재 영남대학교 가족주거학과 교수로 재직 중이다. 관심분야는 청소년 발달과 가족으로, 청소년의 개인적 특성 및 태도, 부모변인 등 청소년 및 가족 상담에 주력하고 있다.

청소년 문제행동 상담 가족-중심 접근

Intervening in Adolescent Problem Behavior: A Family-Centered Approach

2007년 8월 31일 1판 1쇄 발행
2011년 8월 10일 1판 2쇄 발행

지은이 • Thomas J. Dishion · Kate Kavanagh
옮긴이 • 양명숙 · 배선희 · 손은령 · 이지민
펴낸이 • 김진환
펴낸곳 • (주) 학지사
121-837 서울특별시 마포구 서교동 352-29 마인드월드빌딩 5층
대표전화 • 02)330-5114 팩스 • 02)324-2345
등록번호 • 제313-2006-000265호

홈페이지 • http://www.hakjisa.co.kr
커뮤니티 • http://cafe.naver.com/hakjisa

ISBN 978-89-5891-531-7 93180

정가 14,000원

역자와의 협약으로 인지는 생략합니다.
파본은 구입처에서 교환해 드립니다.